演讲与朗诵基础

第 2 版

韩斌生 主编

清华大学出版社

北京

内 容 简 介

本书主要内容包括上、下两篇:上篇为演讲篇,内容有演讲语言与心理、口才能力的养成、演讲类型及其实际训练、演讲稿的写作、演讲与交际;下篇为朗诵篇,内容有朗诵技巧入门、朗诵的发声实训、朗诵的情感表达、传统吟诵的基本规则和学习要领、不同文体朗诵实训。通过对这些内容的讲授和实训,让学员了解朗诵、演讲、辩论、日常求职的口语表达特点和训练方法。本书特色在于注重突出实践训练和能力培训的有关内容。

本书可作为高等院校播音与主持专业、空乘专业、直播电商专业等的专业基础教材,也可作为社会上演讲与朗诵爱好者学习参考的入门书。

本书配有朗诵示范音频,扫描书中二维码即可参考使用。

图书在版编目(CIP)数据

演讲与朗诵基础/韩斌生主编. —2 版. —北京:清华大学出版社,2023.6 (2025.1重印)
ISBN 978-7-302-63569-7

Ⅰ. ①演… Ⅱ. ①韩… Ⅲ. ①演讲-高等学校-教材 ②朗诵-语言艺术-高等学校-教材
Ⅳ. ①H019

中国国家版本馆 CIP 数据核字(2023)第 088516 号

责任编辑:张 弛
封面设计:何凤霞
责任校对:袁 芳
责任印制:丛怀宇

出版发行:清华大学出版社
   网   址:https://www.tup.com.cn, https://www.wqxuetang.com
   地   址:北京清华大学学研大厦 A 座   邮   编:100084
   社 总 机:010-83470000   邮   购:010-62786544
   投稿与读者服务:010-62776969, c-service@tup.tsinghua.edu.cn
   质量反馈:010-62772015, zhiliang@tup.tsinghua.edu.cn
   课件下载:https://www.tup.com.cn, 010-83470410
印 装 者:三河市君旺印务有限公司
经 销:全国新华书店
开 本:185mm×260mm   印 张:16   字 数:361 千字
版 次:2016 年 9 月第 1 版 2023 年 6 月第 2 版   印 次:2025 年 1 月第 3 次印刷
定 价:49.00 元

产品编号:095484-01

编审委员会

主　编　韩斌生

顾　问　许益超

副主编　王晓红　朱净之

其他撰稿人

张　静　章　含　李楠楠　易丽蓉

配音人员工作表

艺术总监　韩斌生　顾仲高

配音者

朱吉人　葛家岑　华津菁　陈　珍　刘一凡

韩斌生　易丽蓉　章　含

前言 第2版

习近平总书记在党的"二十大"报告中指出：教育、科技、人才是全面建设社会主义现代化国家的基础性、战略性支撑。必须坚持科技是第一生产力、人才是第一资源、创新是第一动力，深入实施科教兴国战略、人才强国战略、创新驱动发展战略，这三大战略共同服务于创新型国家的建设。高等教育和高等职业教育与经济社会发展紧密相连，对促进就业创业、助力经济社会发展、增进人民福祉具有重要意义。

提升大学生综合素养与技能水平，是顺应时代要求，促进人的全面发展的战略任务。在高等学校和高等职业教育中设立演讲与朗诵课程，旨在提升大学生良好的口才，大力培养学生的演讲与朗诵等口头语言能力。该课程强调构建适应新时代特征的学习内容，以"面向应用、培养能力"为目标，为社会培养现代人才必备的素养与才能。

本书以先进的教育教学理念为指导，以基础知识够用为度，注重实训与应用。教材思政特色鲜明，充分体现了思政内容在课程中的作用；技能实训中亦适时融入了思政内容，引导大学生树立正能量的价值观，并加强爱国主义教育。本书注重大学生的能力培养，为的是更好地适应大学生未来职业发展的需要，达到学以致用的目的。

通过此次再版修订和对该课程的学习和实训，可以强化大学生的口头交际能力，培养学生具备在公众场合朗诵演讲、表情达意、交流传递信息的心理素质和基本技能；并为学生提供一个展示自我、互相切磋、互相学习的舞台；指导学生掌握演讲和朗诵的基本技巧，全面提升学生的人文素养，以适应日后就业、生活与工作之需。

作为一本专业基础课教材，本书增加了不少新构思、新元素，内容新颖丰富，形式活泼多样。针对在校大学生，具有基础性、新颖性、针对性、实用性、互动性、可操作性等特点，既可作为高等院校的教学用书，也可以作为热爱演讲与朗诵的社会人士特别是青年自学与实践的参考书。在强调实训应用性方面，本书还做了较多的探索和创新，除了每章都设计了便于操作的训练项目外，还精选了经典例文，分别做了"指导"和"提示"，以利于学生自学自练。在校学生如果能接受本书的系统学习和实训,就有希望迅速提升其口才能力和人文素养,提高参与社会选拔和实践创新的才干,从而在追求自我发展和事业成功的同时,为社会和国家作出更大贡献。

教学课件

编 者

2023 年 2 月

前言
第1版

社会生活离不开人际交往,交往的主要媒介是语言。在语言媒介中,口头语言又远比书面语言使用的频率高、涉及的范围广,既方便又灵活,因而历来为人们所重视,当今时代则更为人们高度重视和充分应用。能够熟练地运用口头语言,善于演讲和朗诵,是现代人才必备的素养和才能。演讲和朗诵规范性、思想性、艺术性要求较高,这种素养和才能不是先天而生,也不是一蹴而就、轻易获得的。它有自己形成和发展的规律,必须依托于学习、教育和训练,特别是学生时代专业化、科学化的学习、教育和训练。这是学校教育、教学过程中一门不可或缺的基础知识。基于这样的理念和艺术类高等院校教学的客观需要,韩斌生教授主持编写了这部专业教材。

编写出版教材,开展"演讲与朗诵基础"课程的教学实践,目的在于通过对该课程的学习和实训,强化学生的口头表达能力,培养学生具备在公众场合朗诵演讲、表情达意、交流传递信息的心理素质和基本技能;为学生提供一个展示自我,同时互相切磋、互相学习的舞台;提高学生的现场演讲和朗诵水平;指导学生掌握演讲和朗诵的基本技巧,提高口语表达能力,全面提升学生的人文素养,以应日后就业之需。

作为一本专业基础教材,本书增加了不少新构思、新元素,内容新颖丰富,形式活泼多样。针对大专院校学生,突出实训练习,具有基础性、新颖性、针对性、实用性、互动性、可操作性等特点,既可以作为高职院校或其他大专院校的教学用书,也可以作为热爱演讲与朗诵的社会人士特别是青年自学与实践的参考书。在强调实训性方面,本书做了较多的探索和创新,除了各章都设计了便于操作的训练项目外,还精选经典例文,并分别做了"指导"和"提示",利于自学自练。在校大学生如果能接受这本书的系统化学习和实训,有希望掌握演讲与朗诵的技能,提升口才能力和人文素质,具备适应社会选拔和实践创新的才干,在追求自我发展和事业成功的同时,为社会和国家作出更大的贡献。

编 者

2016 年 5 月

目 录

下篇　朗　诵　篇

上 篇

演 讲 篇

第一章　演讲语言与心理

孔子说，一言可以兴邦，一言也可以丧邦。刘勰在《文心雕龙》中指出："一言之辩，重于九鼎之宝；三寸不烂之舌，强于百万之师。"英国首相丘吉尔说："一个人可以面对多少人，就代表这个人的人生成就有多大。"美国著名政治家富兰克林说："发生在成功人士身上的奇迹，一半都是经由口才创造出来的。"由此可见语言魅力的强大。古今中外，无论是政界领袖还是商界精英，大多都是善于表达沟通的大师！语言是人类奇妙的花朵。

21世纪人才的必备素质之一是人际语言沟通技能。是人才者未必是优秀的口才家，但优秀的口才家一定是人才！

第一节　演讲概述

演讲活动是一种社会现象，源远流长，始终随着人类文明的发展而发展。古往今来，凡是在历史发展的重要关头，凡是社会激烈变革之时，演讲的特殊功能就表现得格外突出。如戊戌变法中的梁启超面对国难，大声疾呼，唤起民众，投身革命；美国黑人领袖马丁·路德金以演讲为武器，反对种族主义，获得了1964年诺贝尔和平奖……这些事实说明，演讲已成为人类文明的一颗璀璨明珠，恒久地闪烁不息的光芒！

演讲是用口头语言和态势语言表达思想感情的高级语言形式，是培养和提高人们口语表达能力的一种积极有效的手段，是社会信息传播的重要途径。一个善于演讲的人，成功的概率将多出几倍！演讲力越来越显示作为核心竞争力的意义，因此，应全面认识它。

一、演讲的定义

演讲又称"演说""讲演"，是指在特定的场合，讲话者凭借自己的口才，借助有声语言（为主）与态势语言（为辅）的艺术手段，面对广大听众发表意见，抒发情感，从而达到感召听众并促使其行动的一种信息交流活动，是人们用口头表达方式阐明道理，推衍大意的一种交际形式，是传播信息的重要手段之一。柏拉图曾说："演讲艺术是对人们灵魂的统治，其主要职责就是向观众讲解爱和情感。"演讲既是一门学问，更是一门艺术，还是一种整体生命的投入和表现。但是，有的演讲重"演"，有的重"讲"。列宁的演讲正如斯大林所说，有一种逻辑的强大力量。而希特勒的演讲，却有一种迷人的蛊惑力，使人像"中了电一样浑身颤抖"。宗教人物的布道往往达到天花乱坠或者单口相声一样的动人程度。

二、演讲的历史沿革

演讲的发源地是古希腊。人类演讲的历史发展经历了以下三个时期。

1. 演讲的萌芽和开端时期(中世纪前的古代社会)

在中世纪前的古埃及、古希腊、古巴比伦、古印度和中国,演讲已成为普遍的社会现象。公元前 25 世纪埃及人普霍特就写了如何说话的教喻。公元前 5 世纪的伯利克里时代,雅典随着经济的繁荣,文化艺术和演讲也达到了鼎盛时期。各地学者云集,雅典成为"希腊的学校"。古希腊、古罗马时代,先后涌现一大批富有才华和声望的演讲家,如苏格拉底、柏拉图、亚里士多德等。

继古希腊之后,古罗马在古代演讲史中占据突出的地位。古罗马涌现一大批以马尔库斯·图留斯·西赛罗(公元前 106—前 43)为代表的演讲家。

在中国,演讲这一形式在先秦的古代社会已盛行。中国最早的一部历史学文献《尚书》中就记载了《甘誓》《汤誓》《牧誓》等好几篇演讲词。

东周包括春秋和战国两个时期。当时,儒家的孔子、孟子和荀子,墨家的墨子,道家的庄子,法家的韩非子和名家的惠施、公孙丑等,都用自己治理天下的政治见解和思想主张,对社会进行游说,形成了"百家争鸣"。春秋战国时代,在演讲理论方面有了长足的发展。

综上所述,我们可以得出这样的结论,在中世纪前的古代社会,中国的演讲虽然在形式上与其他国家不尽相同,但也有过一段辉煌的历史时期。

2. 演讲的曲折发展时期(中世纪的封建社会)

中世纪是指古代与近代之间,从奴隶社会瓦解起,到向资本主义过渡为止的时期,即史学家所说的封建制时代。在欧洲,476 年西罗马帝国灭亡至 1640 年英国资产阶级革命前为中世纪。中世纪封建社会,演讲活动在缓慢而曲折地向前发展。其中宗教演讲一直居于垄断地位。影响最大的是基督教、伊斯兰教、佛教等。

5 世纪到 6 世纪,基督教成为代表统治者影响千百万人的巨大力量。随着时间的推移,教会演讲日臻完善,并形成自己独特的格式。极有名望的演讲家有拜占庭教士约翰·兹拉托依斯特、神学家托马斯·阿奎那。

伊斯兰教是 7 世纪起源于阿拉伯半岛的宗教信仰,我国旧称回教或清真教。在整个中世纪时期,演讲术在阿拉伯语言教育中都占有极为重要的地位。当时,凡是有名望的伊斯兰教徒,大多是演讲能手。教中具有演讲天才的高手,往往被冠之以圣者头衔,拥有大批的学生,演讲术本身也被尊为"智慧的武器"。

中国的封建社会,从公元前 221 年秦始皇统一中国开始,直到 1911 年清朝灭亡,在长达两千多年的封建社会,中国的演讲一直受到统治者的严格限制,违者要受到严厉的惩罚。因此,演讲在相当长的时期内一直处于低潮,但就演讲的整个趋势来说,仍在曲折缓慢地发展。这一时期的演讲主要表现在三个方面:一是政治家、思想家和官员们的宫廷演讲与进谏的活动时常出现,如扬雄、诸葛亮、魏徵等,他们继承了先秦的政治演讲;二是农民领袖在起义时的宣传鼓动频繁出现,如陈胜、李自成、洪秀全等;三是具有演讲色彩的讲经传教仍然被保留下来。

3. 演讲的兴盛时期（英国资产阶级革命以后的现代社会）

1640—1660 年，英国爆发资产阶级革命，确立了资本主义制度。由于资本主义发展是以科学技术的极大繁荣为基础的，所以当时学术演讲风气大盛。例如，德国著名哲学家康德、黑格尔等都有许多著名的学术演讲。

随着资本主义的发展，政治演讲也兴旺起来，出现了演讲史上的光辉典范——美国总统林肯的《葛底斯堡演讲词》。20 世纪初，资本主义发展到帝国主义阶段。世界基本矛盾激化，30 年间爆发了两次世界大战。这时政治和外交活动频繁。于是出现了罗斯福、丘吉尔、斯大林等一批著名的政治家、演讲家。

人民为了反抗民族的压迫和歧视，也积极地拿起演讲这个武器。例如，1963 年，为了争取人权和民主，反对种族歧视和压迫，美国黑人领袖马丁·路德·金在美国华盛顿广场，向数十万群众做了题为《我有一个梦》的著名演讲。

苏联在 1917 年建立了社会主义国家之后，演讲仍然作为宣传方针政策的有力形式。列宁经常深入基层向各界人士作演讲。斯大林 1941 年 7 月 3 日的《广播演讲》，更是具有强烈的鼓动性的演讲。

20 世纪以来，西方先进的资本主义国家的演讲理论逐渐完善而形成系统，演讲专著大量涌现。对演讲学的研究，已从过去的重点研究演讲的方式和演讲的语言风格，发展到对演讲学、演讲逻辑学、演讲心理学、演讲美学、论辩术、谈话术和演讲发展史的全面研究，演讲活动和演讲学的研究进入兴盛时期。

1911 年辛亥革命成功后，中国经历了旧民主主义、新民主主义和社会主义革命阶段。此时政治演讲一直处于向前发展的趋势。革命者、爱国者的演讲成了唤起民众的号角，成为争取民族解放的有力武器。在举世闻名的五四运动中，各种演讲团的出现如雨后春笋，反帝救国的演讲遍及全国；在新民主主义革命时期，在反帝、反封建，建立一个独立、民主、繁荣昌盛的新中国中，演讲发挥了重大作用。孙中山、秋瑾、鲁迅、毛泽东、周恩来、陈毅等都是当时杰出的演讲家。毛泽东不仅是杰出的演讲家，同时也是卓越的演讲理论家。他的《十大教授法》《反对党八股》等著作，对演讲的内容、形式和方法都做了科学的阐述，为我国演讲学的建设指明了方向。

中华人民共和国成立以来，各行各业都出现了一批出色的演讲家，但是由于我们对演讲科学的意义认识还不够全面，导致演讲活动一时未能很好地开展，演讲理论的研究也一度中断。目前，演讲活动作为重要的思想交流工具，它正在振兴中华的活动中，在对外开放、对内搞活经济中发挥着重要的作用。各种演讲学会、演讲学研究会、演讲协会和一大批演讲新秀应运而生，演讲理论也逐步趋向成熟。近年来，我国演讲活动和演讲理论的研究有了较大的发展，出现了可喜的局面。

三、演讲的要素

演讲是人类的一种社会实践活动，演讲者要发表自己的意见，陈述自己的观点和主张，从而达到影响、说服、感染他人的目的。要达到演讲的目的，就要组成一个综合的、统一的、完整的传达系统。一个完整的演讲活动，必须具备演讲的主体、演讲的受体、演讲的媒介和演讲的时空四个要素，缺少任何一个因素也构不成演讲活动。其中，演讲的主体指演讲者,演讲的受体就是参加演讲活动的听众,演讲时空指的是演讲活动进行的特定时间和空间场所,演讲活动中传情达意的主要媒介包含有声语言、态势语言和主体形象等。

1. 有声语言

有声语言是演讲活动中传递信息、表达思想最主要的媒介和物质表达手段,也是演讲者思想感情的载体。它由语言和声音两种要素构成,它以流动的声音运载演讲者思想和情感,直接诉诸听众的听觉器官,从而产生说服力、感召力,使听众受到教育和鼓舞。

在演讲活动中,有声语言要求吐字清楚、发音标准;声音清亮、圆润、甜美;语气、语调、声音、节奏富于变化,实现形式美与声音美、科学性与艺术性的完美结合。

2. 态势语言

态势语言是演讲过程中不可或缺的一个媒介,指演讲者的姿态、动作、手势和表情,是流动着的形体动作辅助有声语言运载着思想和感情,直接诉诸听众的视觉器官。它要求演讲者运用态势语言,要准确、自然、得体、协调,具有表现力和说服力,能够使听众的视觉与听觉产生同步效应。

3. 主体形象

演讲的主体形象既包括演讲者的精神状态,也包括其仪表体态,如演讲者的体形、容貌、衣冠、饰品、发型、举止、神态等。在演讲过程中,演讲者以自身的主体形象直接作用于观众的视觉器官。主体形象的美与丑、好与差,直接影响演讲者思想感情的表达,也直接影响听众的心理情绪和美感享受。这就要求演讲者在自然的基础上,要有一定的艺术美。而这种艺术美,是以演讲者本人为依托的现实的艺术美,它不同于舞台艺术的性格化和表演化的艺术美,它要求演讲者在符合演讲思想感情的前提下,注重服装朴素、自然、得体,举止潇洒、优雅、大方,给观众美的外部形象,有利于取得演讲的良好效果。

综上所述可以看出,在一场演讲活动中,如果只有讲而没有演,只作用于听众的听觉效果而不作用与观众的视觉效果,就会缺少感人、动人的主体形象及表演活动——即缺少实体感。那就如同坐在收音机旁听广播一样。如果只有演没有讲,只作用于观众的视觉器官,而不作用于观众的听觉器官,就犹如在聋哑学校看着聋哑人的手势一样,总是令人难以理解。所以,讲与演这两个演讲的要素是缺一不可的,只有和谐、有机地融合在一起,才能达到演讲的目的,所以演讲的本质就是以讲为主以演为辅的,既是听觉的,又是视觉的,兼有时间性和空间性艺术特点的综合的现实活动。

四、演讲的特征

任何一种蕴含着艺术性的活动,都会依据其独特的构成机理和表达方式,形成自己独特的特点,从而展现自身活动的本质特征。演讲主要有以下特征。

1. 现实性

演讲属于现实活动范畴,不属于艺术活动范畴,它是演讲者通过对社会现实的判断和评价,直接向广大听众公开陈述自己主张和看法的现实活动,时代色彩十分强烈,现实性是演讲的生命力所在。

例如:

"人生能有几回搏"。年轻的朋友们,创业才是硬道理,创新才是好办法,在举国上下渐成共识的今天,我们都来把人生融入事业,把事业贯穿人生。在创业创新的征程上,培育激情,释放激情,燃烧激情,以更加坚实的步伐、更加昂扬的斗志,创造新的辉煌!

在"大众创业,万众创新"的大时代,中国大地上掀起了创新创业的高潮,创新创业的励志演讲也发出时代的最强音!

2. 社会性

演讲活动发生在社会成员之间,它是一个社会成员对其他社会成员进行宣传鼓动活动的口语表达形式。因此,演讲不只是个体行为,还具有很强的社会性。

3. 艺术性

演讲的艺术性是现实活动的艺术。它的艺术性在于它具有统一的整体感和协调感,即演讲中的各种因素(语言、声音、表演、形象、时间、环境)形成一种相互依存、相互协调的美感。同时,演讲不单纯是现实活动,它还具备着戏剧、曲艺、舞蹈、雕塑等艺术门类的某些特点,并将其与演讲融为一体,形成具有独立特征的演讲活动。艺术性就是演讲者通过形象反映生活、表现思想感情所达到的准确、鲜明、生动的程度及形式、结构、表现技巧的完美的程度。演讲只有具有艺术性,才能更有吸引力,才能更有欣赏性,才能更有效果。

4. 鼓动性

演讲的含义决定了演讲必然具有鼓动性的特点。演讲要通过演讲者的演讲实现说服和感召听众的目的,鼓动性是演讲成功与否的一个重要标志。没有鼓动性,就不能称为演讲,政治演讲也好,学术演讲也好,都必须具备强烈的鼓动性。

古希腊学者德谟克利特有一句名言:"用鼓动和说服的语言来造就一个人的道德,显然是比用法律和约束更能成功。"约翰·肯尼迪在美国加州大学伯克利分校《你属于哪个三分之一?》的演讲中谈道:

> 俾斯麦公爵说得更为具体。他说,德国大学生中有三分之一勤奋过度,难成大器;三分之一放浪形骸,自暴自弃;剩下的三分之一将统治德国。我不知道在座诸位属于哪个三分之一,但我相信,今天我面对的是一群认识到他们对公共利益负有责任的有志青年,你们将成为本州乃至我们这个国家未来的领导人。

这些话极大地鼓动了学生们的学习积极性。帕特瑞克·亨利的《在弗吉尼亚州会议上的演说》、戴高乐的《告法国人民书》、斯大林的《广播演说》、罗斯福的《一个遗臭万年的日子》等都是鼓动性很强的演讲。鼓动性是演讲的主要特征,也是演讲取得成功的力量所在。

5. 广泛性

演讲是一种工具,是人们交流思想的工具,任何人都可以利用这一工具传授知识、交流思想、表达感情。在演讲者来看,无论什么阶层、什么行业、什么身份、什么性别和年龄层次,都有可能成为演讲者。中外演讲史上,那些发表过演讲的,他们最初的身份有政治家、军事家、经济学家、文学家、艺术家、医学家,也有工人、农民、军人、教师等。例如鲁迅是文学家,也是演讲家;闻一多是诗人、学者,也是演讲家;美国的林肯是总统,英国的丘吉尔是首相,他们同时又都是杰出的演讲家。

当今时代,演讲早已广泛深入人类社会生活的方方面面,朋友聚会要演讲,宣传活动要演讲,欢庆纪念要演讲,求职面试要演讲,竞选职务、论文答辩、文化沙龙等都需要演讲。可以说,演讲已经成为一种群众性、大众化的社会实践活动,已经成为人们生活乃至生命的组成部分。

6. 针对性

演讲是一种社会实践活动,它所面对的听众大都是社会成员,要注意听众的年龄、身份、文化程度等,演讲者的观点来源于对现实社会生活的归纳和提炼,只有这样,演讲才有说服力、感召力,才能引人深思、发人深省,因此,演讲应具有社会现实的针对性,要与时俱进。中国台湾著名节目主持人曹启泰 2007 年在同济大学演讲时对大学生们说:

> 要学会乐观,就是要接受已经发生的事情。不是一定要达到什么具体的目的,就是让自己比前一天活得更好,活得更快乐,即使是让昨天吃不上午饭的自己今天可以吃上午饭。并且坚持自己的想法,在别人看来在浪费时间的你,其实很清楚自己在做什么,自己要的是什么。态度决定一切! 让曾经和你交往过的很多人,都不会后悔。用了不起的心情对自己,用了不起的眼光看自己。

他的演讲之所以获得了较好的效果,就是因为他抓住了当代大学生的心理。

7. 感染性

演讲者要有鲜明的观点、自己独到的见解和看法以及深刻的思想等,要善于用流畅生动、深刻风趣的语言和恰当的修辞打动听众,这就是演讲的感染性。

8. 直观性

直观性是指演讲者与听众现场面对面的直接交流、零距离接触,加上生动的口语表达,感染和打动听众,使听众与演讲者的心灵共鸣。演讲现场是一个彼此互为直观的时空环境。这一特征要求演讲者必须全力追求演讲的现场直观性效果。最低限度是,使你讲的内容能让人家听得到、听得清,你的态势动作能让人家看得到、看得清。提高现场表达能力、积累现场表达经验,对提高演讲水平尤为重要。

五、演讲的作用

为什么演讲从古至今,绵延不衰,方兴未艾,其重要原因,就是它有强烈而广泛的社会作用,有不可估量的社会价值和极其深远的历史意义。演讲是一种武器,运用它可以捍卫自己,取得优势;演讲是一条途径,通过它可以培养能力,增强勇气;演讲是一种智慧,应用它可以机智果敢,幽默诙谐。正因如此,古往今来,从中到外,演讲无不被人们所重视、所利用,发挥它独特的、巨大的作用。

演讲的作用包括对演讲者本身的作用和对听众的作用。

1. 对演讲者本身的作用

对演讲者本身的作用,主要表现在以下四个方面。

（1）演讲有促进演讲者成长、多作贡献的作用。

人们知道，演讲家的桂冠和殊荣不仅为社会所公认，而且也为人们所羡慕、所追求。然而这桂冠却安放在无限风光的险峰上。只有那些有志者和不畏艰苦的人，才能攀登高峰，并摘下桂冠戴在自己的头上。虽然戴在自己的头上仅仅是一瞬间，但可以想象，就在这前前后后，演讲家是经过多少次演讲实践才能取得的。因为，演讲家不是天生的，是演讲的实践所造就的。艰苦的、多方面努力是演讲者成为演讲家的必经之路。例如，一位演讲者站在讲台上口若悬河，滔滔不绝地讲述的时候，并不是他仅有嘴上的功夫，更重要的是"诗外"的功夫，那就是演讲者自身必须有站在时代的前面，勇敢地探索先进的思想和孜孜不倦地吸取广博的知识，当然，声音、语调、声调、咬文吐字、态势语言的辅助是不可缺少的。

美国著名的教育家、演讲家戴尔·卡耐基认为："一个人的成功15％取决于自身的知识和技术，85％取决于人际沟通。"一个人虽然思想精深，学识渊博，令人敬佩，但如果大众面前发言的时候，说不清，讲不明，茶壶煮饺子有货"道"不出，那未免太遗憾了。现代作家鲁迅、闻一多他们不仅能写，而且能说。能多渠道地、有效地、充分地表达自己的思想，展现自己的才智。不管哪个领域，不管哪个阶层，在思想、学识、技能等相差无几的情况下，能说能写的人，比只能写的人，其贡献要大得多。这是简单的然而却是不容忽视的道理。

（2）演讲有培养良好人际关系和高尚情操的作用。

现代社会是人们交往日益密切的社会，是信息广为交流和传播的文明社会。演讲者不仅在台上需要有悬河之口和文雅的举止，就是在台下，其一言一行也要起到表率作用。他们的言谈应是谦逊、高雅的，他们的举止应是得体、大方的。这样的言行举止，不仅有利于创造祥和的气氛，而且也有利于人们的交往。人们常说："只有良好的人际关系，才有良好的经济关系。"在现代社会中，无论是个人交际场合，还是团体交际场合，都可以进行演讲，而社交中的演讲可进一步加深人与人之间、团体与团体之间、国家与国家之间的友谊和亲切关系。

演讲者的演讲不仅有制造舆论、启迪思想、传播科学文化知识的作用。作为演讲者还必须具备良好的情感，这种良好的情感，对于影响听众的情感和形成听众对于现实生活的态度，以及激励和促进人们的行动，都能起到极大的作用。从某种意义来说，演讲中的情感教育作用往往和思想教育作用是同等重要的。演讲者在演讲时，应用正确的道德情感、理智情感和美感来感染和影响听众。具体来说就是要用正确的思想观点去说服人，用美好的感情打动人，用优美的语言、优雅大方的仪表去感染人，从而形成听众的良好情感。诸如爱国主义情感、国际主义情感、集体主义情感、革命英雄主义情感等。只有这些高尚而美好的情感，才有益于听众，有益于人类，有益于社会。因此，每位演讲者都必须以高度责任心，以自己高尚而美好的情感，影响和培养听众的良好情感，促进人类社会的文明建设。

（3）演讲有不断的自我完善的作用。

在当今社会，人与人之间的关系和交往日益密切，思想文化、科学技术的交流日益广泛，知识、信息的传播日益频繁，传声技术和交流的手段日益现代化，由于电话通信和电视机、录像(音)机、影碟机、计算机、因特网的广为普及和应用，使得语言的留转技术和转换技术已经达到尖端的水平。如今,人们讲话已不再受时间和空间的限制,可以利用各种手段,把声音传向远方,延至后世。同时,信息传递的方式已不限于人与人之间,而扩大到人与计算机之间。人与机器的对话已经成了一种新的信息传递和交流方式。在这种形势下,不用说一个思想平庸、知识浅薄、口齿不清的人根本无法适应时代的飞速发展;就是一个品德高尚、学识渊博、技巧超群的人,如果不善言谈,词不达意也是无法充分发展自己全部聪明才智的。而演讲在人类口语中是最高级、最完善、最具有美学价值的一种口语表达形式。除此之外,演讲需要综合知识,它既需要演讲学本身的理论和经验,又需要运用哲学、美学、逻辑学、心理学、教育学、语言学和写作学等学科的基本理论和知识。如果我们学习、了解、掌握了演讲艺术并付诸实践,就能使自己增长才干,开阔眼界,陶冶情操,积累知识,加强修养,锻炼口才,培养气质,展示形象,扩大知名度,提高事业的成功率。

所以说,学习演讲和演讲实践的过程是一个不断提高口语表达能力、综合素质能力、敏锐的观察能力、深刻的分析能力、敏捷的思维能力、准确的判断能力、超人的想象能力、机智的应变能力和良好的记忆能力的过程,是不断自我完善的过程。

(4) 演讲有服务社会、促人行动的作用。

2. 对听众的作用

演讲服务社会的作用,是指演讲通过听众而产生的对人类社会的影响和推动。它标志着演讲的社会价值和历史意义。演讲的作用是通过对听众的直接作用而实现的。对听众作用的大小直接影响对社会作用的大小。

演讲对听众的作用是多种作用的综合,一般包括以下六个方面。

(1) 真理的启迪作用。

演讲重在说理。重在阐发带有某种真理性的道理,以理服人,对听众产生启迪作用。真理的启迪作用是多方面的,主要包括政治的、科学的、人生的以及各种社会真理。真理的启迪作用,也是一种理性的教育作用,它可以使人认识社会现实和历史状况,辨别客观事物的美与丑、真与假、善与恶,可以帮助人们祛邪扶正,用真理取代谬误,从而使听众的情操得到陶冶,思想得到净化,道德得到规范。

真理的启迪作用是演讲的首要作用,没有启迪作用的演讲不能在听众的心里留下理性的积淀,就不能对听众构成任何影响,也就没有什么社会作用而言。历史上许多成功的演讲无不体现了这种作用。

(2) 情感的激发作用。

演讲对理性的阐述总是伴随情感激发进行的,以情感人是演讲不可缺少的情感作用。"水激石则鸣,人激志则宏。"列宁指出:"没有人的情感,就从来没有也不可能有人对真理的追求。"我们常常说的"感人心者莫先乎情""通情才能达理"等,都是强调情感对于听众接受思想的重要性。演讲者在表达理性的内容时,是饱含情感的。例如对某一事物的看法,既有理性认识,又有情感体验,表达时也是带着情感的。而情感又必然在声音、语调、姿势、动作、表情等方面直观地表现出来,近距离地感染听众、激发听众,使听众无法平静,或激动欢呼,或愤懑不平,或热泪盈眶,或沉痛哀叹。

在《我是演说家》节目中,亚军陈秋实言简意赅地将爱国之情《大国风范》演讲得气势磅礴,力吞山河,激情四射!他讲道:

就我今天说大国风范，大国有没有它既定标准？有，四个字，富国民强。大国，跟你的领土面积没关系，跟你的历史功绩没关系。大国只跟你的力量，跟你的胸怀，跟你的气魄有关。

中国有几千年的璀璨也有几百年的屈辱。但是我们不应该因此就迷失了自己，过度的自卑或者过度的自大。不管发生任何事情，我们千万不能忘了，我们是一个大国。大国的风范到底从哪里来啊？大国的风范就从你我中来。中国再大也不过是由亿万个你我组成的。我们什么样，中国就什么样。中国在哪儿？中国在你我脚下，在你我心里。中国人走到哪里中国就在哪里。什么是大国风范？我相信，只要亿万个你我有风骨有风度，中国必然有风范。一个真正的大国应该做到：对内，人民安居乐业，国富民强；对外，不仅能生产出优质的产品，还能输出先进的社会制度和价值观。一个真正的大国，应该有实力有胸怀有气魄带领着全人类走向更加辉煌的未来。一个懂得尊重思想的民族，才能产生伟大的思想，一个拥有伟大思想的国家，才有可能拥有不断前行的力量。

我很穷我也很瘦，但是我一直不会忘记自己是个男人。其实男人很简单，就是胸中的一口气。只要男人有气度，国家就有气魄。只要我们这口气在，我们就是大国。

短短 2 分钟的演讲，铿锵有力，掷地有声，豪迈而又庄重。环环相扣的词语，使人产生一种鼓舞和热血沸腾的亢奋，爱国情绪油然而生！

没有情感激发力的演讲，往往就是冷冰冰的说教，使听众无动于衷，失去了可接受性，因而不会产生更大的社会作用。这种演讲就像朱光潜所说的"纯然客观，不动情感，不动声色，不表现说话人，仿佛也不理睬听众的那么一种风格"，即所谓的"零度风格"。零度风格的演讲无法与听众建立起情感联系，无法产生情感激发作用，也就不能以情感人，而不能以情感人的演讲也就很难实现以理服人。所以，情感的激发作用是成功演讲所必有的作用之一。

（3）知识和信息的传播作用。

演讲向听众传播它所包含的大量知识和最新的信息，是演讲作用的重要组成部分，比如营销、礼仪、法律、创业等各方面的知识和信息都可以通过生动的演讲形式传播给听众。

（4）感染作用。

演讲是一种实用艺术，具备直观性的艺术感染力，使听众在精神上产生一种愉悦、激动和满足。演讲的魅力也在于它可以"晓之以理，动之以情，授之以知，导之以没，明之以实，联之以身"。所以演讲者在演讲时要做到用正确的道德情感感染和影响听众，培养听众的情感。

《我是演说家》冠军梁植在《我的偶像》——纪念邓稼先先生的演讲中说道：

就在不久之前，习近平主席到荷兰海牙参加世界核安全峰会。电视机前的我泪流满面，因为我想起老邓。如果老邓还在，他今年正好 90 岁，如果他知道中国发展得这么好，中国的核事业走得这么稳，他该有多骄傲，多高兴啊。如果老邓还在，他今年正好 90 岁，我想请他就到《我是演说家》的播音室里来，让他看看这炫目的灯光，要看一看今天在座的每一个人的笑脸。如果老邓还在，我多想亲口告诉他：我们这些

"80后""90后"的孩子,真的很崇拜他。因为有他,因为有和他一样的一大批科技工作者的努力,中国有了现在的模样,我们有了今天的生活。我们不该忘了他们。

今年(2014年)是中国第一颗原子弹爆炸成功50周年,是邓稼先诞辰90周年。让我们一起在这样特殊的时刻,向老邓致敬,向每一位科技工作者致敬!

(5) 扬善祛邪的作用。

人类社会的文明史,就是真、善、美与假、丑、恶的斗争史。这种斗争不管多么曲折和复杂,最后总是以真、善、美的胜利而告终的。而这种斗争的主要武器之一就有演讲。古今中外一切正义的演讲家,他们都是拿着演讲这个工具和武器,宣传真理、捍卫真理,向一切丑恶的势力,进行艰苦卓绝的斗争,从而唤醒民众,把社会一步一步推向前进。演讲家就是用演讲这个工具,去启迪人们获得知识,认识真理,掌握真理,形成正确的舆论扶正祛邪,把人类社会推向最理想的境界。

(6) 行动的导发作用。

演讲的最高宗旨在于最终能导发听众符合演讲目的而行动。听众的行动是演讲一切理想感性作用的最集中最实际的体现。不能导发行动的演讲,其作用是浅层的、微弱的,不会有更深远的社会价值和历史意义。

为纪念孙中山先生诞辰80周年,中央人民广播电台曾发表了题为《在中山先生爱国精神感召下重新团结起来》的演讲,其激情浓郁的结尾再次召唤着海外华人回国回乡参加"国父"诞辰的决心,也导发海内外华人对继承和发扬"国父"爱国主义精神、振兴中华民族的决心和斗志。

……归来吧! 及时归来参加盛典,一叙契阔吧! 祖国人民的洋溢热情,故乡田园的秀丽景色,社会建设的崭新面貌和你们白发倚闾的双亲、望穿秋水的妻子儿女、兄弟朋友们都在向你们招手! 让我们在中山先生伟大爱国精神的感召下重新团结起来吧!

一般来讲,越是成功的演讲,它的导发作用越大、越持久,它不是作用于一代人,而是几代人;它不仅在一定区域内产生影响,还会超越民族和国家界限,作用于全人类。马克思、恩格斯、列宁、斯大林等人的演讲,都具有这种导发作用。

演讲的启迪作用、激发作用、感染作用和导发作用是统一体现在一场具体的演讲之中的,我们不能只就某一方面做孤立的分析,它们相互关联、相互制约。演讲就是综合调动演讲要素实现人们从心底生发的自然而然的向善向美之情。

第二节　演讲的有声语言

有声语言是一门独特艺术。声音能穿透灵魂、感动心灵、启发智慧,可以塑造魅力独特的世界。

有人这样形容声音的表达作用:有这样一群人,他们用他们的声音为依托,通过语气、语调、语速、重音的变化和情绪调节,或刚劲、激扬、气贯长虹、排山倒海;或温馨、柔美、曲折委婉、浸润心田,以情感再现艺术作品的思想内涵,用声音重塑艺术作品的人物形象,使听众心灵得到艺术魅力的感染和高尚情操的净化。

有声语言是演讲的重要媒介,是演讲活动中最主要的表达手段,对演讲效果起至关重要的作用。如果演讲者声音动听、语调优美、节奏富于变化,整个演讲就如同磁石一样吸引听众,反之,则会让人"耳不忍闻"。因此要想学好演讲,首先必须从"有声语言"开始。大家熟悉的"央视名嘴"白岩松在哈尔滨工业大学作了一场即兴演讲。短短数分钟的演讲就赢得了大学生的阵阵热烈掌声。

> 同学们在大学里一定要多做梦,甚至可以梦游,(笑声)比如现在一谈爱情我脑子里只会闪现我爱人的相片,而你们则可以设想一千位俊男靓女的样子……这就叫作虚位以待。我年少时看了三毛的书也想周游列国,没准还能碰上个女荷西。(笑声)但是所有这些梦想都属于你们这个年龄段,我现在没有资格做这样的梦了,我现在所处的是人生的舍弃阶段,而你们所处的是人生的选择阶段,不要放弃做梦!(长时间的掌声)更别忘了替这个社会、替这个国家做梦,能全身心地做这种梦,一个人一生中没有几次这样的机会,等你人到中年上有老下有小时,想做梦你也力不从心了,因此趁现在抓紧做梦!
>
> 有人说现在的大学生找不到工作,怎么会呢? 我有时候就想不通,真的如此,那我国岂不是比美国更发达了……因为我们的大学生都在待业呀!(如雷的掌声)其实大学生不是找不到工作,而是找不到一步到位的最满意的工作!实际上你就是一个骑手,毕业后你就应该先骑上一匹马,只要你优秀,你就能找到更棒的马!(长时间热烈的掌声)

这次演讲之所以获得成功,除了演讲内容精彩、观点独特新颖,还与其咬字准确、口齿清晰、声音清亮而富有磁性有很大的关系。要想演讲获得成功,先从"有声语言"的训练开始。

一、有声语言的定义及作用

有声语言是在演讲活动中传递信息和表达思想的最主要的媒介和物质表达手段。它是演讲者思想情感的载体,以流动的方式,运载演讲者的主张、见解、态度、感情,将其传达给听众,从而产生说服力、感召力,使听众受到教育和鼓舞,离开了口语表达,就无所谓演讲。

二、有声语言的特点

(一)口语化、简洁化、激情化

口语化是指演讲者在演讲时所使用的以人民群众常用的口头语言为基础、经过加工提炼后让听众一听就明白的语言。口头语与书面语是有区别的,当我们写好一个书面的东西,不是读而是说出去的时候,就要口语化,比如发言稿是要说给大家听而不是念给大家听,就要口语化;演讲稿要说给大家听也要口语化。

口语化有以下三个途径。

(1)书面语中的单音节词在口语里都要变双音节词。比如,书面语"此时",口语表述就要用"这个时候"。

（2）文言词变白话词。例如一篇演讲稿有这么一句"教育历来被视为一片未加污染的绿洲"，如果说出去就有两个地方要变动一下，"教育历来被人认为是一片没有受到污染的绿洲"。显然第二句效果好些。这就是说，第一要把单音词变多音词，第二要把文言变白话。书面语"良久"，口语就只能说"很久"。

（3）书面语停顿靠标点，口语靠情感的处理、靠语气的变化。把书面的停顿变成口语的停顿，书面的停顿靠标点符号，口语的停顿靠词与词(组)之间、句子与句子之间间歇的时间来表现，而且远远多于书面语停顿的时间。

简洁化是指在演讲中用最少的字句，准确、简明地表达所要陈述的思想内容。

激情化是指演讲的语言要有真情实感，跌宕起伏、声情并茂。

（二）语音美、语调美、节奏美

语音美是指演讲者的语言吐字清晰、咬字准确、声音圆润、清亮。语调美是指语言要起伏有致、灵活多变。节奏美要求演讲者的有声语言必须抑扬顿挫、变化多端。

三、有声语言的训练

有声语言是演讲获得成功的重要条件。好的有声语言不仅使演讲准确清晰、圆润和谐、生动有趣，而且能体现演讲绚丽多彩、跌宕起伏、音义兼美的艺术魅力，形成一种境界，使言辞的表现力和声音的感染力达到最佳状态，从而使听众受到德的熏陶、智的启迪、美的洗礼。

因此，要想成为一个出色的演讲者，就必须对演讲有声语言进行有意识的研究与训练，只有娴熟地掌握了演讲语言特点和规律，才能使自己的声音达到清脆、圆润、悦耳、舒心的最佳境界，而要做到这一点必须从语言的标准化入手。

（一）语音要规范

语言是构成演讲的重要因素，要提高演讲的质量，就必须在语言上下功夫。而语言只有通过一定的语音和语调才能表现出来。演讲的有声语言是系统地表述思想感情的口语，它不同于交谈口语。演讲者面对公众发表演说，基本上是单向进行的，是为了说服听众同意自己的观点并付诸行动，因此，演讲语言往往事先就有准备的，所以演讲者必须做到语音准确、语流畅达，语句清晰，而语音要规范则是首位的。

语音要规范，就是要求演讲者要说普通话。普通话是以北京语音为标准音，以北方话为基础方言，以典范的现代白话文著作为语法规范的现代汉民族通用语。《中华人民共和国宪法》规定："国家推广全国通用的普通话。"推广普通话是社会主义精神文明建设的重要内容。随着科技的进步，传声技术的广为应用以及和国际接轨的步伐加速，普通话的推广对改革开放和建设有中国特色的社会主义现代化的伟大事业都具有重要的现实意义。

就演讲的目的和作用来说，语音的规范不是个人的事情，它不仅直接影响演讲的作用发挥和艺术效果的体现，而且还关系祖国语言的健康发展的大事。运用不规范的语音，表达就会缺少魅力，缺少动人的色彩；而发音上的缺陷，势必会给听众、观众的语言与思维的发展带来影响。在人们交往日益密切，传声技术广为普及的信息时代，如果一个人还不能说标准的普通话,不但生活上会觉得美中不足,工作上更感到无法展开、压力较大。所以每一个公民特别是演讲者都必须学好普通话。要以普通话的标准和规范来吐字、发音,来说好我们生活中和工作中的每一句话,每一个字。

要做到演讲有声语言的标准化,就必须学好普通话,而学好普通话的唯一有效途径就是熟练地掌握"汉语拼音"。普通话的特点就是口耳之学,一个人只要多用口去讲,多用耳去听,边讲边分析,边听边比较,持之以恒,抓住重点、突破难点,就能说出流利、标准的普通话。

(二)普通话语音辩证

1. 难点声母对比训练

(1)送气音和不送气音的分辨。

《汉语拼音方案》声母表中,在塞音和塞擦音两组音中各有 3 个送气音、3 个不送气音,它们指的是气流送出的状态。送气、不送气是相对而言的。没有不用气就可以发出的音素。气流微弱且短的,自然地流出的是不送气音。用力喷出一口气的叫送气音,在普通话中它有辨义的作用。

两字词的比较:

b、p	被服—佩服	饱了—跑了	步子—铺子	鼻子—皮子
d、t	队伍—退伍	调动—跳动	河道—河套	肚子—兔子
g、k	挂上—跨上	天公—天空	关心—宽心	干完—看完
j、q	精华—清华	尖子—扦子	长江—长枪	吉利—奇丽
zh、ch	摘花—拆花	竹纸—竹尺	大志—大翅	扎针—插针
z、c	子弟—此地	清早—青草	大字—大刺	坐落—错落

两字词的连用:

b、p	编排	被迫	奔跑	爆破
p、b	陪伴	破败	盘剥	配备
d、t	代替	地毯	带头	灯塔
t、d	态度	天地	偷盗	坦荡
g、k	赶快	港口	功课	高亢
k、g	开工	肯干	客观	考古
j、q	机器	价钱	近亲	坚强
q、j	抢救	请假	千斤	勤俭
zh、ch	支持	专长	战船	征程
ch、zh	吃斋	车站	城镇	沉重
z、c	字词	早餐	杂草	资财
c、z	参赞	存在	刺字	操纵

(2)平舌音和翘舌音的分辨。

练习时,首先要能够分辨,其次要找出两组音发音的区别在什么地方。共同点是舌头整个呈现出马鞍型,即有两个焦点,一个在前(舌头与上齿龈),另一个在后(舌面后部与硬腭),前高后低,舌面中部呈下凹形态。舌尖前音的第一焦点比舌尖后音靠前。但第二焦点舌尖前音比舌尖后音靠后。舌尖前音的舌面中部下凹度较浅,而舌尖后音的舌面下凹度较深。

两字词的比较:

z、zh　短暂—短站　栽花—摘花　自立—智力　小邹—小周
c、ch　藏身—长生　一层——一成　仓皇—猖狂　有刺—有齿
s、sh　四十—事实　三哥—山歌　散光—闪光　私自—识字

两字词的连用:

z、zh　宗旨　自转　作者　增殖　尊重　紫竹
zh、z　职责　正宗　制作　知足　寨子　追踪
c、ch　错车　彩绸　财产　此处　猜出　刺穿
ch、c　差错　车次　储藏　纯粹　陈醋　春蚕
s、sh　私事　四声　色深　散失　撒身　嵩山
sh、s　世俗　输送　山色　收缩　失算　深邃

(3)翘舌音和舌面音的分辨。

翘舌音与舌面音易在粤方言区产生问题,如"知道"(zhīdào)和"机到"(jīdào)不分。分辨这两组声母,首先要学会发音要领。它们的发音方法有相同之处都是塞擦音,不送气音,但发音部位不同。发翘舌音,舌尖翘起后,顶住或靠近齿龈后部。而发舌面音的时候,舌面前部抵住或接近硬腭前部。

两字词的比较:

zh、j　标志—标记　朝气—娇气　短站——短剑　杂志—杂技
ch、q　长生—强身　池子—旗子　船身——全身　痴人—奇人
sh、x　诗人—昔人　湿气—吸气　时期—星期　胜利—犀利

两字词的连用:

zh、j　战舰　章节　真假　折旧
j、zh　价值　急诊　加重　记者
ch、q　插曲　初期　唱腔　常情
q、ch　起程　球场　汽车　清澈
sh、x　水仙　顺心　升学　瘦小
x、sh　协商　显示　欣赏　兴盛

(4)舌面音的练习。

舌面音 j、q、x 跟 i、ü 或以 i、ü 开头的韵母拼合的,叫团音;舌尖前音 z、c、s 跟 i、ü 或以 i、ü 开头的韵母拼合的,叫尖音。普通话里没有尖音,只有团音。目前一部分人把舌面音发成了尖音,也就是说舌面音发得太靠前了。

两字词的练习:

j　嘉奖　健将　讲解　简洁
q　亲切　轻巧　气球　秋千
x　新鲜　雄心　相信　行销

混合练习:

j、q 坚强 解劝 进取 就寝

j、x 焦心 酒席 俊秀 迹象

q、j 清洁 奇迹 起居 巧计

q、x 抢先 前线 亲信 取消

x、j 消极 细节 先进 夏季

x、q 稀奇 戏曲 向前 小桥

（5）舌尖前音的练习。

舌尖前音 z、c、s 是易产生问题的一组音。主要的问题是舌尖不够"尖",形成舌面前部(舌叶)与上齿龈接触面大或过紧而产生噪声,另外就是舌尖没与上齿背成阻,跑到两齿中间去了,这就是所谓"大舌头"。要注意发音部位的准确,才能发准舌尖前音。

两字词的练习:

z 曾祖 最早 总则 造作

c 寸草 从此 苍翠 草丛

s 思索 琐碎 僧俗 搜索

混合练习:

z、c 遵从 座次 杂草 早餐

z、s 棕色 走私 阻塞 砸碎

c、z 存在 操作 菜籽 嘈杂

c、s 醋酸 蚕丝 厕所 粗俗

s、z 塞子 散座 四则 色泽

s、c 私藏 松脆 色彩 酸菜

（6）唇齿音 f 和舌根音 h 的分辨。

要学会发音要领,弄清楚相同之处及不同之处是什么。首先,它们的发音方法是一样的,都是清擦音,区别是在成阻部位上。唇齿音 f 是上齿和下唇形成阻碍,而舌根音 h 的成阻部位在舌根和硬腭与软腭交界处。了解了发音部位,着重练习发音部位,这是分辨两个声母的前提。其次,要进行听力训练,能灵敏地区分 f、h。在这个基础上根据音节表加强记忆。

两字词的比较:

f、h 开发—开花 开方—开荒 公费—公会 废话—绘画

两字词的连用:

f、h 防护 分化 反话 负荷 返航 烽火

h、f 海防 后方 合法 洪福 横幅 挥发

（7）鼻音 n 和边音 l 的分辨。

鼻音和边音的发音部位相同,不同的只是发音方法。n 是鼻音,发音时,气流从鼻腔流出。l 是边音,发音时,气流从舌的两边流出。如感觉不到,可把鼻子堵住,发音困难的就是鼻音,因为气流出不来了。相反,发音不困难的就是边音。练习发边音时,可适当地把嘴咧开一些,这样就可以帮助气流从舌头两边顺利流出。有的人不是不会发 n、l,而是

受方言影响不知道哪些音节该发 n 或 l,这就需要根据音节表牢记。

两字词的比较:

n、l　女客—旅客　男子—篮子　难住—拦住　留念—留恋

两字词的连用:

n、l　年龄　能力　耐劳　内陆　女郎　南岭

l、n　冷暖　老牛　龙年　落难　辽宁　历年

2. 难点韵母对比训练

(1) i 和 ü 的分辨。

i 和 ü 两个音的舌位相同,它们的不同在于唇形。发 i 时,嘴角稍向左右咧开,唇形是扁平的,可见到牙齿。发 ü 时,双唇收拢接近圆形,牙齿见不到。演讲中,由于快速的语流,撮口的 ü 音容易发成扁唇的 i,使语意混乱。要注意区分,要多练习口力。

两字词比较:

i、ü　　　意见—遇见　前面—全面　比翼—比喻

ie、üe　　切实—确实　蝎子—靴子　写出—学出

ian、üan　颜色—原色　潜力—权力　鲜红—血红

in、ün　　印书—运输　通信—通讯　鱼鳞—渔轮

两字词连用:

i、ü　　　利于　秩序　失去　必须　急剧　机遇

ü、i　　　须知　渔利　躯体　语系　取缔　聚集

ie、üe　　谢绝　解靴　解决　夜学　喋血

üe、ie　　雪夜　学业　月斜　越界

ian、üan　垫圈　前缘　减员　边远　田园　天旋

üan、ian　选点　全天　捐献　劝勉

in、ün　　音韵　进军　音韵　嶙峋

ün、in　　群心　寻亲　军心　寻衅

(2) 鼻音韵尾 n 和 ng 的分辨。

区分这两类韵母的前提是先区分韵尾,它们的不同之处是:发前鼻音 n 时,舌尖顶住齿龈;发后鼻音 ng 时,舌后部隆起,舌根尽力后缩,顶住软腭。发 n 时口形较闭,发 ng 时口形较开。在实际运用中,不能只有发音趋向而没有真实的发音位置,否则前后鼻音会混淆不清。

两字词的比较:

an、ang　　出产—出厂　天坛—天堂

ian、iang　新鲜—新乡　小县—小巷

uan、uang　心欢—心慌　车船—车床

en、eng　　长针—长征　真理—争理

in、ing　　天津—天京　信服—幸福

un、ong　　乡村—香葱　飞轮—飞龙

un、iong　　勋章—胸章　运煤—用煤

两字词的练习：

an、ang	反抗	赞赏	班长	盼望
ang、an	抗战	伤寒	长安	抗旱
ian、iang	天象	偏向	边疆	
iang、ian	江天	抢险		
uan、uang	宽广	观光	选矿	
uang、uan	光源	黄砖	光环	狂欢
en、eng	身正	尘封	真正	神圣
eng、en	城镇	生辰	诚恳	风尘
in、ing	新瓶	进行	民兵	聘请
ing、in	拧紧	清新	影印	行进
un、ong	轮种	滚筒	蚊虫	
ong、un	龙云	通顺	农村	

（三）普通话声调辨正

声调是汉语音节的高低升降的变化形式。声调包括调值和调类两个方面。

调值是声调的实际读音，也就是音节的高低、升降、曲直、长短的具体变化形式。描写声调的高低通常用"五度标记法"：立一竖标，中分 5 度，最低为 1，最高为 5。普通话有四种基本调值，故有四个调类，也就是人们通常说的"四声"。

（1）阴平：念高平，用五度标记法表示，就是从 5 到 5，写作 55。发音时，声带绷到最紧，始终没有明显变化，保持高音。如春天花开、公司通知、息息相关、乡村医生。

（2）阳平：念高升，用五度标记法表示，就是从 3 升到 5，写作 35。发音时，声带从不松不紧开始，逐渐绷紧，到最紧为止。如圆形循环、人民银行、牛羊成群、儿童文学。

（3）上（shǎng）声：念降升，用五度标记法，就是从 2 降到 1 再升到 4，写作 214。发音时，声带从略微有些紧开始，立刻松弛下来，稍稍延长，然后迅速绷紧，但没有绷到最紧。如永远美好、处理稳妥、演讲草稿、远景美好。

（4）去声：念高降，用五度标记法表示，就是从 5 降到 1，写作 51。发音时，声带从紧开始，到完全松弛为止。如世界教育、爱护备至、胜利闭幕。

（四）音变训练

音变是指语音变化。人们说话时，不是孤立地发出一个个音节，而是将音节组成一连串自然的语流。由于相邻音节的互相影响，就会产生语音方面的变化，这就是语流音变。普通话的音变主要包括变调、轻声、儿化和语气词"啊"的变化。

1. "一""不"的变调

"一""不"在单用或在句末时读本调，而在去声音节前，一律变阳平，如一半、一定、不必、不干。在非去声音节前，"一"要变去声，"不"不变。如一般、一些、一边、一群、一碗、一体。"一""不"夹在词语中间读轻声。

2. 上声的变调

（1）念半上声：上声在非上声前面念半上，调值由 214 变为 211 或 21，也就是只降不

升,近似于低平调。例如:

老师 lǎoshī　导游 dǎoyóu　考试 kǎoshì　每月 měiyuè

(2)念阳平:两个上声相连,前一个上声的调值变为35,跟阳平一样。例如:

品种 pǐnzhǒng　厂长 chǎngzhǎng　演讲 yǎnjiǎng　处理 chǔlǐ

3. 轻声

轻声是一种特殊的变调现象。普通话的每一个音节都有它一定的声调,但是在词和句子里很多音节常常失去原有的声调,念成一个既轻又短的调子,这就是"轻声"。在普通话里,读轻声的主要有以下六种情况。

(1)语气助词"啊、吗、啦、吧、呢、哇、嘛、呀"等读轻声。

(2)助词"的、地、得、着、了、过"读轻声。

(3)名词和代词的后缀"们、子、头、么"读轻声。

(4)表示趋向的词"去、来、过来、起来、上、下、上来、下去"等读轻声。

(5)表示方位的词"上、下、里、边、面"等读轻声。

(6)重叠动词和重叠名词的第二个音节以及夹在重叠动词当中的"一"或"不"读轻声。

此外,部分双音节的第二个音节读轻声。这些是不带规律的习惯性读轻声的词语,需要多读、多记加以掌握。

爱人　包袱　巴掌　把式　包裹　摆设　扁担　唠叨　玻璃　底细　合计　豆腐
姑娘　暖和　舒服　头发　女人　生意　商量　相声　胃口　先生　喜欢　眼睛
疙瘩　折腾　王爷　名字　亲戚　少爷　街坊　祸害　篱笆　考虑　力量

另外,普通话里有些词或词组靠轻声音节与非轻声音节区别意义和词性。如兄弟 xiōngdì([名]哥哥和弟弟),兄弟 xiōngdi([名]弟弟)。

4. 儿化

儿化是指一个音节带上卷舌的动作,其韵母发生音变,成为卷舌韵母即儿化韵。儿化在意思的表达上是有一定作用的。有些儿化词具有细小、轻微的意思,如小孩儿、门缝儿、小猴儿。有些儿化词表示说话人喜爱、亲切的感情,如宝贝儿、好玩儿、鲜花儿。有些动词、形容词儿化后变成名词,如盖(动词)——盖儿(名词)、扣(动词)——扣儿(名词)。有些词儿化后意思变了,如头(脑袋)——头儿(领导的意思)、信(信件)——信儿(消息)。儿化的主要规律如下。

(1)读作 ar、ianr、uair、üanr、ier。

刀把儿 dāobàr　板擦儿 bǎncār　小辫儿 xiǎobiànr　一块儿 yíkuàir
小鞋儿 xiǎoxiér　杂院儿 záyuànr　号码儿 hàomǎr　半截儿 bànjiér

(2)读作鼻化的 angr。

鼻梁儿 bíliángr　赶趟儿 gǎntàngr　打晃儿 dǎhuàngr　天窗儿 tiānchuāngr

(3)读作 r。

嗓门儿 sǎngménr　一会儿 yíhuìr　石子儿 shízǐr　开春儿 kāichūnr

(4)读作鼻化的 ingr、engr、ongr。

眼镜儿 yǎnjìngr　板凳儿 bǎndèngr　小葱儿 xiǎocōngr　药瓶儿 yàopíngr

（5）e、o、uo 后的儿化。

被窝儿 bèiwōr　模特儿 mótèr　小说儿 xiǎoshuōr　火锅儿 huǒguōr

（6）ou、iu 后的儿化。

衣兜儿 yīdōur　加油儿 jiāyóur　棉球儿 miánqiúr　小丑儿 xiǎochǒur

（7）ao、iao 后的儿化。

面条儿 miàntiáor　跳高儿 tiàogāor　开窍儿 kāiqiàor　口哨儿 kǒushàor

（8）eng、u 后的儿化。

提成儿 tíchéngr　麻绳儿 máshéngr　有数儿 yǒushùr　泪珠儿 lèizhūr

5. "啊"的音变

语气词"啊"用在句尾,时常受它前面音节末尾音素的影响而发生变化。有以下四种具体情况。

（1）在音素 a、o、e、i、u 后,读 ya。

真辣呀　大雪呀　真破呀　糯米呀　去呀

（2）在音素 u、ao、ou 后,读 wa。

大叔哇　跳舞哇　过桥哇　冷笑哇　好哇

（3）在 n 后,读 na。

难看哪　当真哪　狂奔哪　稳哪　真金哪

（4）在 ng 后,读 nga,写作"啊"。

帮忙啊　冷啊　长征啊　真行啊　太穷啊

四、有声语言的表达技巧

　　人的各种感官也都喜欢变化,同样地,也都讨厌千篇一律。声音的变化,不仅是听众的要求,也是演讲表达思想情感的要求。演讲内容有主次之分,情感也有浓有淡,这也就决定了声音应富于变化。要做到这点必须掌握口语的表达技巧。

1. 语速要适中

　　经常有人一上台什么都忘了,就只顾着把内容讲完,在演讲的过程中只有一种音调、一种速度,这样会是什么效果?听众容易走神,容易开小差。这就相当于心电图一样,如果心电图是一条直线,不就麻烦了吗?

　　语速的变化也是表情达意的重要手段。正常谈话,每分钟 120～150 个字。演讲的速率不能太快,应该在需要快的时候加快,需要慢的时候放慢。语速太快会使听众难听懂,给人一种热情但又急切的感觉,会令人听得很辛苦;语速放慢可以强调重要性,但如果太慢的话就显得拉腔拖调,无法吸引别人的注意力,使听众感到不耐烦。因此我们应该掌握好语速,不疾不徐,快慢适中。但演讲的速度不能总是一成不变的,要做到急缓有致。语调的快慢往往与表达内容、环境、气氛、心理情绪、修辞手法以及句段重要与否有关。

2. 重音别忽略

　　重音在生活中必不可少,如"这篇文章的大意是什么","大意"即"大概的意思",如果把"意"轻念,就是"粗心"的意思。所以,重音具有区别词义的作用,一个词重读轻读所表达的意思往往不一样。重音可分为以下三种。

(1)语法重音,是指按句子的语法规律重读的音。

(2)逻辑重音,此类重音可根据演讲的内容和重点自己确定。

(3)感情重音,可根据表达感情的强烈程度或细微的心理安排。

在情感激荡的地方,意思重要之处,音量要大些,反之则要小些。音量大小变化要自然、流畅,要有感情的自然流露。同时,音量大小变化也要恰当、适度,不能大到声嘶力竭,也不能小得无法听清。

例如,"如果世界上真有不知疲倦的人,我们敬爱的周总理啊,一生休息得最少最少。""不知疲倦""敬爱""周总理"应采用重读型重音读,读得重而深厚,而"最少最少"宜采用轻读型重音读,读得轻而深沉。

重音不一定重,有时轻读也起强调的作用。重音根据读者的不同可以分为两种,一种是重重音,另一种是轻重音。重音怎样体现?一是加大音量,二是拖长音节,三是一字一顿,四是夸大调值。

3. 停顿很重要

在口语表达中,停顿既是一种语言标志,也是一种修辞手段。同样一组音节,因停顿不同,意思完全不一样,例如,"叔叔亲了我妈妈也亲了我"。可以说成"叔叔亲了我,妈妈也亲了我"。也可说成"叔叔亲了我妈妈,也亲了我"。两种停顿,表达了两种完全不同的意思。可见,停顿不只是演讲者在生理上正常换气的需要,也是表情达意的需要。停顿得当,不仅可以清晰地表达语意,而且可以调节语言节奏,给听众留下回味的余地。

停顿不当往往会影响语意的表达。例如"南郑县大胆更新用人制度"。在"大胆"后停顿就会令人莫名其妙。按原意应在"县"字后停顿才妥。又如"班禅大师、赵朴初、×××等参加了座谈会"这一句中"班禅大师""赵朴初"与"×××"是并列关系,用顿号隔开,念时需要停顿。如果在"班禅大师"后不停顿,念成"班禅大师赵朴初"就是大错特错,把并列关系变成了同位关系。可见,停顿对语意的表达有多么大的影响。

停顿分为以下四个种类。

(1)语法停顿。

语法停顿又被称为自然停顿,一个词中间不能停顿,如"新疆代表团长途跋涉来到北京",念成"新疆代表团长,途跋涉来到北京",就把意思搞错了。从语法上说,中心语与附加语之间往往有一个小小的停顿,书面语用标点符号表示的地方要停顿,停的时间长短不一样,停顿时间应该如何把握呢?停顿时间的长短顺序是:句号(包括问号、感叹号)>分号>冒号>逗号>顿号。从结构上,是段落>层次>句子。

(2)逻辑停顿。

逻辑停顿是对于要强调之处的停顿。苏联研究表演的斯坦尼斯拉夫斯基说,如果说没有逻辑停顿的语言是文体不通的话,那么没有心理停顿的语言是没有生命的。逻辑停顿是表达感情的需要。

(3)感情停顿。

感情停顿又被称为心理停顿,逻辑停顿为理智服务,感情停顿为感情服务,是为表示一种微妙和复杂的心理感受而做的停顿。

（4）特殊停顿。

特殊停顿是指为加强某种特殊效果或应付某种需要所做的停顿。

停顿的作用有：①可以变含糊为清晰，如"最贵的一张（停）值一千元"，表示最贵的只有一张，其他的不足一千元；②变平淡为突出；③变平直为起伏。如"大堤上的人/谁/都明白"就有起伏；④变松散为整齐。有些排比句通过停顿会变得很美，节奏很好。如写交通安全的一篇演讲稿："每天的太阳是您的，晚霞是您的，健康是您的，安全也是您的"，要声断气不断，情不断。这里，需要重复强调的是停顿不是中断，只是声音的消失，它完全是气流与感情连起来的，有停就有连，而且某种激烈、紧张的情况下更需要连接。

4. 音韵要搭配

> 平仄以成句，抑扬以合调，扬多抑少则调匀，抑多扬少则调促。

> ——谢榛《四溟诗话》

汉语讲究声调，声调能产生抑扬急缓的变化，本身就富有音乐美。好的演讲平仄错落有致，抑扬顿挫，显得悦耳动听，汉语的音乐美和节奏感还与语气停顿和押韵有关。现代汉语中双音节词占优势，这大大增强了语言的响度和节奏感。演讲中若能准确交替使用单音节词和双音节词，语音音节便显得和谐自然。如果在适当的地方，有意押韵，更能产生一种声音的回环美与和谐美，讲起来上口，听起来悦耳，似有散文诗的隽美风韵。此外，恰当地运用象声词和叠声词，既能进行渲染烘托，也能收到声情并茂的功效。

5. 语调要自然

语调是口语表达的重要手段，它能很好地辅助语言表情达意。语言若没有轻重缓急，就难以传情。同样一句话，由于语调轻重、高低长短、急缓等的不同变化，在不同语境里，可以表达出种种不同的思想感情来。例如，"啊，多美啊！"，用赞美的舒缓语气可以表达称颂之情，如果用漫画式的怪腔怪调来念，则表现讥讽嘲笑之意。因此，演讲者正确选择和运用语调对表达思想感情有着十分重要的意义。

语调一般分四类：平直、下降、上扬、曲折。用不同的语调所表达的意思完全不一样。

（1）平直调，多用于陈述、说明的语句。表达的是庄重、严肃、回忆、思索的情形或表现平静、闲适、忍耐、犹豫等感情或心理。

（2）下降调，多用于感叹。有些陈述句，往往表达的是祈求、命令、祝愿、感叹等方面的内容或表达坚决、自信、肯定、夸奖、悲痛、沉重等感受。

（3）上扬调，多用于疑问句、反问句，或某些感叹句、陈述句。适用于提问、称呼、鼓动、号召、训令等场合，表达的是激昂、亢奋、惊异、愤怒等情绪。

（4）曲折调，多用于语意双关、言外之意、幽默含蓄、意外惊奇、有意夸张等语境或表达惊讶、怀疑、嘲讽、轻蔑等心绪。

在实际应用中四个语调不是孤立的，语调变化不以句子为单位体现，而表现在语流上。

语调的选择和运用，必须切合思想内容，符合语言环境，考虑现场效果。语调贴切、自然正是演讲者思想感情的自然流露,所以,演讲者恰当地运用语调,事先必须准确地掌握演讲内容和感情。

著名电影演员李默然在吉林演讲讲习班上说:"我主张以情托声,就是用情感把你的声音托出来。"他以朗诵艾青的诗《我爱这片土地》为例,朗诵最后两句:"为什么我的眼含着泪水? 因为我对这片土地爱得深沉。"如果以声带情,用大音量读,到这两句有一种凝固的感觉,一个小小的停顿,接着小音量地读,便能把这种"爱得深沉"的感情表达出来。这段经验之谈,正说明了要情动于中,才能声形于外。只有当演讲者对讲的内容理解至深,有真情实感,语调才能用得贴切、自然、动情。

五、演讲者声音存在的常见问题

1. 叫喊

有的演讲者错误地认为在演讲中只要大声地叫喊,就可以吸引听众,赢得听众。其结果不但演讲者精疲力竭,而且会使声音变得粗糙、生硬,甚至嘶哑。应正确使用呼吸器官和共鸣腔,使声音和谐、适度。

2. 漏气

有的演讲者吐字发音夹杂"气息"的声音很大,这就是漏气。漏气会使字音含混、暗淡、无力、缺乏清亮度。要想克服漏气,使声音清亮圆润,就要加强对声音的控制能力,并使呼吸和声带的闭合和咬字协调。

3. 鼻音太多太重

克服此毛病要求发声时呼吸要有节制,均匀地送至声带,并使软腭抬起,感到声音是打在硬腭上,注意适当控制声波流入鼻腔,使声音准确、纯正、清亮。

4. 喉音

声音中带有喉音,就会使声音生硬、沉重,缺乏音色变化而缺乏声音的表现力。为了消除喉音,应使下颚和舌根放松,软腭自然向上抬起,并使呼吸来支持声音,使共鸣位置提高,声音脱离开喉部而进入共鸣腔——咽腔、口腔和鼻腔;还可以张口吸气,并使呼吸有深度。这样反复练习,便可纠正。

5. 抖动

抖动是发声的痉挛病。是由呼吸强烈冲击所造成的,致使发声器官失去应有的弹性,声音摇晃不定,给听众造成极不安定的烦躁的感觉。纠正方法是使呼吸有节制,避免气息对声带的强烈冲击,在声音延长时力求平稳。

6. 口头禅

演讲要引起听众注意,求得听众的共鸣,最重要的是语言要句句有力。但不能像机关炮,"扫射"得听众摸不着头脑,也不能言语拖沓、表达紊乱,让口头禅充斥全篇。

很多人喜欢讲"那么、这个、嗯、也许、对不对、就是说"等口头禅。所谓口头禅,是个别语句在讲话中反复出现。它破坏了语言的结构,使语言前后不通,把演讲从内容到形式切割得支离破碎,给人一种断续、离散之感。可见口头禅会影响听众的情绪,削弱演讲的效果,有人把口头禅称为"语言的肿瘤"是很有道理的。如何赶走口头禅呢?一是形成语言定式;二是讲话稍微慢一些,注意适当地用停顿;三是用录音机录下演讲内容,反复听,一出现口头禅就给自己一个刺激,让自己对口头禅充满厌恶感。

第三节 演讲的态势语言

一、态势语言的定义

态势语言也称无声语言或肢体语言,是一种非口头语言。它是通过演讲者的身体形态、手势动作、眼神表情等表情达意,是演讲与谈话中重要的信息交流手段。

二、态势语言运用的原则

在演讲过程中态势语言起辅助性作用,运用时必须注意以下四条原则。

1. 目的性

下意识的态势一般没有明确的目的性,比如,有时一种手势、动作的产生,出自下意识,纯粹只是生理上的要求,并没有明确的目的性,不过这种手势、动作还是有用的,它可以帮助演讲者把声音有力、有情、生动地送出去。假如我们把这种态势由不自觉变为自觉,由不够准确、优美变为准确、优美,以加强号召力和鼓动力,可进行加工,使之变成具有目的性的态势。而有意识的态势则具有很强的目的性。有意识,就是要使一挥手,一摆头,身子或向前倾,或往后仰,都有内在的根据、清楚的用意。

2. 准确精练

态势语言准确、精练、优美,要由演讲者内在的思想意图决定,要能恰当地传情达意,具有补充或加强话语,帮助听众理解,促使听众接受的作用。精练就是要以少胜多。手势动作对于每个人来说,库存本来就不多,变来变去也不会出现什么新花样,要是不间断地、随便地使用,或者多次重复一种手势动作,就可能丧失它的功效。

3. 自然活泼

要求自然,就是反对造作,强调活泼,就不要单调呆板。没有表达思想感情的需要,缺乏内在的根据,哪怕有意识去做一种手势,一个动作,目击者也可能认为你节外生枝,造作正如着意表演一样是有害的,而单调、呆板也同机械重复一样,会使人失去兴趣。

4. 个性化

态势的表现同演讲者的性格气质紧密相连,而且个人的性格气质往往"规定"了他的态势特点。一个开朗、爽直、麻利,说话、办事都十分快速的人,他的表情动作,尤其是手势动作,一般表现为急速、频繁、果断、有力;一个比较内向的人,他的态势表情往往表现为动作缓慢,手的活动范围较小,而且变化不多。因此。我们在运用态势进行表达、交流的时候,必须保持自己的个性特征,显示自己的风格,切勿一味模仿什么大演讲家。

三、态势语言的使用技巧

(一)身体形态

身体形态也可简称为体态,是态势语言的一种,也是演讲者首先涉及的内容。它分为服饰与修饰和容貌两个方面。

1. 服饰与修饰

(1)演讲者的服饰基本要求是穿与自己身份、年龄、职业相称的服饰,另外也要考虑服饰是否与演讲内容一致。首先,要求整洁大方、庄重朴素、轻便协调、色彩和谐;其次,要根据演讲的内容和现场的气氛决定服饰色彩,演讲内容是严肃、庄重、愤怒、哀痛的穿深色衣服比较合适,欢迎、庆祝场合可穿浅色衣服;最后,服装和体形、肤色要相适应,肥胖者穿深色衣服显得匀称,瘦型身材可穿浅色衣服显得丰满,做到色彩和谐,不宜穿怪异、过于时尚、性感的服饰,同时不能过于华丽,又不能太随便。实践表明,演讲时不修边幅、肮脏邋遢,或油头粉面,或仔裤港衫、长发披肩,仿洋人港客,纵然是口吐莲花、舌绽春蕾,也绝不会使人产生钦佩之感。如果是"峨冠博带话务农"必显得滑稽可笑,"蓬头垢面谈诗书"又失风雅体统。

(2)演讲者的修饰,最大限度不过是佩戴一枚胸花,其他尽可能少佩戴或不佩戴。总之,演讲者的服饰要做到整齐、干净、美观,与自己身材协调,强调的是庄重大方,富有青春气息,以此给听众留下好的印象。

2. 容貌

首先,头发要洗干净、修剪整齐,光滑顺溜是关键。男士头发最好不要披肩,女士头发不能有过多的装饰及怪异的造型。面貌条件是先天固有的,一般较难改变,但即使体型或面貌欠佳,甚至有些生理缺陷,仍然可以采取积极的弥补措施。比如高跟鞋可弥补身材矮小的缺陷。演讲时,适当地进行个人美容,脸部作自然淡雅的化妆遮掩缺陷,以突出脸部最美的部分。尤其是男士的胡子在演讲前要注意修剪。女士演讲时的化妆强调的是淡雅、清新,自然为宜。

(二)站姿和移动

1. 站姿及其禁忌

(1)站姿。演讲者的站姿分男式站和女式站不同。男士可以选择两脚并拢和稍微分开站立,手自然下垂放于双腿两侧。女士可以选择双脚跟并拢脚尖分开呈小八字形,双手放于腹部上位,或双脚呈"丁字步"身体略侧的"舞台姿态"站立。站姿总的要求是:头部抬起,双目平视于听众,双肩下沉外展,颈部梗起,下巴微收,挺胸收腹,提臀,双腿直立,重心落于脚掌,体态挺拔自然,演讲时富有朝气。

(2)站姿的禁忌:两脚叉开,不能给人谦虚的感觉;两脚并拢、上身僵硬,又显得呆板;更不能呈"稍息"姿态。一条腿不停地抖动给人不严肃、不稳重的印象;摆弄衣角、纽扣,低头不面向听众,给人以胆怯之感;耸肩或是动身体,将手插入兜内,给人以懒散的感觉。

2. 走姿与行礼

（1）走姿（移动）。演讲者的移动只是体现在上下台上，演讲时则无须过多地移动。首先是要轻缓起身，不能将椅子或桌子碰出响声，然后健步走上演讲台。走姿做到轻松自如、自然大方，步幅适中，步履轻盈敏捷，不能过快冲向讲台，使演讲因紧张而不能正常发挥，但也不能过慢，松松垮垮，应该比平时稍快。演讲者走上讲台后，选择适当的位置停下，自然转过身来。有经验的演讲者往往走到讲台一角就会将目光转向听众，如果需要移动位置可单脚一步一步地移，不能碎步或大步显得局促不安。有人一上台，便左走三步，停；右走三步，回复原位，如此无数次反复，直到演讲结束，听众看得头晕眼花、心烦意乱，这样的演讲不会有好的效果。如果演讲还未开始，下面欢迎的掌声响起，此时应由衷地说声"谢谢!"然后目光扫视全场与听众做一次目光交流便开始自己的演讲。演讲完毕要向听众行礼并说："谢谢大家!"下台时的走姿如同上台一样，做到轻松自然、潇洒谦和、气度非凡。

（2）行礼。演讲中上台、下台按惯例要行鞠躬礼。行 45°礼为宜，不宜行 90°礼（太过），不能行 15°礼（太浅），"蜻蜓点水"显得不真诚。手放于腹前，随着行礼下滑，行完后手放于原来位置。讲完后从容镇定、泰然自若，等待公布成绩。得了高分可招手、敬礼向观众表示感谢，成绩不理想也要表现出谢意，不能拉长脸跑下台去，应表现出胜不骄、败不馁的气度。

（三）眼神

眼神是眼睛的神态，也称眼色，是一种态势语言。"眼睛是心灵的窗户"，眼睛的神色变化，倾诉一个人的微妙心曲，帮助人们传达许多具体、复杂甚至难以言传的思想感情。它在演讲与交谈中具有重要的表情、表意和控场作用。在与听众的交流中，有经验的演讲者，总是能够恰如其分地、巧妙地运用自己的眼神，表达千变万化的思想感情，调整他的演讲和现场的气氛，影响他的听众，以收到最佳的效果。反之，凡是不成熟的演讲者，却总是一站到台上，就把自己的眼睛"藏"起来，不是低头看着自己的讲稿、看着地板，就是抬头看着天花板、转头看着会场的外面，从不正视听众一眼。像这样的演讲，可以肯定地说，其结果只能是失败。

1. 眼神使用技巧

（1）纵向角度，是指演讲者视线的上下角度。视线太低，只能看到前几排的听众，照顾不了大多数听众；视线太高（仰视），又会使人感到趾高气扬，盛气凌人，似乎看不起听众。最好保持平视，把视线落在会场中排的听众身上，以此为基本落点，并在演讲中适当变动，以顾及前排和后排的听众。

（2）横向角度，是指演讲者视线的左右角度，演讲者绝不要把视线长时间地停留在某一点上，而应当常从左边自然地扫到右边，然后从右边移到左边。

2. 眼神使用方法

（1）前视法，即视线平直向前流动的方法。它主要是演讲者的视线平直向前流动，统摄全场。一般来说，视线的落点应放在全场中间部位听众的脸上，在此基础上适当变换视线,照顾到全场听众,并用弧线在全场流转,不可忘掉任何一个角落的听众,这样可使听众认为演讲者在关注自己,从而认真听演讲。

(2)环视法,是演讲中使用眼神的主要方法之一,即有节奏或周期性地把视线从会场、教室的左方扫到右方,再从右方扫到左方;从前边扫到后边,从后边扫到前边,以便不断地观察和发现所有听众的动态。演讲人切忌眼睛老是向上翻动,瞅天花板或老盯住某一个人、某一个地方,而忘记前排及左右两边的死角,更不能经常把眼光漂向窗外。

(3)点视法,是演讲中使用眼神的主要方法之一,指演讲者的观察要有重点。在环视过程中,发现哪里不安静了,应立即投去严肃的制止性的目光;讲到重点和难点需让听众做笔记,应向那些学习吃力、做记录慢的人投以帮助性目光;对有疑问的人,要投以启发性目光;对偏离轨道、说东道西的听众要投以引导性目光;对犹豫不决、欲言又止的提问者要投以鼓励和赞许性目光。

(4)虚视法,是演讲中使用眼神的主要方法之一,就是演讲者的眼睛好像盯住什么东西,但实际上什么也没有看。这种眼神既可以克服紧张的毛病,显示出端庄大方的神态来,又可以把精力集中在演讲内容上。它对初次登台的演讲者十分有效。但因为它是一种转换性目光,不可常用。

3. 眼神的使用原则

(1)要自觉赋予眼神以一定的内容,明确使用的目的性。因为眼神本身总带有一定的思想感情色彩,如果不能有意识地使用它,或者失去自我感觉地乱用一通,势必引起听众的误解。比如,要给听众一种可亲感,以利于他们接受你的意见,就应该让眼睛闪现热情、诚恳、坦白、亲切的光芒。倘若不明白这一点,或不自觉地让眼睛放射出一种轻蔑、冷淡、虚伪或者咄咄逼人的光芒,得到的就必然是相反的效果。

(2)环顾或者专注不能失度。"环顾"不是不断地变换眼睛的瞄准点,让眼睛溜转个不停,而是有意识的有节制的流转。经验表明,眼睛从一个地方扫到另一个地方,又从另一个地方转回原来的地方,如此不断地循环往复,不但不能照顾全场,集中听众的注意力,而且相反,还会害得听众也跟着你乱转,从而分散了注意力,严重时甚至可能引起一种厌倦情绪,从此不再注意你的眼神。也有一些演讲者,却走向另一个极端,以为专注便是固定于一点,无须变动,这样才能加深听众的印象。其实专注也是有限度的,而且一般只是短暂的停留。演讲者,如果只把眼神固定在一个死点上,他便把大多数的听众忘了,大多数听众也不能从他的眼睛里,理解他的思想与感情。

(3)眼睛的活动不但要和脸部的表情协调一致,还要同有声语言和态势密切配合,才能收到更大的交流效果。因为协调一致才容易为听众所理解,也才能有效地把眼睛的神色变化烘托出来。

(四)手势语

手势语是演讲态势语言中的一个重要组成部分,它主要包括以下六个方面。

1. 情意手势语

情意手势语主要用于表达演讲者的情感,使情感表达得真切、具体、形象,加大渲染作用。如讲到非常气愤的事情,演讲者怒不可遏,双手握拳,不断地挥舞,加上其他动作配合,就展现给听众一种愤怒的情感,既渲染了气氛,又有助于情感的表达。又如,西方政治家在一些盛大的群众集会上演讲,面对热烈鼓掌的广大听众,他们往往会用双手举过双肩,手心向外,向听众摇摆。它表示两个含义,一是对听众的欢迎致以礼貌性的谢意;二是恳请听众停止鼓掌,以便他开始演讲。和其他类型的手势语相比,情感性手势语在演讲中运用得最多,其表现方式极为丰富。

2. 指示手势语

指示手势语的特点是运作简单,表达专一,基本上不带感情色彩,直接指示了演讲者要说的事物。例如,1942 年延安整风运动中,毛泽东曾多次为党政军干部作演讲,为了使演讲条理清晰,给人的印象深刻,他就把内容归纳为一、二、三、四、甲、乙、丙、丁,并且边讲边用右手扳着左手指,一个一个地数,其手势语含义直截了当。再如,当说到"你""我""他",或者"这边""那边""上头""下头",等等,都可以用手指一下,给听众以实感。这种手势语,只能指示听众视觉可及范围内的事物和方向。视觉不及的,不能用这种手势语。

3. 象形手势语

象形手势语主要用来摹形状物,给听众一种形象的感觉。如讲到"袖珍电子计算机只有这么大",说的同时用手比画一下,听众就可知道它的大小了。这是一种极简便而常用的手势语。象征手势语,它比较抽象,但用得准确、恰当,就有引起听众心理上的联想,启发思维。如讲"社会主义祖国,好比一辆大车正迎着初升的太阳飞驰"时,演讲者可向前方伸出左手或右手,以示"大车"飞驰的方向。

4. 习惯手势语

其他手势语都是演讲者有意识运用的,而习惯手势语却不同,它往往是在演讲者下意识的情况下产生的,其含义不甚明确,有时连演讲者本人也难以说清楚。例如,有一位大学教授上课时,每遇到一时忘记了某一个问题,他总是伸出右手,朝着自己脑袋上使劲地"啪、啪、啪"敲打几下。虽然问题被他想起来了,但是同学们却被他这副样子逗得哈哈大笑。有的人在演讲中,喜欢一边讲,一边双手不停地搓来搓去,他这种手势已经形成习惯,一下子难以纠正,一到台上就不知不觉地表露出来,它给听众留下的印象是不太美观的。但有些习惯手势语有时却又独具魅力。如斯大林演讲时习惯手拿烟斗,边讲边摇动。这种手势语并无害处,相反倒成了斯大林独特的演讲风格的一部分。

5. 单式手势与复式手势

演讲者只用一只手做的动作姿势称为单式手势;双手同时做的动作姿势称为复式手势。它们在演讲中怎么运用,没有明确的规定性,但应注意以下三点。

(1)看表情达意的强弱。如果讲到批评或表扬,肯定或否定,赞同或反对时,而其情感又要求表达得极为强烈,可用复式手势。在一般情况下,用单式手势就比较合适。

(2)看会场的大小。如果会场较大,听众较多,为了发挥手势的作用,便于掌握听众,就用复式手势。反之就用单式手势比较适宜。

(3)看内容的需要。这是单手式和复手式最基本的出发点。如果离开了内容的需要,即使会场再大,情绪再强烈,不该用复式手势的,用了复式手势,也显得滑稽可笑。比如讲到"同志们,千万要注意,这次试验是非常关键的一次"这句话时,举起右手的食指,就可强调"这一次"的重要性了。如果举起两只手的两个食指,显然是既不明确又难看。另外,不该用单式手势的,用了单式手势,就显得无力。比如向听众发出号召,"同志们,让我们尽快地行动起来吧",如果用了单式手势,仅把右手向上扬起,就显得单薄而无力。如果用复式手势,将双手向上扬起,就显得有气魄,有声势,有感召力。

6. 手势的活动区域及意义

从活动范围看,手势的活动一般可分为以下三个区域。

(1)肩部以上,称为上区。手势在这一区域活动,多表示理想的、想象的、宏大的、张扬的内容和情感,如表示殷切的希望,胜利的喜悦,幸福的祝愿,未来的展望,美好的前景等。像配合"我们的前程是无限光明的""希望同志们为开创新局面贡献出自己的全部才智"这样内容的手势,在上区就比较贴切而有意义。

(2)肩部至腹部,称为中区,手势在这一区域活动,多表示记叙事物和说明事理,一般来说演讲者的心情比较平静,比如"整个方圆仅有500平方米""这个问题大家可以考虑一下",像表现这样的手势,在中区活动就比较合适。

(3)腰部以下,称为下区。在这一区域做手势,多表示憎恶、不悦、卑屑、不齿的内容和情感。例如,"在公共场所吵闹,实在是不文明的""随地吐痰是可耻的行为",表示这些内容的手势就宜于在下区。

(五)使用手势语的技巧

(1)雅观自然。

(2)保持三个协调:手势与全身协调,手势与口头语言协调,手势与感情协调。

(3)因人制宜,演讲者根据自身条件选择合适的有表现力的手势。就性别而言,男性的手势一般刚劲有力。外向动作较多;而女性的手势柔和细腻,手心内向动作较多。就年龄而言,老年演讲者因体力有限,手势幅度较小,精细入微;而中青年演讲者身强力壮,手势幅度较大,气魄雄伟。就身高而言,个子比较矮小的演讲者可以多做些高举过肩的手势弥补不足,使听众的视感拔高一些。而个子较高的演讲者,可多做些平直横向的动作。

(六)手势动作

手势动作是由演讲者运用手掌、手指、拳和手臂的动作变化表达思想感情的一种语言。

1. 手掌

在整个手势中,手掌的运用占居首位。其基本方法和作用如下。

(1)手心向上,胳膊微曲,手掌稍向前伸。这种手势,主要表示贡献、请求、承认、赞美、许诺、欢迎、诚实的意思。比如:"我想大家是能够做到的。""希望同志们为开创社会主义建设现代化的新局面而多做贡献!""希望同志们多多提出宝贵的意见。"凡属这类内容,就可以用这种手势。

(2)手心向下,胳膊微曲,手掌稍向前伸。这种手势,主要表示神秘、压抑、否认、反对、制止、不愿意、不喜欢的意思。比如:"这里面一定有问题。""这种损人利己的行为,我们是坚决反对的!""我们不同意采取这种办法。"大凡这类内容,就可以用这种手势。上述两种手势,是用单式还是用复式手势,可由演讲者视具体情况而定。

(3)两手由合而分开。这种手势,多表示空虚、失望、分散、消极的意思。比如:"一个人如果没有远大理想,那他将一事无成!""我简直是没有办法。""虽然做了许多工作,仍然是不见效的。最后他们还是分开了。"类似这样内容的,基本上都用这种手势。

(4)两手由分而合。这种手势主要表示团结、亲密、联合、会面、接洽、积极的意思。"我们要团结起来,把这个工作做好。""同志们,为了一个共同的目标,我们走到一起来了。"凡是这类内容,就可以用这种手势。

(5)单式手势的"冲击式"。比如:"同志们,如果敌人敢于进犯我们,我们就坚决把它打出去!""同志们,向着未来,向着胜利,前进吧!"手势就要紧密配合最后一句话,果断、猛力地向前方伸出去,给人一种信心和力量。

(6)单式手势的"推顶式"。如说"中国人民是无所畏惧的,就是天塌下来,我们也顶得起",以手心向上推顶出去,就给听众一种气魄浩大之感。另外,手掌向下,向后,则表示卑屑、消极、后退、黑暗的意思,讲时可灵活掌握。

2. 手指

手指的运用在演讲中虽然较少,但它也有很强的表意作用,表现如下。

(1)表示人格。伸出拇指,就是赞颂、崇敬、钦佩之意。例如,伸出拇指称赞:"蒋筑英同志真了不起呀!"伸出小拇指,则表示卑下、低劣、无足轻重的意思。例如,伸出小拇指说:"这种人的言行,实在太卑劣了。"

(2)指点事物或方向。为了使听众见到具体事物,演讲者可用食指指点那一事物,也可以指示某一方向。

(3)表达斥责、命令的意念。如说:"你为什么要这样做呢?"这时可用食指指点,既明确对象,又加重了语气和意思。

(4)表示数目。如"'五讲四美'的具体内容是,第一……"在用手指表示数目时,可用一只手的手指的伸曲,也可用两只手的手指互相配合。如用左手的手指伸曲表示数目,而用右手的食指指点,这样做会使演讲内容表达更鲜明。

3. 拳

从演讲总体上看,拳的运用很少。常用在政治、法律、道德等内容方面的演讲。学术演讲基本不用。用拳则表示愤怒、破坏、决心、警告等意念,如"这个仇我们是一定要报的!""谁敢侵略我们,就一定要消灭它!"用拳时,可以直锤,也可以斜击。用拳有时也可表达有力和团结的意思。这要根据内容需要来定,但不到情感异常激烈时,决不要用,而且也不可多用。

四、态势运作四忌

(1)忌指指划划,即不要使用随意的没有逻辑基础的手势动作。表现为一句话一个动作,摆弄个不停,甚至还十分夸张。演讲者以为指指点点、比比画画忙个不停能够引起听众的注意,加强话语的说服力,殊不知恰恰相反,只能在听众面前暴露他的不良习惯,弄得听众眼花缭乱,并且产生一种腻烦的情绪。比如,有的教师讲课时手舞足蹈,动作滑稽可笑,初时逗得满堂哄笑,气氛似乎十分活跃,可是过不了多久便不灵了,学生不但没有再笑,反而显露出一种冷淡的不屑一顾的神情,甚至有个别调皮学生,竟公然在课堂上模仿起来,搞得课堂上乱哄哄的。

(2)忌机械重复,机械重复是演讲中更为常见的一种表现,它单调、呆板、最不费脑筋,最讨嫌,也最容易引起听众的误会。例如,有人从演讲一开始,就一只手直搓着脸不放,以致使听众误以为他是牙疼呢,其实这是无意识的习惯性动作。还有的人总是伸长脖子,歪着脑袋讲话,样子显得很吃力,听众看着、听着几乎都在为他使劲,直觉得心里堵得慌、不舒服。

(3)忌着意表演。着意表演,即专心着意地运用姿态手势动作"表演"自己话语的内涵。演讲者的本意虽然是希望通过种种表演,以达到说得通俗形象和活跃会场气氛的目的,可这样做,往往弄巧成拙,吃力不讨好,易引起听众的反感。

(4)忌无心运用态势。演讲者在台上站就站得直直的,坐就坐得正正的,或者握着双手,或者按着讲台,呆若木鸡,形象拘谨。听众只见他的两张嘴皮一张一合,几乎没有什么态势语,大大减少了信息。

总而言之,态势语言是演讲表达的重要方式之一。它不仅能够有效地帮助演讲者传情达意,使站在台上不至于太呆板,还能塑造形象,给听众留下深刻的印象,使演讲获得成功。

第四节　演讲心理

演讲不是一次随心所欲的交谈,而是一种比较正式的社会沟通活动。一次演讲不仅是对演讲者思想、文化、知识、表达能力的考验,也是对演讲者心理和心理素质的严峻考验,良好的心理素质可以帮助演讲者获得演讲成功,演讲者面对几个、几十个、上百个或上千、上万人能侃侃而谈,能表情达意,而演讲的目的要能明是非、传信息,要能鼓舞人、教育人,因此,任何一位成功的演讲者必须储备相关的心理知识。

演讲心理,是指演讲者和听众在演讲实践活动中必然产生的心理活动和必然经历的心理体验及其心理过程。就演讲者而言,为什么要做这次演讲,选择一个什么样的题目,确立一个什么样的目标,如何将这个目标贯穿于演讲的始终等,这些都是围绕演讲而产生的心理活动。演讲者上台之前有没有怯场,上台以后是不是紧张,演讲过程中自我感觉如何,演讲以后自己对效果的评估等,这些都是演讲的心理体验。而心理活动和心理体验都有一定的过程,这个过程就是演讲的心理过程。演讲心理是演讲实践的产物,所有的心理活动、心理体验、心理过程都随着演讲实践活动而进行并展开,又都为演讲实践活动所决定和制约。演讲心理,既包括演讲者的心理,也包括听众的心理。

一、听众的心理特征

听众是接受演讲者信息、观点的主体,听众的心理状态是否稳定、良好,对演讲是否取得成功,具有举足轻重的作用。因此,准确认识和科学把握听众的心理,是演讲者必备的素质之一。

（一）听众在接受信息时的选择心理

人们对所听到的信息并不是全盘接受,而是有所选择,听演讲的听众就更是如此了。听众听演讲是用听觉、视觉器官及大脑进行认识的一种综合心理活动,它是在已有经验、知识和心理期待的基础上进行的,因而具有极强的主观色彩和选择性。首先是选择性注意,即只注意那些他们已知、有兴趣、有关系或渴望了解的部分;其次是选择性记忆,即容易记住那些自己愿意记住的信息,忘记那些自己不喜欢的信息;最后是选择性接受,即愿意接受那些与自己一致的观点。我们说听众在演讲活动中是一种能动的参与,也体现在这种选择性上。听众听演讲是在进行一种积极的认知活动,这种认知活动是在听众已有的知识、经验、修养基础上进行的,因此,演讲者的演讲传达给听众并不是一种机械地灌输,而是演讲者要对这些信息进行一些去粗取精、去伪存真地筛选,选择那些对自己有用、有益的东西接受,而且也只有这些经过筛选后的信息才能储存在听众的记忆中,经过内化,形成听众的观点、愿望、意志。因此,我们在作演讲时就要充分地考虑听众的选择性这一心理特点,尽量传达结听众一些他们感兴趣、容易接受的信息,也只有如此你的演讲才能是最有效的演讲。

（二）听众在接受演讲信息时的相容心理

演讲者在面对听众进行演讲之前,在准备讲稿,考虑演讲的态势、礼仪之时,首先要考虑的就是听众的相容心理。只有听众在情感与理智上对演讲的内容乃至演讲者产生了相容心理,那么,才有可能产生共识与共鸣。其实这个道理并不难理解。如果听众从一开始就对演讲的内容或演讲者产生一种排斥心理,演讲是不可能成功的。要想做到与听众的心理相容,演讲者就要认真地去了解听众的意愿和喜好,了解听众急于了解一些什么东西,愿意听哪方面的内容,听众对演讲者有些什么要求,乃至他们的性别、年龄、组成,想他们之所想,说他们之想说,让他们感到你是他们"自己人",使他们愿意听你的演讲,愿意与你沟通。

听众对演讲的态度受自身的影响,态度是由认知、情感等心理因素构成的一种比较持久的心理状态,是人们认识事物的心理倾向。所以,对同一演讲者的同一内容,听众由于社会地位、生活经历、文化水平及职业的不同,对演讲的态度也不同。例如,在美国的政治演说中,共和党和民主党各对自己的候选人大加赞赏,面对对方的候选人则百般挑剔,大加斥责。因此,演讲者必须正确摆明自己的位置,搞好与听众的关系,在听众中塑造自己的良好形象。

（三）听众的从众心理

人们在听演讲、接收信息时也存在一种从众心理,而且对一些独立意识不强的听众,从众心理就占有更大的比重。这种从众心理导致两个方面结果:一方面是如果演讲者的演讲在权威人士、大多数听众得到认可以后,持有从众心理的听众也会随声附和,呈现随大流的心理趋势,对演讲的成功可起到推波助澜的作用。另一方面就是当演讲者的演讲在权威人士或多数人那里得到否定后,持有从众心理的听众也会不分青红皂白,丧失独立意志,跟着起哄,这无疑会给演讲者造成更大的压力。因此,面对听众的这种从众心理,演讲者一定要保持清醒的头脑,一方面,要千方百计调动听众的积极情绪,制造有利于自己演讲成功的氛围;另一方面,如果面对听众的乱起哄、鼓倒掌等行为,演讲者一定要镇静,不要因此影响自己的演讲,处乱不惊也是演讲者所需要具备的一种心理素质。

二、演讲者的心理

(一)演讲者心理的内涵

演讲者心理是指演讲者在演讲实践中所产生的一系列心理活动、心理体验和心理过程。运用心理学原理研究和分析演讲者的心理现象,探究其特点和规律以指导实践,这是演讲学必须重视的一个课题。

演讲者的心理包括静态性心理和动态性心理两个方面。静态性心理是指演讲者平时所具备的个性、气质、能力结构、人格修养等方面的心理素质。动态性心理主要指演讲者在演讲过程中的心理活动状态。静态性心理是动态性心理的根据和基础,动态性心理是静态性心理在演讲实践中的具体表现。这两个方面既相互联系,又有一定的区别,共同构成了演讲者的心理。

(二)演讲者的心理素质

演讲无疑是一种复杂的综合性精神劳动。要获得理想的演讲效果,除了要求演讲者具有较高的思想水平、文化修养、表达能力外,还应具备良好的心理素质。演讲者的心理素质,就是演讲者在整个演讲活动中表现出来的比较稳定的心理特点,以及这些特点的优劣之分、高低之分。养成良好的演讲心理素质,有助于演讲者在演讲活动中增强活力和兴趣,使演讲过程中的观察、思维、感情、意志等方面均达到最佳的境界,使演讲发挥最大的威力。

演讲者心理素质的好坏,直接关系到演讲的成败,心理素质好的演讲者,在演讲过程中不容易产生怯场、自卑,以及露才扬己、表现欲强等不良心理,即使偶尔产生,也易于克服,因而演讲能力容易得到正常发挥;反之,心理素质差的演讲者,在演讲过程中容易产生一些消极心理,一旦产生,便不易克服,从而影响演讲能力的正常发挥。

培养良好的演讲心理素质,有助于演讲者在演讲活动中增强活力和兴趣,使演讲过程中的观察、思维、感情、意志等方面均达到最佳的境界,使演讲发挥最大的威力。研究演讲者的心理特征,有助于克服在演讲过程中经常出现的怯场、自卑感等不良心理。

常常听到不少青年诉说他们共同的苦恼,不敢在领导、长辈,特别是大众面前讲话,发表意见。非说不可时,也由于紧张而把事先准备好的话忘得一干二净;即使鼓足勇气讲了,也会语无伦次,表达不清。每个人都会或多或少有些紧张,即使是熟练的演讲人也会在演讲前夕有些恐惧。人们常把演讲者在演讲即将开始前感到的不安叫作"神经性不适"。其常见症状是手心出汗,双膝发抖,口干舌燥。从心理学的角度,造成这些情况的原因,主要是各种不良的心理素质在起作用,是一种心理障碍。例如,自卑感——由于自卑而没有勇气登台演讲;虚荣心——由于虚荣心重而患得患失,怕失败了丢面子而背上思想包袱。很多名人在当众演讲时都会有怯场心理。如美国的大演讲家西宁斯·伯瑞安第一次尝试演讲,站在讲台上时,两个膝盖颤抖得碰到一起;著名的幽默天才和文学家马克·

吐温第一次站起来演说时,觉得嘴里像塞满了棉花,脉搏快得像刚跑完百米。丘吉尔、海伦·凯勒和林肯都承认有过怯场心理。秘诀在于学习如何克服恐惧,前面所提到的人都做到了这一点,并成为非常好的演讲者。

一个优秀的演讲者,应该培养积极进取、乐观向上的心理素质,良好的心理素质是长期的、有意识的锻炼所形成的,主要可从以下六方面训练。

1. 坚定自信

自信是个体对自己认识活动和实践活动的后果抱有成功把握的一种预测反应,是一种推断性的心理过程。具有明显的理性思维色彩。演讲者要有意识地培养和树立坚强的自信心,充分的自信可以发挥意志的调节作用,坚定意志,还可以促使智力呈现开放状态,更有效地发挥演讲者的创造性。

演讲者坚信演讲能获得成功,在良好的心理定式作用下,能以满腔热情对付演讲现场可能出现的各种复杂情况,并且始终保持清醒的头脑,砥砺意志,克服障碍。自信心强,很少有心理负担,精力充沛,思维活跃,易于触发创造性思维,左右逢源,能随机应变和临场发挥。自信心强,对自己的力量、气质、风度和技能能够恰当控制。相反,缺乏自信心的人,意志薄弱,时时产生一种消极的自我暗示。越怕失败,越怕人取笑,就越加分心,越加忧心忡忡,无形中束缚实际能力的发挥,导致演讲失去光彩。自信心应建立在对自我素质和能力的正确认识上,建立在对演讲基本规律的娴熟掌握上,建立在对演讲内容的深刻理解上。只有在对主观条件和客观情况进行辩证分析,知己知彼,了如指掌的基础上产生的自信,才是真正的自信。否则,就是不切实际的盲目自信。盲目自信是一种非理性的预测和判断,它所产生的支持力是短暂的,经不起实践的检验。自信不仅是指对自己演讲的内容和观点的合理性、正确性、可行性的深信不疑,更确切地说,是指以自己一生为之追求的真理,所从事的事业,所信奉的主义,所期待的目标,坚信其是合理的、美好的,而且是完全能实现的。

2. 充分投入

投入即对自己所持的理想、信仰、主张、目标,以献身的精神百折不挠地、满腔热忱地奉行和实现。一个优秀的演讲者,应当有一种永不满足、永远进取的求佳心理。对于已取得的成功从不满足,更不沾沾自喜;而把每次成功的演讲看作下一次演讲的起点;对待任何一次演讲都绝不马虎,绝不凑合,总是认真准备,力求尽善尽美。

美国历史上著名的总统林肯 1863 年 11 月 19 日发表的《葛底斯堡演说》,就是这样一次精益求精、尽善尽美的演讲。那是一个烈士公墓落成典礼,主要演讲者是著名学者、演说家爱德华·埃弗雷特。典礼委员会要求林肯作为国家元首在这之后"能讲上几句话"。林肯虽然早已是著名演说家,但他并不因为只是"几句话"而掉以轻心。为了这"几句话",他在两个星期内,利用一切空余时间几易其稿,反复推敲修改,力争完美无瑕。典礼那天,埃弗雷特发表了长达 1 小时 57 分钟的演说之后,林肯以高亢清晰的声音发表了著名的《葛底斯堡演说》。这个只有 272 个字,讲得很慢也只用了 2 分钟的演讲,却成为美国历史上著名的一次演讲。

3. 真诚诚恳

真诚是自尊且尊人。自尊是意识到自己的人格尊严,感到自己的人格尊严值得珍重、爱惜。尊人是尊重他人的人格。在尊重他人的人格时映现出自己的人格。这是一种道德的自我完善,敬人者人恒敬之。当个人受他人的诚心尊重时,会在内心产生一种自我尊严感,会尽力做到不使对方失望,表现自己与这种尊重是相符的。这是一种人格感化力。

在人际交往中,人们最看重的是真诚。讲真话,做实事,露真情,最能迅速取得对方的信任。马克思认为,"轻信"是"最可原谅的缺点"。由于情况不明,被假象所迷惑而做坏事,事后又能知道认错,这样仍不失为真诚,仍然会得到信赖。真诚,就是没有任何不纯的动机。人们都说"真诚是演讲的第一乐章",这是很有道理,很符合实际的。一切演讲者必须注意到,当你在听众面前进行演讲时,听众对你所做的第一个判断和评价,就是看你是不是以诚待人。你若有丝毫的虚假,矫揉造作,夸张失实,听众很容易感受到,感情上就与你拉开距离,演讲的效果就大受损害。真诚表现在对人的尊重,对事对理持认真负责、实事求是的态度。群众是真正的英雄。既然是从内心尊重群众,爱护群众,就应该与群众一条心,设身处地为他们思考,传达他们的心声。

4. 敏锐的观察力

优良的观察品质是使演讲成功的必要条件。演讲者的观察视野涉及对演讲材料的感知和发现,对演讲环境的了解,对演讲对象的外部行为和心理活动的洞察等方面。演讲者的观察要有目的性、敏锐性、准确性、全面性等特点。演讲者观察力的提高,不仅会增强演讲效果,也会促进智力结构的综合发展。

5. 较强的自制力

演讲中,演讲者经常会遇到一些生疏、意外的情况,这些情况往往会令演讲者措手不及,难以应付。这就需要演讲者保持冷静的头脑,运用演讲的规律与技巧沉着应对,切忌情绪激昂,言语失措,不能自制。

6. 良好的记忆力

记忆力是一个人智力构成的重要因素。由于记忆力好的人大脑中储存的信息多,往往表达时滔滔不绝,左右逢源,能言善辩。因此,演讲者平时要学会巧妙地运用记忆规律,掌握记忆技巧,以增强记忆力。这样有利于演讲的临场发挥。

三、怯场心理及其克服

美国曾经有人进行了一次有趣的测验,题目是"你最怕什么?",对象是3000名美国居民。测验统计的结果让人惊叹不已,人们最怕的竟是"当众说话",至于死亡问题,只名列第六位。

害怕当众说话并不是某一个人的心理,大多数人都不同程度地具有这种心理。有关调查结果显示,在大学里,80%~90%的学生在开始上台演讲时都有一定的恐惧感。一般情况下,当一个人缺乏处理可怕情景的力量和能力时,就容易产生恐惧。"当众说话"产生恐惧心理多数情况下是因为没有做好准备,特别是心理准备。大多数演讲新手走上讲台,都会出现这样的状况:一个人孤零零地处在大庭广众之中,一切细微的动作、情态、声息,都在众目睽睽之下,这时感到紧张害怕,手足无措,脸红冒汗;有的人甚至张口结舌,表情僵硬,手脚发抖,思维中断。这些都是怯场心理的具体表现。

怯场心理,是指演讲者在演讲中出现的胆怯害怕心理。怯场是一种常见的心理现象。美国口才训练大师戴尔·卡耐基在《语言的突破》中说,演讲课程刚开始的时候,百分之百的成人惧怕登台演讲。初次上台演讲者都会有紧张的情绪,只不过紧张的程度有所不同而已。即使是一些著名的演讲家,初次演讲时也有过怯场的经历。古罗马演讲家西塞罗说,他从演讲一开始就感到面色苍白,四肢和整个心灵都在颤抖。著名政治家、演讲家、美国前总统林肯说,他初次演讲,总有一阵畏惧袭上心头。英国前首相丘吉尔第一次演讲简直是哑口无言。

（一）怯场的原因

形成怯场的原因主要有以下五点。

1. 忧虑过多

在演讲前,演讲者往往会对演讲效果、演讲水平等产生种种不安与忧虑,很多人还没开始演讲就对演讲后的种种事情开始担心,有的担心自己的演讲会不受欢迎,有的担心自己的演讲不够精彩,还有的担心自己演讲时会出现意外,所以种种担忧会造成演讲者心理负担过重,以至于出现怯场心理。

2. 受听众人数影响

有时两个人面对面讲话或许不会有任何一方感到紧张,但是人数一旦增多,讲话者就会因不自信、不适应等原因而出现怯场。

3. 受听众地位影响

演讲者在比自己地位高的听众面前很容易出现怯场现象。比如台下全是领导,那么演讲者就会因自卑等原因出现怯场心理。还有在面试时,演讲者也会出现怯场心理。

4. 准备得充分与否

演讲者在准备不充分时也会出现紧张、怯场心理。

5. 对听众的熟悉程度

在熟悉的人面前讲话自然要比在陌生人面前讲话轻松得多,所以对听众的熟悉程度不够也会导致怯场心理出现。

（二）克服怯场

怯场心理的克服方法有以下八种。

1. 充分准备

在演讲之前,须做好充分的准备,才不至于因临场恐慌而怯场。那些怯场者大抵都与准备不足有关。准备不足,使他们心中无数,缺乏演讲成功的信心;结果,由害怕演讲失败到演讲必然归于失败。要做好演讲的充分准备,一方面,演讲者必须提前一段时间到场,熟悉和适应演讲环境,还要对听众的基本情况和心理需求做一定的了解,以便有的放矢。另一方面,演讲者必须事先准备好自己的讲稿以及演讲所需要的其他材料。

演讲是否有充分的准备,其效果是大不相同的。林肯说过:"即使是有实力的人,若缺乏周全的准备,也无法做到有系统、有条理地演说。"这是很有道理的。在演说前,演说者如果对观点和材料深思熟虑,反复熟记,并对情感的表达方式作必要的设计,对临场可能出现的特殊情况做好思想准备,那么,演说者就会胸有成竹,从而产生一种安全感。演说界有一种通俗的说法:"未做准备而对人演说,无异于以裸体示众。"这会令人尴尬不安的。

2. 反复演练

练习、练习、再练习。台上讲10分钟,台下就要练1小时。练习得越多,讲的时候就越放松。当然,最好的练习莫过于实际演说。所以演说的次数越多,你的水平就越高。常言道,熟能生巧。只有演讲者选择了熟悉的演讲题目,才能在演讲中得心应手,无所畏惧。比如,当教师的都有这样的体会,每一次讲授一门新课,由于内容不十分熟悉,总不免有点紧张情绪,一旦讲过几遍之后,随着内容的熟悉,怯场心理就会自然消逝。

演讲次数越多,紧张程度就越低,两者存在反比关系。这就告诉我们,克服紧张感的最奏效的方法就是多在相同规模的观众面前做演讲。只有多多历练,你才能熟悉,才会感觉轻松,这似乎是个普遍的真理。只要你勇敢地跨出这一步,你就会成功。每个演说高手,在他第一次上台演说时都会感到害怕、感到紧张;但是他们走出了这一步,才有了今日的辉煌。

3. 适应变化

如果你原计划给二三十人作演讲,到场后发现听众有二三百人,你会怎么办?你准备了一份非常正式的演讲稿,走上演讲台你却发现大家都穿着牛仔服和 T 恤衫之类的衣服,你将如何想?你准备了长达2小时的内容,可上场前主持人告诉你只有15分钟的演讲时间,你又该怎么办?诸如此类的情况在演讲中绝非偶然事情。所以,如果你被邀去演讲,不要忘了事先收集如下信息:有无固定论题、论题范围;听众成分(包括人数、年龄、性别、受教育程度、宗教信仰、工作性质以及参加演讲的原因等);演讲地点(包括其地理位置、场地大小、有无话筒等内部设施);演讲时间;有无听众提问。

4. 降低效果标准

并非所有的演讲都是成功的。我们对自己的要求最多是竭尽全力,争取下次做得更好,这样就不会有太多的心理压力。如能达到庄子所提倡的"无我"之境,完全忘记名利得失、成败荣辱,只将应准备的、应该讲的熟记于心,适当表达,演讲效果可能会更好。

5. 把握亮相环节

对演讲者来说,出场时的亮相是一个非常重要的环节。演讲者精神饱满、稳重大方,会给人以信心十足、胸有成竹之感,会给听众留下一个好的第一印象。演讲者进入会场时,步伐要稳健、沉着,要以亲切的目光迎向听众。走到讲台站定或落座后,要自然地扫视全场听众,尽量与听众的视线接触,进行感情交流。这样做不仅会使讲者与听者之间有一种信任感,使整个会场产生一种友善的气氛,而且有助于演讲者稳定情绪,避免怯场,为即将进行的演讲做好铺垫。

6. 积极自我暗示

怯场心理,往往产生于演说者的注意力过分集中于自己的成败。有的人把演讲当作自我价值表现的机会,却反而忽略了演说的内容,结果导致演讲的失败。其实,有经验的演讲者,总是把自己的思想集中于演讲的本身,从不让"个人的得失"干扰自己演讲的思路。正如华盛顿曾说过的那样:"当我对听众演讲时,我不考虑我的说辞来日将会得到怎样的评论。因为我只知道有眼前的听众,而我的说辞,正是为眼前的听众而说的。"

初次参与演讲的人,演讲时难免会出现口干舌燥、喉咙发紧、出汗脸红等现象,这时该做些什么呢? 首先应该不断地自我暗示,用"这是我生命中的最后一次演讲,我一定能放开自己,认真投入""我已做好充分的准备,不会出错的""潇洒讲一回,百分之百的成功属于我""哦,并没有到山穷水尽的地步""我是最棒的"等一系列话语暗示自己。积极暗示可以起到缓解紧张情绪的作用,是克服怯场心理、增强自信心的一种行之有效的方法。古希腊的演讲家德摩斯梯尼早年就是运用这种方法跨越心理障碍的。

7. 练习放松

演讲前,如果你感到紧张,下面三种方法有助于放松。

(1) 深呼吸。做深呼吸的目的是帮助你在演讲中更好地控制自己的声音。这里所讲的"呼吸"当然是指腹呼吸而不是肺呼吸。歌唱家和演员们都知道腹呼吸在控制声音方面的重要性。

(2) 肌力均衡运动。肌力均衡运动是指有意识地让身体某一部分肌肉有规律地紧张和放松。比如可以先握紧拳头,然后松开;也可以固定脚掌,做压腿,然后放松。做肌力均衡运动的目的在于让某部分肌肉紧张一段时间,这样不仅能够更好地放松那部分肌肉,而且能够更好地放松身心。

(3) 转移注意力。演讲前要积极听取主办人和听众的意见,这样便可以暂时转移注意力,更好地放松身体和思想。

8. 带点幽默感

幽默是演讲中的"调味料"。优秀的演讲人和有吸引力的演讲内容加上恰到好处的幽默,能创造成功的演讲。幽默可以使听众轻松愉快。

> 某次,柏林空军军官俱乐部举行盛宴招待会,主宾是有名的乌戴特将军。敬酒时,一位年轻士兵不小心将啤酒洒到了将军光亮的秃头上,士兵吓得魂不附体、手足无措,全场人都目瞪口呆。面对颤抖的士兵,乌戴特将军微笑着说:"老弟,你以为这种治疗会有效吗?"在场的人闻言大笑起来,难堪的局面化解了。

在有些尴尬的场合,运用自嘲能使自尊心通过自我排解的方式受到保护,而且能体现说话者宽广大度的胸怀。

第二章　口才能力的养成

　　口才实际上是一种综合性的学问,是一门艺术也是一种能力。一个具有卓越口才的人,往往同时具有敏捷的思维、清晰的思路、渊博的知识、出众的智慧、机警的反应、高超的口语表达艺术,尤其是具有良好的心理素质。

　　回顾人类社会发展的历史就会发现,口才在社会发展和人的自身发展中的作用是不可低估的。中国南北朝时期著名学者刘勰曾高度评价口才的作用:"一言之辩,重于九鼎之宝;三寸之舌,强于百万之师。"

　　春秋战国时的毛遂自荐使楚,口若悬河,迫使楚王歃血为盟;战国时的苏秦游说诸侯,身佩六国相印,促成合众抗秦联盟。三国时诸葛亮出使东吴,舌战群儒,说服吴主孙权联刘抗曹,而获赤壁大捷。

　　在漫长的社会发展进程中,口才作为一门艺术,被天下学者、志士沉醉其中,涌现了无数个著名的演说家,留下了许许多多脍炙人口的千古佳话。无论是在西方,还是在东方,演说都成为各国社会名人的一个显著特征。像马克思、列宁、林肯、戴高乐、孙中山、毛泽东、周恩来、鲁迅等都是当时杰出的演讲家,留下了许多令后人反复传诵的佳话。

　　现在,人类社会已经步入了 21 世纪,进入了知识经济时代。竞争越来越激烈,人们的生活节奏日益加快,活动空间越来越大,由此带来的人与人之间的交往也比过去任何时代都更频繁、更紧密。因而口才能力的养成就显得更为重要。

第一节　口才概述

　　美国哈佛大学有这样一种理念:思考能力是你的第三只眼,创造能力是你的第二本能,表达能力是你的第一亮点。拿破仑说:"机会总是青睐有亮点的人。"良好的口才是成功者的亮点,是成功者的鲜花和光环。社会需要沟通,沟通需要交流,或者说,沟通就是一种交流。而人与人之间交流思想、沟通感情最直接、最方便的途径就是语言。

　　通过出色的语言表达,可以使相互熟识的人之间情更浓,爱更深;可以使陌生的人产生好感,结成友谊;可以使意见分歧的人互相理解,消除矛盾;可以使彼此怨恨的人化干戈为玉帛,友好相处。如果一个人口齿不清,词不达意,很难想象他能充分发挥自己的聪明才智,为社会、为国家做出更大的贡献。

　　尼克松访问苏联时,会谈告一段落后由苏联领导人陪同前往外地参观访问。待他们乘坐飞机时,却因飞机故障在机场滞留了相当长的时间。勃列日涅夫相当恼火,将基地负责人叫来训斥一番,并对尼克松问道:"总统先生,你说我该怎么处分他?"尼克松的回答干脆而又出人意料："提升他,地上出事总比天上好!"看似平淡无奇的一句话,却有着起死回生之力,将大事化小、小事化了,显现了尼克松高深的语言艺术。

我们天天在说话,未必人人都说得好;我们天天在说话,未必都说得那么得体。会说话的人,或是与人交流,准确得体、巧妙有趣;或是回答问题,有条不紊、对答如流;或是与人辩论,抓住要害、一针见血。因此,学习说话,讲究说话的技巧和艺术,是非常必要的。

一、口才及相关概念

1. 语言与言语

语言是声音和意义相结合的符号系统,是服务于人类交际和思维的工具(分为书面语言和口头语言);言语则是在交际中对全民族共同语的具体使用及其所产生的结果、成品(口头言语包括听和说两个方面)。

2. 口语交际

口语交际是具有特定目的的人(包括听、说双方),在特定的环境里,选择适当的话语内容和表达方式来进行思想交流和信息传递的一种语言活动。一般说来有以下三个要素。

(1)口语交际必须有语言活动的主体,这包括说话者和受(听)话者。无论是表达还是接受(实际情形往往是表达与接受交替转换),都必须有明确的说或听的目的,没有目的的交谈是没有意义的。

(2)口语交际必须有具体的语言交际环境。口语交际具有明确的目的性,进入具体的语言交际环境,就要思考选择什么样的表达内容和表达方式才能使对方愉快地接受,并进而使对方采取相应的反馈行动。

(3)口语交际的工具主要是口语,辅之以体态语。也就是口语交际要考虑如何恰当地使用有声语言和体态语言。

这三个要素中,语言处于交际活动的核心,因为没有语言也就没有口语交际活动。正是从这个意义上我们得出了一个结论:口才学隶属于语言学范畴,是语言学领域中的又一边缘学科。

3. 口才

简要地说,口才是口语交际中说话(即口语表达)的才能。具体地说,口才是在交谈、演讲和论辩等口语交际活动中,表达者根据特定的交际目的和任务,结合特定的言语交际环境,准确、得体、生动地运用连贯、标准的有声语言,并辅之以适当的体态,表情达意,以取得圆满交际效果的口头表达能力。它是人们的素养、能力和智慧的一种综合反映。

二、口才的意义和衡量标准

21世纪人才的必备素质之一是人际语言沟通技能,人际交往的基础是语言的沟通。卡耐基在《语言的突破》中写道:

> 学着在个人面前、在人群当中、在大众面前清晰地传达自己的思想和意念给别人,在你这样努力去做而不断进步时,你便会发觉,你——你真正的自我——正在人

们心目中塑造一种前所未有的形象,产生前所未有的震击。……你学着对别人讲话时,你的自信心也会随之增强,而你整个人的性格也会越来越温煦,越来越美好。

上海交大前党委书记王宗光说过:

注意培养学生的社会活动能力、企业管理能力、口头表达能力是时代的要求。改革的社会对不重创造的书生型、既成型人才不感兴趣。它所需要的是开拓型、创造型的人才,而开拓型、创造型人才的必备素质和能力之一就是口才。

是人才者未必有口才,而有口才者必定是人才。衡量一个人是否具有口才,应满足以下三个条件。

(1) 在交际中必须具有较强的口头表达能力,即能熟练地运用语言技巧,并具有灵活机智的应变能力。

(2) 在交际中,始终具有明确的对象意识和清醒的语境意识。

(3) 在交际中,还必须具有较高的领悟能力,即理解和接受能力。

三、口才的特点

口才是在人际交往和社会实践中表现和发挥,人是这种语言活动的主体,而这种语言活动又产生了积极的效果。因此,综合表达者及其口语作品的主要因素分析,口才有以下四个主要特点。

(一)明确的目的性

口才的发挥,离不开明确的说话意图,即说话目的,如果目的不明确,就无法把握说话的中心。口语交际中表达者说话的目的虽然多种多样,但概括起来主要集中表现在以下六个方面。

(1) 明了,即让听者懂得所传递的信息或明白、理解他所不知晓、不了解的事情。

(2) 说服,即让听者在弄懂对方思想观点、立场看法的基础上接受对方的观点并信服,同时能产生相应的行动。

(3) 感动,即让听者随着讲说者的表达而产生情感、心境的变化,同悲同喜,同忧同乐,产生心灵相通、精神共鸣的效应。

(4) 拒绝,即让听者明白自己的观点、看法、要求,表示出不被接受。拒绝是一种逆向交流,尤其需要注意讲究方式与技巧。

(5) 反驳,即指出对方观点、要求的不合理乃至荒谬性。

(6) 赞许,即认为对方的表达正确而加以称赞。

(二)高度的灵活性

在口语交际时,情形往往较为复杂,表达者为实现特定的目的,在因人、因事、因物、因景而进行的讲说中,必须会灵活机智地选用特定的表达方式和技巧以切合语言内容,切合特定语境,切合自己的身份和交际对象的特点。只有具有高度灵活性的表达,才能创造出效果良好的口才佳品,否则将会适得其反。

（三）素质的综合性

优秀的口才是一个人素质和能力的综合反映。这里的素质,主要包括思想境界、道德情操、知识学问和天赋秉性。能力则主要包括观察能力、思维能力、决断能力、记忆能力、表达能力、交际能力和应变能力。人的素质和能力综合形成一种潜在的文化储备,这种储备在特定的语境中,通过想象和联想,发挥和创造,为讲说者取得讲说材料和讲说方式,从而实现口语表达的目的,起到积极的支持作用。从根本上讲,好的口才,是表达者学识、素养和能力的综合表现。

（四）情感表露的直接性

话说得好不好,不仅在于说话者能否准确流畅地表述自己的思想,而且在于他表述的思想能否为对方所接受,并产生共鸣。故口语表达要直接体现情感（如演讲、说服、劝慰等）。

四、口才的基本要素

现代理论家认为德、识、才、学是口才家的必备四要素。德、识、才、学四要素奠定了口才的基础,要想具有一流的口才,必须"浇筑"好德、识、才、学这四大基石。四者之间,学是基础,德是灵魂,识是方向,才是核心。语言取决于学问和知识,学可以丰才,可以增识,可以益德。

（一）"德"是口才的灵魂

"德"是一个人的灵魂所在,不仅在口才表达上,在其他领域,"德"的灵魂作用也是第一位的,其内涵主要包括政治素质、事业心和责任感、务实作风和心理素质。口才受到"德"这三个层次内涵的制约,尤其是受政治素质的影响最大,它决定了一个人的言论立场,体现明显的政治倾向,是评价一个人口才优劣的关键所在。

（二）"识"是口才的方向

口才家应是"有识之士",具有览众山、识本质的远见卓识,见人所未见,讲人所未讲。识又分为政治领域的识和业务领域的识。口才要产生震撼人心的力量,最好具有一些预见性,即表现为口才家的"识"。优秀的口才家的表达具有一定的前沿性,总能让人产生精神上的撼动,并能促使人付诸行动。口才是一门综合性的艺术,影响表达效果的不仅仅是清晰、生动的口语,还有体态和神情动作。所以,口才家需要培养审美情趣从而提高鉴赏能力,通过语言创设听觉艺术、视觉艺术,从而感染人、打动人。

（三）"才"是口才的核心

"才"是一个优秀口才家的标志。并不是掌握了语言表达才能的人,就可以称为口才家。口才是人的综合才能,除了语言表达才能外,还得培养记忆才能、观察才能、思维才能、想象才能、创新才能和应变才能等。多种才能的有机结合才会孕育一个出色的口才家。

(四)"学"是口才的基础

常言道："工欲善其事,必先利其器。"要想会说话、说好话,首先必须充实知识,掌握知识这一利器。知识积累可以丰富口语表达的内容,可以使口头表达更加准确,可以使口语表达更加生动。作为一种需要运用人的综合能力的口才,首先要有讲话的内容,亦即知识。当前,很多渴望提高口语表达水平的人,都不太懂得知识积累是口才学习入门的"敲门砖",没有养成勤于积累的习惯,当然难进口才之门。许多时候,口才不佳并不在开口表达之时,而是在开口之前。这是因为知识底蕴的不足,知识储备的贫乏,一开始就限制住了表达者的思路和视野,使表达者不能浮想联翩,思接千载,视通万里,不能很好地发挥"调动"的才能。这就削弱了表达者的才情,使表达者丧失了说话的兴味,语言表现力也随之降低,说出来的话自然就显得平庸、空洞。人的才能是建立在知识的基础上,由知识转化而来的。才能是知识的产物,是知识的结晶,知识是才能的元素和细胞。一个人才能的大小,首先取决于自身知识的多寡、深浅和完善程度。古今中外的口才家无不以有渊博的知识而著称。英国哲学家培根说:"知识就是力量。"口才的魅力深深扎根于知识的土壤中,作为口才家,必须拥有丰富的知识。只有拥有了丰富的知识,才能信手拈来,即兴发挥,使谈吐更高雅,论辩更精彩,出口成章,字字珠玑。

第二节　口才素质的形成

"说话"——张开嘴巴并发出某种声音,对每一个人来说都是非常简单的事,因为掌握并运用语言的能力是人类与生俱来的天赋。但是能够掌握并运用语言是否就意味着有口才,甚至是有好口才呢? 答案显然是否定的。人生来不具备口才,没有哪一个婴儿的第一声啼哭是玉润珠圆的词句。

古希腊演说家德摩斯梯尼患有严重发音不清和口吃症,患有严重的语言表达障碍。德摩斯梯尼7岁时,父亲去世了,百万家产全被黑心的伯父侵占了,他想诉讼,可在威严的法庭上,法官对他进行审问,他仍旧口吃得不能对答,惹得别人哄堂大笑,气得自己无地自容。从此,他发愤练习口才,在海边他一边奔跑一边疾呼,为了使自己吐字清晰,甚至在口中含着小石头练习发音;为练口形,对着镜子做各种表情。苦心而又虔诚的德摩斯梯尼终于成功了,最终成为出色的辩才、大律师和大演说家。

口才是恰当的语言与熟练的应用技巧的结合,所以"能说话"只是形成口才的一个基本条件,"会说话""说得好"才是口才的突出特征,它的形成还有重要的素质条件。

有人根据口才的这一特点,将形成口才的智能结构比喻成一座"金字塔":又宽又厚的塔基是知识积累,它包括人的知识素养、品德修养、心理素质等;塔身是思维能力,它包括思辨能力、想象能力和应变能力;塔顶则是口语表达能力。在这三个层次中,知识积累、思维能力属于一个人内在的素质修养,是通过后天努力提炼、升华、积淀而成的,须借助口头表达能力才得以外现;而口头表达能力的提高,必须从素质修养入手。只有三个方面相互配合,才能做到字字珠玑、八面玲珑、相得益彰。

一、知识积累

知识的积累是一个漫长而又复杂的过程,它需要一个人有持之以恒的毅力和细心认真的努力。

(一) 品德修养

品德是指人的思想品质和道德观念,包括一个人的世界观、人生观、价值观、审美观、幸福观、使命感和责任感等内容。一个人的"德"是才的灵魂,它威力巨大,是一个人立于天地之间不败的脊梁,更是挖潜内在学问、激活思维品质的保障。"其身正,不令而行;其身不正,虽令不从。"(孔子《论语》)这正说明了"德"对一个人的重要影响。

品德修养高低的判断标准,主要表现在四个方面:一是有崇高的理想信念;二是有高尚的道德情操;三是有优良的心理素质;四是有美好的仪表风度。

(二) 知识素养

知识是人们在社会实践活动中获得的认识和经验的总和,是口语表达内容的坚实基础,也是形成优秀口才的必需。"在这个世界上,全新的事物实在太少了。即使是伟大的演说者,也要借助阅读的灵感和得自书本的资料。"(卡耐基《语言的突破》)一个人知识素养的形成,主要体现在对专业知识、社会人文知识和自然科学知识的综合掌握上。

1. 专业知识

专业知识包括理论指导方法和专业理论知识两个层面。

理论指导方法主要是指世界观和方法论。要学会全面、深入、发展地看问题,防止片面性、主观性和简单化;要学会对具体情况做具体分析;要学会用比较的方法观察和分析事物等。也就是说,好的口才要求表达者要有自己正确的世界观和是非判断标准。专业理论知识是行业性的专业基础知识理论。俗话说"干啥的吆喝啥""隔行如隔山",作为一名优秀的口才家要扎实熟练地掌握所从事专业的全面的而不是片面的、系统的而不是杂乱的知识,做一个专业上的"内行"人。最重要的是对专业知识能形成自己消化后的理论体系,这样在表达时才能做到信手拈来,左右逢源。

2. 社会人文知识

专业的知识只能表现一个人口语表达上的科学性,口才的形成还必须有更加宽泛的社会人文知识,才能做到得心应手。社会经验、生活常识、天文地理、乡土人情、风俗习惯、名人名言、成语典故、名篇习作、轶闻趣事、街谈巷议等都属于社会人文知识范畴,一个优秀的口才家都应有所涉猎。此外,口语交际的对象是人,表达者还应了解有关人的,诸如心理学、行为学、教育学、人际关系学等方面的知识,只有这样才能在交流表达过程中做到侃侃而谈,谈笑风生。

3. 自然科学知识

自然科学是研究大自然中有机或无机的事物和现象的科学。自然科学包括物理学、化学、地质学、生物学等。系统地、要点式地掌握一定的自然科学知识会对你的口才形成具有不可忽视的积极作用,会让你的表达游刃有余、神采飞扬,增强表达的效果。

二、思维能力

思维是人脑对客观事物的一般特性和规律性的一种概括的、间接的反映过程。人的思维决定于外界的客体,但是外界的客体并不是直接地、机械地决定思维,而是通过人的内部条件,通过人脑对感性材料进行加工的过程而间接地决定思维。

思维能力主要包括逻辑思维能力、形象思维能力和灵感思维能力三种。逻辑思维是以提示和把握事物的内在本质为根本任务,依据一定的系统知识、遵循特有的逻辑程序而进行的思维活动。形象思维是通过感性形象,运用想象、联想和幻想等手段来把握事物的思维活动。灵感思维是一种通过某种下意识(或"潜意识")直接把握对象的思维活动,是在人的知识经验积累的基础上,在目的明确、意识高度集中的思维中,在外界事物的参考和诱导下,产生形象、概念思维的快速撞击而出现的认识突变的思维过程,因而带有顿悟性、突发性和意外性。

思维能力的高低对口语表达的优劣、成败往往起决定性作用。这主要表现为:思维的选择性和创造性制约语言活动,思维的内容决定了语言表述的意义,思维的质量决定语言表达的效果。

"语言是思维的物质外壳。"恩格斯在《自然辩证法》中既肯定了语言推动思维发展的作用,同时又强调"脑髓和为它服务的感官、越来越明白的意识以及抽象力和推断力的发达,对劳动和语言又起着反作用,给二者的进一步发展以一个常新的推动力"。由此可见,语言的发展可以促进思维的发展,而思维的发展又可以反过来促使语言的进一步发展。

三、语言素养

口语表达成功的关键是运用语言的能力,只有具有较高的语言素养,才有可能表现较强的运用语言的能力。口语表达所需要的语言素养主要从以下三种途径获得。

(1)系统学习语法、修辞和逻辑方面的知识、法则,以提高口语表达的正确性、生动性和严谨性。

(2)系统地学习和掌握有声语言特征和体态语言等方面的知识,以便更好地展现表达者自己的精神风貌、情绪感受和个性特征。有声语言特征主要包括音质、音强、音色、语气、语调、语速、节奏等,体态语言主要包括表情、神态、动作、身姿、手势等。

(3)坚持积累和吸收优秀的语言养料,譬如学习和借鉴经典名家的演讲、大量阅读中外名著,在现实生活中学习那些有生命力的、与时俱进的活语言等,都是行之有效的办法。古往今来的实践证明,不断地在生活中为自己补充新鲜的语言信息,是提高语言素养永不枯竭的源泉。

第三节　口才应具有的能力

口才就是在说话、交谈、朗读、论辩、讲课、演讲等社会交际活动中所具有的口语交际才能。它是一个人的道德修养、文化积累、知识结构、思维方式、价值判断、心理素质、语言艺术和仪态仪表等综合素质的集中表现。从人们的语言交际实践看,口才主要表现为说话的六种才能,或者说是六种能力。

一、说明能力

说明能力即把话说得准确明白的能力。一般人认为,口才就是说话表达能力,即把自己心里想的话说出来的能力,这是最基本的要求。其实,说话能把意思讲准确、讲明白,使听者一听了然,也不是很容易的。例如,有的人手很巧,有技术,但不见得说得出来。比如我们知道的数学家陈景润,他非常有学问,曾经写过不少专著,但由于语言表达能力欠缺,他在讲授数学课的时候,很难让学生听得明白,最后只能离开讲台,去专门从事研究。

二、吸引能力

吸引能力即通过说话把别人的注意力吸引住的能力,也就是吸引周围的人倾听自己说话,使之愿意听,能听进去,并有所乐、有所得的能力。余秋雨是我们大家比较熟悉的一位作家,他的很多作品,如《文化苦旅》《行者无疆》等都为人们所推崇。在现实生活中,余秋雨不但有文才,还有口才,与人谈话经常是妙语连珠、出口成章。语言的精辟、知识的广博,往往使听者浑然忘我。语言要亦谐亦庄、风趣幽默,要把听众的注意力吸引过来,并且让他们听进去。如果人家不愿意听、听不进去,即使说服力再强,说得再清楚,也没有用。

三、说服能力

说服能力即通过言语的表达,使人心悦诚服的能力。口才好的人,并不一定讲得很多,妙就妙在他了解别人的想法,对症下药,三言两语就能使人折服。说服能力要求言语行为具有明确的目的性。没有目的、漫无边际的讲话是没有任何实际意义的。如本章开头的案例导入中擅长说服别人的乔治·拜伦,就是依靠他出色的口才使一个牧民的儿子成了石油大王洛克菲勒的女婿、世界银行的副总裁。

四、感人能力

感人能力即用语言感动人的能力。也就是要求讲话人以自己的真情感动听者,获得以情动人的效应。如果讲话者的感情平淡、语言贫乏,其结果必然感动不了听众。1991年11月,中国电影"金鸡奖"与"百花奖"在北京同时揭晓。李雪健因主演《焦裕禄》中的焦裕禄,最终获得这两项大奖的"最佳男主角"奖。颁奖之后,李雪健在台上致答谢词时说:"苦和累都让一个好人——焦裕禄受了;名和利却让一个傻小子——李雪健得了。"他的话音刚落,随即赢得全场一片掌声。他巧妙地运用对比的两句话,既赞扬了人民的好干部焦裕禄,也表达了自己赢此大奖受之有愧的心情。短短两句话,深深地打动了观众的心,给人留下了美好印象。

五、创造能力

面对初见端倪的知识经济,人们逐渐认识到,唯有不断创新才能使一个国家、一个民族立于不败之地。创造能力,即讲话中根据思想表达的需要创造语言的能力,或者说是创造性地运用语言来表达自己思想的能力。在求职面试过程中,考官问一个应聘者:"为什么你要选择教师这个职业?"应聘者回答说:"我小时候曾立志长大后要做伟人的妻子。但现在,我知道我能做伟人妻子的机会实在渺茫,所以又改变主意,决定做伟人的老师。"这位应聘者的回答博得在场人员的一片掌声,结果她被录取了。这位应聘者的明智之处就在于打破了常规思维的表达模式。她用"伟人"贯穿前后,表达自己所立的志向,幽默的谈吐、创造性的思维,既清楚地表达了自己的心中意图,又语出惊人、新颖,不落俗套,因而这位求职者获得了成功。

六、控制能力

控制能力即控制自己语言所能引起的后果的能力。也就是说,只会把话说出来,却不会顾及自己说的话所引起的后果,这算不上有口才。控制自己语言所能引起的后果的能力,表现在以下三个方面。

(1) 准确把握说话分寸的能力,既要把意思说到,又不说过头,说得恰如其分,这是一种控制能力。

(2) 针对不同的听话人和不同的情况,准确预测和有效控制听话人对自己语言所能做出反应的能力。如向人提问某件事,能不能问? 从哪个角度问? 用何种语气问? 对方按照提问所能做出的回答是什么? 等等。如何考虑提问的后果,这些都需要说话时加以预料和控制。

(3) 在说话过程中已经出现问题的情况下,改用恰当的语言进行补救的能力。比如有一次,林肯正在演讲,有人递给他一张纸条。林肯打开一看,纸条上面只写着两个字:"笨蛋"。这时,林肯脸上掠过一丝不快,但他的神情很快恢复了平静,笑着对大家说:"我曾经收到过很多匿名信,但大部分都只有正文,没有署名;而今天正好相反,刚才哪位先生只署上了自己的名字,却忘了写正文。"说完,他便继续演讲。林肯面对别人的谩骂,虽然心中不快,却没有大动肝火,迅速恢复了平静,脸上还浮起了笑容。这就显示了林肯的超人涵养。

第四节　口才的作用

中央电视台《对话》节目《全球大调查问卷》中有这样一个问题:"您认为在未来十年中最有竞争力、最有希望成功的人应具备哪些素质?"令人惊奇的是,有26位商界巨子无一例外地选择了交际能力、交流能力和公关能力等与口才密切相关的词汇。由此看来,一个人在融入社会时,口才越来越显示其独特的地位。人们总是通过口语表达实现思想和感情的交流与沟通。没有语言交流,就没有人类文明。自古以来,口才艺术的发展就与时代相关,与政治、经济和日常生活、工作紧密相连,并在其中发挥重要作用。

一、口才艺术在政治生活中的作用

"一语可以兴邦,一言可以辱国",这充分说明了口才艺术的政治价值。口才与政治生活息息相关,它直接服务于政治生活的各个领域,发挥其重要作用。

我国历史上的春秋战国时期,由于政治思想上的活跃和文化的繁荣,形成了百家争鸣的局面。名士、辩才凭"三寸不烂之舌"游说诸侯,贵为谋臣卿相,在安邦治国平天下中堪当重任。"五四"运动前后,进步知识分子大张旗鼓地集会演讲,唤起民众,推动了中国革命运动的蓬勃发展。

近代和现当代社会,政治生活内容更加丰富多彩,体现在政治演讲、外交谈判、法律辩护等诸多方面的口才艺术,更是发挥了不可替代的作用。多少优秀的政治家在风云变幻的政治舞台上凭借良好的口才挥洒自如、游刃有余,做出了不可磨灭的贡献,留下了千古美名,并传为佳话。

在中美恢复邦交的多次谈判中,周恩来总理时而委婉含蓄,时而攻势凌厉,时而灵活多变。他谈判频频成功,与他的良好口才密切相关。

总之,在当今社会的国际、国内政治风云中,口才确实成为国际、国内政治活动的重要武器,在今后的政治生活中,也必将发挥其重要作用。

二、口才艺术在经济生活中的作用

当前,人们把以计算机为代表的科学技术水平,以旅游业为代表的富裕程度,以公共关系为代表的经营管理效能作为衡量一个国家发达程度的三大标志。在市场经济条件下,公关人员在演讲、论辩和谈判中离不开口才艺术,商务谈判是商务活动中的重要环节,口才艺术是谈判成功的重要因素;在市场营销中,口才艺术在很大程度上决定工作成效的大小;在旅游业发展建设中,导游员的口才具有至关重要的作用。可以说,口才艺术在当今经济生活的诸多领域都发挥着重要作用。

三、口才艺术在日常生活中的作用

在日常生活、工作中,人们的社交离不开口才。口才在密切人际关系中发挥的作用是可感可知的。话有三说,巧说为妙。和风细雨,善解人意,可以使人备感亲切,产生相见恨晚之感;诙谐幽默,巧言妙语,能使人心神愉悦,乐不可支;胸有成竹,直抒胸臆,会使人感觉精明干练,才智过人。总之,口才在日常生活工作中具有融洽感情、密切关系、增进友谊、促进协作的重要作用。

有这样一则小幽默:在饭店,一位挑剔的女人点了一份煎鸡蛋。她对女侍者说:"蛋白要全熟,但蛋黄要全生,必须还能流动。不要用太多的油去煎,盐要少放,加点胡椒。还有,一定要是一个乡下快活的母鸡生的新鲜蛋。""请问一下,"女侍者温柔地说,"那母鸡的名字叫阿珍,可合你心意?"在这则小幽默中,面对爱挑剔的女顾客,女侍者没有直接表达对对方所提苛刻要求的不满,却是按照对方的思路,提出一个更为荒唐可笑的问题提醒对方:你的要求太过分了,我们无法满足。从而幽默地表达了对这位女顾客的不满。

第三章　演讲类型及其实际训练

第一节　命题演讲

一、命题演讲的含义

命题演讲是根据指定的主题或限定的演讲范围,经过准备后所做的演讲。这种演讲涵盖面比较广,像各种会议上的开幕词、报告、闭幕词、学术课堂上的专题演讲等均属此类。它包含两种形式:全命题(统一题目)演讲、半命题(自拟题目)演讲。

全命题演讲的题目一般是由演讲组织部门来确定的。比如某单位拟定了题目"学习雷锋精神 践行服务宗旨",以此组织一场演讲比赛。全命题演讲的优点是主题鲜明,针对性强;不足之处是局限性大,有时与演讲者的生活认识有差距,难以讲得深入透彻。

半命题演讲指演讲者根据演讲活动组织单位限定的范围,自己拟定题目进行的演讲。即主办单位只提出演讲的主题要求,题目由演讲者自定,但演讲内容必须符合主办单位有关主题的要求。这就便于演讲者根据自身的特点和听众的情况,从不同的角度拟定题目,从而发挥自己的优势。各种竞赛性演讲大多采用这种形式。如果上述事例中,有三位演讲者各有侧重,又分别拟了《把爱送到每个顾客的心坎上》《练好本领,为民服务》《从一点一滴做起》三个题目,这就是半命题演讲。

二、命题演讲的特点

(一)严谨性

命题演讲是一种较严肃的演讲,通常涉及政治上重要的、为大众所关注的、关乎民众的迫切问题的主题,命题演讲就是要回答人们普遍关心的、急于想得到答案或急需澄清的一些现实问题。因此,命题演讲须注重宣传真理、传授知识、陶冶情操、启迪心灵,而这些就必须要本着认真、求实和严肃的基本态度。命题演讲须有较充分的准备,无论是主题的确定,材料的选择,演讲稿的设计,还是演讲过程都是经过周密安排的。

(二)针对性

命题演讲总是会瞄准一些社会热点问题,如国家政治、经济、文化、教育等引发的相关话题,涉及理想、人生观、道德观等思想观念问题,许多问题也是听众最为关心和急于想澄清的。命题演讲就是据此发挥和阐释,通过有目的的演讲,进行宣传、教育、鼓动和澄清。因此,演讲者在演讲中针对性越强,演讲的效果就越好。

(三)鲜明性

命题演讲要求演讲主题鲜明。所谓鲜明是指演讲主题要突出、论证要深入而全面,并以理服人。主题是否鲜明是衡量命题演讲能否成功的重要标准之一。

（四）稳定性

命题演讲一般是演讲者就主题和范围做了深思熟虑之后进行的演讲。在临场演讲时，演讲者一般都照写好的演讲稿讲演，它所受时境的限制较少，演讲过程不会出现大的起伏。只需要将自己准备的内容完整地向听众呈现出来即可。因此，从演讲内容上讲，具有稳定性。从社会历史过程上看，演讲产生的影响是深远的，随着岁月的流逝，很多事物都可被淡忘，但一些成功演讲中精辟的语句、独特的演讲方法等却被人们永久地传诵，虽历经多年，但仍然感召人们努力奋斗。现存的古今中外许多演讲名篇，无不被人津津乐道，争相效仿。从历史的角度看，也具有稳定性。

（五）完整性

命题演讲事先确定了演讲的范围和题目，演讲者又做好了充分的准备，诸如怎样开头、怎样结尾，什么时候高亢急促，什么时候低沉缓和等，体现在结构层次安排上是完整而缜密的。

三、命题演讲的准备

美国演说家戴尔·卡耐基说："演讲应该是一段有目的的旅程，必须事先绘好行程图。一个人不知从哪里开始，通常也不知在何处结束。"因此，演讲如果有所准备，就有了通往目标的大方向。

我们接触的命题演讲中大多数是半命题演讲。对全命题演讲来说，则可以直接围绕主体进行材料的收集和准备。而半命题的演讲，则需要根据拟定的演讲范围确定演讲题目。可按照以下流程和要求做演讲前的准备工作。

（一）主题和题目的选定

1. 拟定题目

拟定题目时要注意：一是题意要明朗，不要含蓄，不要委婉，更不要含糊。美国著名演讲理论家查尔斯·格鲁纳提出了选择题目的法则是"自己熟悉""听众感兴趣""有教益或有娱乐性"，即选择适合自己、适合听众同时又要有用的题目。二是题目用字要新颖易读，艰深晦涩、读起来拗口的题目是无法让人提起兴趣倾听的。

2. 确立主题

主题是演讲的灵魂，确定一个正确而有意义、有价值的主题是关键。"查尔斯法则"指出，关注当前社会生活中急需回答的问题，选择既是听众想解答的，又是自己有真知灼见的主题。此外，还要是积极正面的，代表正义、真理，反映真善美的主题，这样的主题才是有价值的主题。

（二）材料的搜集

1. 围绕主题目标尽可能多地搜集材料

选择什么主题就必须搜集什么样的材料，对什么人讲就要尽可能多方面地寻找相关的"养料",如有趣的事实,真实的故事,确凿的数据,相关的民谣谚语,格言名句,正面的、反面的,等等。

2. 搜集第一手、第二手材料

第一手材料即自己亲身经历的,自己耳闻目睹的材料新鲜、真实、可信,用在演讲中最容易感动他人。第二手材料即通过书本、杂志、报纸、电视、广播、网络等途径获得的材料。

(三)有效利用试讲彩排

演讲稿成型后,在没有真正上台演讲之前,需反复练习演讲。必要时,可以用录音机把试讲的实况录下来,或用摄像机拍下来,从中寻找缺点和不足,然后加以改正。如果是演讲比赛,这个方法就更需要试试,因为比赛是受时间限制的。

(四)充分的心理准备

俗话说,有备无患,是说做好充分的准备是多么的重要。演讲者的心理素质决定其演讲是否成功。首先,一个演讲者首先要对自己有信心,相信自己可以做得最好,要反复地在这方面给自己以鼓励;其次,要诚实坦荡,确认自己所讲的都是可信的,对数据和材料都做了最大限度的核实;最后,要从内心深处发出友善的信息,让听众觉得自己和演讲者是一个群体,彼此之间没有距离。要做到这一点,最好的做法是准备一个友善的开场白,以消除彼此之间的距离感。

(五)明确训练要领

命题演讲的训练要领有四个 W 法则。

1. Who

演讲时我是"谁"? 我的身份是什么? ——强化身份意识,说符合自己身份的话。

2. Whom

我对"谁"演讲? 他们的身份、年龄、文化修养、情绪等如何? ——强化对象意识。

3. Why

我演讲的目的是什么? 是宣传、鼓动,还是劝说、批驳? ——强化目的意识,说话要有的放矢。

4. Where

我在什么场合演讲? 是庄重、严肃、正式的,还是宽松、随意、非正式的? ——强化场合意识,演讲要"到什么山上唱什么歌"。

四、命题演讲的技巧

(一)演讲步骤技巧

1. 凤头

能在最短的时间里吸引听众的演讲开头就是好开场,它在演讲中起着至关重要的作用。历来著名的演讲家都煞费苦心,希望在演讲的开头就能牢牢抓住听众,为自己的演讲奠定成功的基础。

2. 猪肚

演讲要求具有强烈的鼓动性,产生巨大的宣传效应;其内在的根本动力源自演讲要有令听者情绪波澜起伏或渐入高潮的感染力,能唤起听众强烈的共鸣。事例最能说服听众,即"事实胜于雄辩"。而经典事例则因其蕴涵丰富、深刻的情感或哲理内蕴,不须多,往往一两例,即能感动听众,使其折服。尤其演讲高手,更能就地取材,即兴发挥,利用身边切题典型素材,借助现场氛围为自己的讲演服务。这样出人意表地创造震撼人心的轰动效应。成功的演讲者总能借此强调观点、升华感情,将其真诚的思想感情表现得淋漓尽致,把听众的情感不断引向高潮,把听众带到心潮澎湃、热血沸腾的佳境。情感一旦被激发,便使人精神振奋,全身心都处于高昂的状态,进而产生一种不可估量的能动作用,影响听众的意识,促成民众的行为。

3. 豹尾

演讲不能虎头蛇尾,而要有一个坚实有力的"豹尾"。因为演讲的结尾,是演讲结构中的重要部分。好的结尾,可以使演讲意味无穷,为演讲增添光彩。成功的演讲者,都希望结尾时再给听众留下一个精彩的印象,都会在结尾处下功夫,避免演讲功亏一篑。

（二）控场应变技巧

演讲时,常常会出现一些意想不到的事情,比如忘了演讲词,讲了错话,听众被其他的突发事件干扰而不再听你的演讲,或对你的演讲不满意、不感兴趣,等等。面对这样的状况应该怎么办? 这就需要具有灵活机智的应变技巧,做到处乱不惊、转危为安,从窘迫的困境中解脱出来,使演讲继续进行下去。

1. 失误应变

忘词时,千万不要紧张,不要惊慌失措,而是要快速联想回忆这部分演讲词。如果几秒后还是回忆不起来,就应该立刻放弃回忆,否则听众就会乱起来,不好控制了。这时,你要抛开那些忘记了的内容,而接着讲你没有忘记的内容,用这些新的内容稳定自己的情绪,重新吸引听众。

说错了话,可以立刻纠正,毫不迟疑。这种纠正并不是要你向听众检讨一番,说我刚才如何讲错了。而只是用正确的话重复一遍刚才的内容即可,听众就会听明白你的正确意思了。而变通方式则可通过提问等技巧加以掩饰。如小李在一次讲话中,由于失误,说错了一句关键性的话,话音未落,他便觉察到了,于是他就自问自答地说了一句:"这句话是对的吗? 不对。"然后他说了一遍正确的。这种纠正失误的办法,反映了讲话者的应变能力。

2. 兴趣转换

在讲话中,或由于时间、环境的原因,或由于内容方法的原因,讲话难以引起听众的兴趣,会场上出现困倦、溜号、交头接耳,甚至开小会的局面。这时讲话者切不可一意孤行地讲下去,而是要根据具体情况采取应急措施。比如,听众对你讲的某一部分不感兴趣,那么你就当机立断压缩这一部分内容。如果听众反映冷漠,有些懒散,精神不集中了,你可以采取一些吸引听众的措施,设置一些悬念,激发听众的兴趣,调动听众的情绪,比如先给大家讲一个与自己演讲主题有关的新闻信息、小故事或小笑话,以引起大家的注意。也可以用提问的方法,如"这是为什么呢?""这个问题得怎么解决呢?"这样的提问促使听众产生积极的思维活动,使听众注意听讲。

(三)口语表达技巧

演讲,既要"演"又要"讲"。它是以口语表达为主、态势语表达为辅的一门艺术,尤其在口语表达时要把握以下七个技巧。

(1)多用简洁的短句,通俗易懂的词汇,语言要清楚明白,生动形象。

(2)多用流行的口头词语,不同的时期,有不同的流行语,在演讲中,恰当地选择使用,会使演讲更接近现代生活。

(3)多用能表明个人倾向的词汇,不要模棱两可,演讲中,演讲者要明确告诉听众自己主张什么,批评什么,赞成什么,反对什么,就必须使用能表明个人倾向的词汇,如"因此,我认为""在我看来""显而易见""坦率地说"等,这样能给人以坦诚、果敢的印象。

(4)适当使用重复,演讲中使用重复,就是对主要观点或主要信息的强调,目的是让听众加深印象,以引起注意和思考。所以,适当使用重复,能提高演讲效果。

(5)适当使用简略语,演讲中使用一些简略语,可以使演讲简练活泼一些,比如公共关系可以简称为"公关",质量检查报告可以简称为"质检报告",中央电视台简称为"央视",南方航空公司简称为"南航"等。

(6)适当使用数字。数字是很好的论据,适当使用可增加演讲的说服力。使用数字时,可用约数,如9900元可说成近万元。

(7)多用俗语,演讲中多使用常用成语、惯用语、谚语、格言、歇后语等,会使演讲通俗活泼。

思考与训练

一、模拟实训

拟定演讲主题或题目,在班级组织一次演练比赛,并根据评分表细则打分。

1. 题目

题目任选:

(1)感恩父母

(2)谈谈校园文化

(3)青年与理想

(4)关于责任的思索

2. 要求

(1)演讲时间不超过5分钟,字数六七百字。

(2)要求脱稿演讲,声情并茂。

3. 评分表

命题演讲评分表	
项　　目	具 体 标 准
演讲内容(40分)	观点正确,立意新颖20分
	事例典型,说理透彻10分
	语言精练,逻辑性强10分
语言表达(30分)	发音规范,口齿清楚15分
	抑扬顿挫,感染力强15分
精神风貌(20分)	服饰着装10分
	精神气质10分
现场效果(10分)	听众反应5分
	文明礼貌5分

二、简答题

学习晚清史后,有四位同学分别就这样四个主题作了演讲:《帝国的彷徨》《中华的荣耀》《东方的曙光》《王朝的振兴》,你认为哪一个更符合这段历史的全过程?

三、演讲练习

以下是某师范大学第六届"宿舍文化节"演讲比赛的参考选题,仔细体会题目主旨,选择一个做不超过5分钟的演讲。

1. 秋天,畅想在师大

2. 展露心灵,共创美好居室

3. 我幸福,因为我正被爱着

4. 换种心情看生活

5. 太阳的指纹

6. 我的宿舍

7. 我们的桐花

8. 六个人的小窝,一个温暖的家

9. 家有伊人——斗室和她的另类亲情

10. 家的感觉

11. 梦开始的地方

12. 青春绿草地——我们的姐妹屋

13. 无线情怀

14. 骄傲,来自师大的美

15. 谈校园环保活动的形式选择

16. 让宿舍成为身心安处的雅室外

17. 用色彩来装扮师大

18. 舍友,一生的朋友

19. 青春,永不重回

20．美，就在你周围

四、讲稿范例

请根据下列演讲稿进行试讲彩排，反复揣摩体会如何增进演讲效果。

作品1:《"笨"向未来》

小的时候，每次吃鱼，妈妈总会把鱼头留给我吃，说会变聪明；爸爸要我训练用左手拿筷子，因为左撇子更聪明；数学老师总说，把书里的题都做了，会变聪明，变聪明之后去参加智力竞赛，跟一群聪明人在一起，会变得更聪明。总之，咱们都是在这种"要努力变聪明"的氛围里成长起来的，对吗？

我想，可能很少有一个家长会说，宝贝，一会吃过了饭，用脑袋撞会墙，妈妈想让你变笨一点。

但今天，我就是要在这，想和大家商量商量，变聪明，真的是一件好事吗？

去年年底，遇到一个法国教授，他对我说："你们中国人太聪明了，你们不创造，光靠复制就挣了这么多钱。"

这是第一次，"聪明"这个我一向认为的"褒义词"刺痛了我。

今年夏天，晚上很热，我和哥们出去吃烤羊肉串。当时很晚了，我们走到一个摊位前，我说："大爷，麻烦您，帮我们烤几串羊肉串。"他抬起头跟我说："你这孩子挺有礼貌的，我给你烤几个土豆和蘑菇吧。"

我说："不是，我们是来吃羊肉串的。"

他说："我知道，可是你说这2元钱一串的肉串，要是真的羊肉串，我怎么挣钱啊？你这孩子一看就不聪明，现在没这聪明劲儿做不了买卖。"

这是什么样的"聪明"呢？大爷，我读书少你别骗我。

几天之前，大学同学聚会。一个同学跟我说："我去年的业绩在全公司排第三，可是升部门经理有五个名额也没轮到我，你知道为什么？因为有几个同事业绩一般，给领导送礼、陪领导应酬的时候总表现得特积极，哎，我确实没他们聪明，从今年开始我得改。"

我曾经以为聪明是说学东西快，记忆力好，理解力强。可我慢慢发现，"聪明"好像变了味儿。

职场中的阿谀奉承、尔虞我诈成了"聪明"，商场里的偷工减料、投机取巧成了"聪明"，假公济私成了"聪明"，无视规则成了"聪明"，不择手段成了"聪明"。

我知道，在一个只看结果的时代，人人都争先恐后变"聪明"，因为"聪明"人能够得到更多。

但变"聪明"的代价是什么呢？

因为复制总比创新容易，所以很多聪明人把心思花在制造看起来跟真品一模一样的山寨手机、山寨名牌包包，而我们的民族品牌还是太少太少。

因为投机取巧总比干实事容易，所以很多聪明的人往食品里加了廉价的原料，而我们连奶粉都要托人从国外代购。

原来这种所谓的聪明看似占了便宜，却让整个社会吃了大亏！

那么，我们有没有可能变得笨一点儿？

"笨"这个字，上面一个竹字头，下面一个本，它的本来的意思是指的是竹子的内壁，是白色而透明的。

在古代，"笨"是专门形容女孩子的，是说女孩子单纯静雅得像竹子的心儿一样。

当然，那是在古代，现在你要说一个女孩子笨，那后果不堪设想。但我想，我们可不可以重新拾起"笨"这个字的本来含义，如果我们都变得笨一点儿，变得单纯透明一点儿，这个社会是不是也会变得简单美好一点？

曾经有一个笨小孩，每天都背书到很晚。一篇很短的文章，也要读上几十遍才能背出来。因为笨，总是受人耻笑。

有一天晚上，他在家背《岳阳楼记》，一个小偷蹲在他家窗外，准备等他睡觉之后，进去偷东西。但因为这个小孩太笨了，背了一个多时辰，还背不下来，小偷实在等不及了，跳进去指着他的鼻子骂："你这个笨蛋！背了这么久还背不下来！我都会背了！"小偷把岳阳楼记从头到尾背了一遍，忘记了偷东西，扬长而去。

这个笨小孩，就是曾国藩。因为他的勤奋和努力，最终成为中国历史上极有影响力的人物。

如果我们都变得笨一点儿，不去投机取巧，而是踏实努力，一步一个脚印，也许会被某些所谓的聪明人耻笑，但将来一定会赢得更多的尊重！

我想，我们可以一起变笨一些，遇到长长队伍的时候，笨笨地跑到队尾去；附近没有垃圾桶的时候，先笨笨地把垃圾捡起，我相信，遵守秩序的中国一定会更美好。

我也想，做餐饮的老板们也可以笨一些，笨到不知道去买地沟油；食品厂的老板们也笨一些，过期的原料就别用了，让我们都能吃一顿放心的团圆饭；我还想，重工业企业也都笨一些，笨到花大价钱买那些符合国家标准的排污设备，笨到除了检查那天其他时候也都把设备开着，让我们都能多几个蓝天。

看看过去，五千年勤恳耕耘的农耕文明，一砖一瓦、万里长城的建造，"小聪明"其实从来也不属于我们。

看看将来，如果我们都变得笨一些，一个更加美好的中国的梦想，会不会实现得更快一些？让我们一起笨笨哒，"笨"向未来吧！

——选自梁植《我是演说家》演讲稿

作品 2：《做一个怎样的子女》

我是一个"80 后"，顾名思义，"80 后"就是指 1980 年到 1989 年出生的人，对吗？但是在中国，"80 后"还有一层比较特殊的含义。它其实是指，在 20 世纪 80 年代初，中国正式实施计划生育政策之后，出生的第一代独生子女。我们一出生，就得了一个国家级证书，叫独生子女证。这个证可以保证我们能够独享父母的宠爱。但是这个证，也要求我们，要承担赡养父母的全部责任。

最开始我觉得，如果想做一个好女儿，那我肯定得挣好多钱，然后让我爸妈，过上好的生活。我从上大学就开始经济独立，我所有的假期都在工作，所以我的父母，几乎一整年都见不到我两次，对很多像我这样在外求学，工作打拼的独生子女来说，咱们的父母，都变成了空巢老人。有一天，我妈跟我打电话说："早上你爸坐在床边，在那掉眼泪，说想女儿了。"你知道我当时第一反应是什么吗？哟，至于吗，你这大老爷们，还玻璃心呢！天天给自己在那加戏。但是后来有一次我回家，那个下午，我永远还记得。老爸侧坐在窗前，虽然依旧虎背熊腰,但腰板没以前直了,头发也没以前挺了。他摆弄着窗台上的花说了一句:"爸爸没有妈妈了。""爸爸没有妈妈了",大家觉得这句话在表达什么?"悲伤、软弱、求呵护",我只记得我小的时候,如果梦到我妈妈不要我了,就会哭醒,我特别难过。但我从来都没有想过,"爸爸没有妈妈了",是一种什么样的感觉呢?我发现这个在我印象中无比坚不可摧、高大威猛的男人,突然间老了。"爸爸没有妈妈了"表达的不是悲伤,也不是软弱,而是依赖,父母其实是我们每个人最大的依赖。而我们的父母,失去了他们的父母,他们还能依赖谁呢?所以在那一刻,我才意识到,父母比任何时候都需要我,而且他们后半辈子能够依赖的只有我。我得养他们、陪他们,把我所有的爱都给他们。就像他们一直对我那样,我要让他们知道,即使你没有妈妈了,你还有我。

从那以后,我愿意适当地推掉一些工作、聚会。我挤时间多回家,我陪他们去旅行,而不是把钱交到旅行社,让别人带他们去。因为我明白了一点,赡养父母绝对不是把钱给父母,让他们独自去面对生活;而应该是我们参与他们的生活,我们陪伴他们享受生活。所以,我每次回家,就会带我妈去洗浴中心享受一把。有一次我正给我妈吹头发,旁边的一位阿姨说:"你女儿真孝顺。"我妈说:"大家都说女儿是小棉袄,我女儿是羽绒服。"幸亏没说军大衣。那阿姨又说:"我有一儿子在美国,每次都回来带我们出去旅游。"说着,阿姨还把手机掏出来了,给我妈看照片,说:"你看我儿子多帅,一米八五大个,年薪也好几十万。"我当时觉得有点儿不对,为什么呢?当一位阿姨向你妈妈展示他儿子的照片,并且报上了身高体重年薪的时候,笑的都是相过亲的,你懂得。就在这个时候,阿姨说了一句,让我们全场人都僵了的话。她说,可惜不在了。

不在了,原来就在去年,阿姨唯一的儿子,在拉着他们老两口去旅行的高速公路上,车祸身亡。在那一刻,我真的不知道说什么去安慰那位阿姨,我就想伸出手去抱抱她。可当我伸出手的那一刻,阿姨的眼泪就开始哗哗地往下流。我抱着她,我能感受到她身体的颤抖。我也能感受到,她是多么希望有个孩子。我抱一抱她,也就是从那一刻,我特别地害怕,我不再害怕父母离开我,我怕我会离开他们。而且经过这件事,我对于一句话的理解有了更深入的感觉,这句话叫作身体发肤受之父母,不敢毁伤。原来我只觉得这句话应该是,我应该珍惜自己的身体,珍惜自己的生命,别让爸妈担心,对吧!但是现在我发现,不仅如此,我们对别人也要这样,因为每个人,都意味着一个家。所以现在我每次在跟父母分别的时候,我都会紧紧地抱抱他们,在他们的脸上亲一下。可能拥抱亲吻这种事,对于我们大多数的中国父母来讲,一开始是拒绝的;但是请大家相信我,只要你坚持去做,你用力地把她搂过来,狠狠地在她脸上亲一下,慢慢地她就会习惯。像我现在走的时候,我妈就自然地把脸送过来。他们知道,你在表达爱。

我想作为独生子女,我们确实承担着赡养父母的全部压力,但是我们的父母,承担世界上最大的风险。可是他们从未言说,也不展现自己的脆弱,你打电话他们说家里一切都好的时候,他们真的好吗?作为子女,我们要理解父母的坚强,这件事越早越好,不要等到来不及了,也不要等到没有机会了。就像所有的父母,都不愿意缺席子女的成长;我们也不应该缺席他们的衰老。

有一篇叫《目送》的作品在结尾告诉我们,不必追。可是今天我想告诉大家,我们就得追,而且我们要从今天开始追,提早追,大步去追;不应该是看着彼此渐行渐远的背影,而应该是"你养我长大,我陪你变老"。

——选自王帆《我是演说家》演讲稿

作品3：《祝你好运》

幸运,幸运是什么?今天走在马路上,你捡到了钱,幸运;今天你买彩票中了头奖,非常幸运。不过当然,我希望每个人都希望自己的幸运不是偶然跟短暂的,而是能够延续一辈子的,从而形成所谓的幸运的人生。这是什么呢?不过首先,先要跟各位讲一个很残忍的心理学实验,事情发生在1970年,一位美国斯坦福大学的教授,Doctor Walter Mischel,他找了500多位5岁大的小朋友,分别来到实验室,他一个一个陪他们玩,然后跟他们聊天,让他们熟悉这个环境,然后觉得时间差不多的时候,他就从口袋里面拿出一块软糖,这个我们这边俗称棉花糖,松松软软白白甜甜入口即化,孩子看到了,眼睛都亮起来,然后教授就说:"我有一些事我要先出去一下,这块软糖呢,先留在这边,如果你可以等到我回来再吃的话,我就再送你两块。"说着他就把两块奖品拿出来,也放在孩子面前。"旁边有一个按铃,如果你真的忍不住的话,就按那个铃,对不起,你就只能吃一块。好,了解了吗?拜拜。"说完他走了。这一出去啊,就20分钟,很多小孩都忍不住,没过几分钟都崩溃了,有一些先吃了再按铃,可是呢,偏偏有一些小孩,他们能够忍到20分钟,一直等到教授回来,开开心心地拿着软糖回家,奇妙的事情发生了,过了几年教授做追踪研究的时候,他发现,当年这些能够忍得最久的孩子,他们的入学考试分数远远超过他们的同学;到了社会,他们的事业比较顺利;到了中年,他们的婚姻比较幸福,身体比较健康。换句话说,他们得到了幸福的人生。

很多人一听到这个研究就说,啊!原来如此,原来幸运就在于一个自制力。那好,我摆一大堆软糖,孩子,你过来,你看这些软糖,不准吃,不准吃!告诉你,一定要忍着,因为成功的人生就是要忍耐!真的有很多的虎爸虎妈,他们就拿这个研究作为他们斯巴达式的教育的背书。

40多年过去了,这位教授站出来说:"对不起,各位,你们可能都误会了,当年我做这个研究,最关键的不是看这些孩子是否能够抗拒诱惑,而是他们如何抗拒诱惑。"他发现能够忍到20分钟的孩子,他们往往都有一些绝招,举例来说,其中有一个小女孩,她一开始把自己两只眼睛蒙住,不让自己看到,忍不住还是要偷看一下,这个时候,一只手慢慢伸出去,又慢慢缩回来,然后告诉自己说,嘘,NO,NO,NO,NO。另一只手又慢慢伸出去,然后要按铃,这个时候呢,右手开始阻挡左手,两只手僵持在这上面,一直都不动,然后呢,她就笑了。好像觉得自己很滑稽,又安慰自己说,没事,没事,没事,待会再吃,待会再吃。她转身开始唱歌。她自导自演,这么精彩,这么挣扎,这么可爱。不是演戏,是真正的挣扎,让所有的研究人员都想为她鼓掌。

的确,一次再一次的,这位教授发现,那些真正能够经受考验的孩子,他们靠的不是单纯的忍,而是他们能够灵机应变,在适当的时候,能够用到一些有创意的方法,分散自己的注意力。他们长大之后,正是这样灵活思考,加上创意和幽默感,让他们能够交到较多的朋友,让他们可以克服各种困难,让他们获得更强的自信,更愿意面对挑战,获得更高的成就。正循环发生,产生幸运的结果。

懂得延迟满足的人容易获得人生的幸运。幸运的人不是与困难直接和强制地对抗,而是柔和、灵活而有创意地战胜困难。

——选自刘轩《我是演说家》演讲稿

第二节　即兴演讲

一、即兴演讲的定义

即兴演讲又称即席演讲或即时演讲,指演讲者在某种特定的景物或某种特定的人物、气氛的激发下,兴之所至,在事先没有准备或没有充分准备的情况下有感而发的临时性演讲。

即兴演讲可分为两类:一类是命题竞赛式即兴演讲;另一类是聚会场景式即兴演讲。前者是指在比赛或带有测试性质的场合,由演讲者临时抽签得题并根据题意而旋即发表的一种演讲。聚会场景的发言是我们日常生活中最经常遇到的一种即兴演讲情况,聚会演讲词包括:总结、感想、感言、欢迎词、倡议词、告别词、答谢词、祝酒词、凭吊词等,出席的场所有:各种家庭宴会、公司联欢会、茶话会、颁奖会等各种聚会场所。

二、即兴演讲的特点

即兴演讲的特点是:毫无准备,演讲者必须快速展开思维,并以最快的速度找出恰当的语言来表达自己的思维。这就需要演讲者具备敏捷的思维能力和敏锐的语言感应能力。即兴演讲是锻炼思维和口语表达能力的最有效的演讲形式。

即兴演讲的特色如下。

1. 篇幅短小精悍

即兴演讲是临时起兴,毫无准备,不能长篇大论,而要求在最小的篇幅里能够阐明一个道理。虽不能像命题演讲那样讲究布局谋篇,但也要结构合理,详略得当,要有快节奏风格和一气呵成的气势,切忌颠三倒四,离题万里,拖泥带水,重复拉杂。另外,即兴演讲的场合多是生活中的一个场景,或答辩,或聚会,演讲者只是表达一下自己的心意和看法或者情感。

2. 时境感强

即兴演讲现实性非常强,到什么山唱什么歌,什么场合说什么话,因此即兴演讲一定要切合现场的气氛,或严肃,或诙谐,或喜庆,或伤感,等等,时境感相当强烈。

3. 就事论事,有感而发

即兴演讲必须从眼前的事、时、物、人中找出触发点,引出话头,然后将心中的所思所想说出来,因此即兴演讲都是真实思想的流露,言为心声。

4. 形式自然灵活多变

即兴演讲形式灵活,可以采取多种形式,就事论事,或引发一个故事分享,或发表一段感言,或就某个问题进行辩论,或来一段即兴点评等,形式不限,只要有感而发能表达自己的某一种感受或是观点就行。

案例　2008 年 5 月 8 日,国家主席胡锦涛开启"暖春之旅",在日本早稻田大学出席了中日青少年友好交流年日方开幕式,他和有"瓷娃娃"之称的奥运选手福原爱展开了一场"激烈"的乒乓球比赛,随后发表了一番即兴演讲。

"1984 年,我曾参与接待 3000 日本青年访华。1985 年又率领中国青年代表团访日。近年来还经常会见访华的日本青年代表团。在推动两国青少年友好交流方面,这 20 多年我一直持之以恒。因为我深信两国青少年代表着两国关系的未来和希望。今天我们播撒下友好的种子,今后一定会成长为中日友好的大树。我衷心希望中日两国人民世世代代友好下去,衷心希望中日战略互惠关系发展得越来越好。"

胡主席的即兴演讲,即境生情,缘情而发,就听众最感兴趣、最关心的问题直陈己见。主旨鲜明,充满哲理,体现了政治家的睿智,勾画了中日关系发展的蓝图,激起了在场听众的强烈共鸣。

三、即兴演讲的技巧

1. 保持警觉,选准话题

无论参加什么会议,都要始终保持全神贯注。要掌握会议的主题,讨论的具体题目,争论的焦点,要有很强的警觉和思想准备。一旦即兴演讲,也决不会心慌意乱。有思想准备后,还必须寻找一个好的话题,而准确的话题,来源于对会议有关情况的熟悉与掌握。要注意在什么时间、什么场合,对谁讲话。如 1924 年 5 月 8 日,印度诗人泰戈尔在北京过了他 64 岁寿辰,北京学术界举行了祝寿仪式。梁启超登台即兴演讲,因泰戈尔想让梁为他起一个中国名字,所以,梁启超便从印度称中国为"震旦",讲到从天竺(印度)来的都姓竺,并将两个国名联起来,赠给泰戈尔一个新名叫作"竺震旦"。由于话题选择得好,故整篇演讲词生动活泼,情趣盎然,寓意深刻。

2. 抓住触点,组合材料

所谓触点,就是可以由此生发开去的事或物。即兴演讲需要因事起兴,找到了触点就找到了起兴的由头,就可以有话可说。先从由头慢慢地边思考边说下去,就容易打开思路。因为即兴演讲现场没有充裕的时间去准备,因此必须尽快地选定话题,然后将平时积累的相关材料围绕主题,进行快速组合,甚至边讲边思考,进而紧扣话题精心组织材料进行论证。即兴演讲无法在事先做充分准备,完全依靠即兴抓取材料,其来源一是平时的知识积累,二是眼前的人和事,又应以后者为主。如过多的引用间接材料,往往失掉即兴演讲的现实感和针对性,起不了应有的作用,只有多联系现场中的人和事,才能紧紧抓住听众的注意力。

3. 情感充沛,以情夺人

要使听众激动,演讲者自己首先要有感情和激情。演讲者动了真情,才能喜怒哀乐分明,语言绘声绘色,从而感染听众,达到交流情感的目的。即兴演讲的开头,就从沟通与听众的感情入手,选择与听众息息相关或最为听众所接受的话题,引发听众与自己在心理上的共鸣。

1914 年,英国首相丘吉尔在美国圣诞节的即兴演讲就是这样开头的:我的朋友,伟大而卓越的罗斯福总统,刚才已经发表过圣诞前夕的演说,已经向全美国的家庭致友爱的献词。我现在能追随骥尾讲几句话,内心感到无限的荣幸。我今天虽然远离家庭和祖国,在这里过节,但我一点也没有在异乡的感觉。我不知道,这是由于本人的母亲血统和你们相同,抑或是由于本人多年来在此所得到的友谊,抑或是由于这两个文字相同、信仰相同、理想相同的国家,在共同奋斗中所产生出来的同志感情,抑或是由于上述三种关系的综合。总之我在美国的政治中心——华盛顿过节,完全不感到自己是一个异乡之客……

丘吉尔在这里动用了感情沟通法,把美国总统罗斯福说成是自己的朋友,在心理上缩短了演讲者与听众之间的心理距离,开场白取得了良好效果。

4. 言简意赅,生动活泼

演讲要言简意赅,关键在于能够紧紧抓住主题,围绕主题选材,组织结构,争取做到言有尽而意无穷,令人回味无穷。同时,根据听众的知识结构和文化修养,选用不同风格的语言。对一般群众的演讲可选用朴素的语言,而对文化素养较高的听众则可选用高雅的语言。这就要求演讲者要善于平时学习人民群众中生动活泼的语言,吸收外国语言中有益的成分,学习古人语言中有生命的东西。

四、即兴演讲的训练方法

即兴演讲应用十分广泛,它要求演讲者头脑清醒、思维敏捷,能迅速准确地将自己的思想、感情转换成口语,做到出口成章。因此,从有备演讲到即兴演讲,是一个难度较大的转变,要攀上这个台阶,需要培养即兴意识,掌握一定的技法,不断提高心理素质、应变能力、语言水平和文化修养。只要我们愿意开口,做演讲的有心人,经过一段时间的训练,一定能取得好的效果。

（一）发散思维法

1. 敏捷型

(1) 红砖的用途,你能在一分钟内说出 10 种以上吗?

例如,砌房子、铺地面、砌炉灶、砌桥梁、砌水坝、砌烟囱、做武器、垫桌腿、磨成红粉和上水刷标语、烧烫了用布裹起来治关节炎。

(2) 茶杯的用途,除与“装”“盛”有关的之外,你一分钟之内能说出 5 种以上吗?

例如,当圆规用来画圆、灌上热水焐手、罩在口琴上当共鸣器、当量器、做敲打乐器。

2. 联想型

将下面在表面上看来不相干的概念(词),经过中间一两个至多四个概念(词)把它们联系起来。

(1) 玻璃与粥。

例如,玻璃—杯子—饭碗—粥。

(2) 天空与茶杯。

例如,天空—土地—水—茶杯。

（3）战争与科学。

例如,战争—武器—科学。

（4）闹钟与妇女工作。

例如,闹钟—手表—实用与观赏—妇女工作(注意内心美形象美)。

（5）农村漂亮宽敞的住房与城乡一体化。

例如,农村漂亮宽敞的住房—农村优于城市之处(空气清新、蔬菜新鲜)—农村不如城市之处(医疗条件、教育质量、文化设施)—城乡差异—城乡一体化。

3. 连接型

戴尔·卡耐基的《口才训练妙诀》一书中介绍了一种即席演讲的训练方法——故事接龙。游戏程序如下。

将学生两两分组,进行一场与某个话题(可以任意选择,只要大家感兴趣,比如旅游)有关的演出。每组的两个成员一人为A,一人为B,被称为A的人是这场游戏的演员,被称为B的人是A的台词提示者。B挨着A站着,当轮到自己的角色说话时,就会把台词告诉A,并拍一下A的肩膀;而扮演A角色的成员的任务就是接受B提供的台词,在此基础上再加以发挥,把戏演下去;A、B要密切配合,依次进行。

4. 连点型

将下面散点连缀成一席即兴演讲(散点顺序不论),每题时间控制在3分钟以内。

示例1　关键词:校友、咖啡、遭遇

在一次校友会上,我们几个老同学聚在一起聊天,主人问我喝什么饮料,我说来杯咖啡吧,咖啡加点糖,甜中有苦,苦中有甜,二者混在一起有股令人回味无穷的滋味,我想这正好与我们这代人的经历遭遇相似,分别几年了,我们都已经走向了不同的岗位,回想起来,真是有苦有甜啊!

示例2　关键词:蘸水钢笔、一副老花眼镜、一根正在燃烧的蜡烛

这极平常的三样东西,使我想起一位乡村教师。他至少五十开外,经常手握陈年的蘸水钢笔,架着老花眼镜,在一丝不苟地批改作业。乡村供电不正常,突然灯光灭了,他摸索着找到火柴点亮了蜡烛。在昏暗摇曳的烛光下,他批改到一位大有长进的孩子的作业,欣慰地笑了。啊,烛光是知识之光,照亮了孩子的心田;烛光是生命之光,是人民教师心血点燃,人民会永远记住教师的功绩!

示例3　关键词:动力、毅力、能力

一个人要想成功,首先,要有"崇高的理想",这是动力,因为伟大的力量来自崇高的理想;其次,要有坚强的"毅力",否则必然是"心比天高,命比纸薄";最后,还要有"能力"。否则光有动力和毅力,但没有能力,"有的无矢"也很难获得成功。

自我练习:

• 闹钟、扑克牌、一瓶酒

• 警察、鲜花、风车

• 教育、学习、头脑

• 一封拆开的信、一支钢笔、一瓶安眠药、一本打开的日记

- 理想、力量、结果

(二) 借题发挥法(每题可准备 1 分钟)

(1) 以"金子"为题,谈谈"21 世纪青年人的形象"。

提示: 可从"金子"如果蒙上尘土则无法发出耀眼的光泽谈起,引出"21 世纪青年应具备的形象"。

(2) 以"树"为题,谈谈青年人要重视学习。

提示: 可从一棵枝叶茂盛、果实累累的树木,如果树根烂了,也就无法继续生长下去(树根理论),引出"人才的竞争关键是学习力的竞争"的道理。

　　1945 年 5 月 4 日,云南大学、中法大学等校的大学生,在操场上举行纪念五四运动大会,会议开始不久,天突降暴雨。一些学生离开会场避雨去了,会场秩序大乱。这时闻一多迎着暴雨站在台上高呼:"热血的青年们过来! 继承五四精神的热血青年站起来! 怕雨吗? 我来讲个故事:今天是天洗兵! 武王伐纣那天,陈师牧野的时候,军队正要出发,天下大雨,于是领头人说,'此天洗兵'。把蒙在甲胄上的灰尘洗干净,好上战场攻打敌人。今天,我们集合起来纪念五四运动,天下雨了,这也是天洗兵,不怯懦的人上来,走近来! 勇敢的人走拢来!"

　　闻一多这段即兴演讲的开场白,成功地借用了"景(雨)"和"情(下雨)",引发出武王伐纣的故事,"天洗兵"的壮志豪情,进而号召青年们继承"五四"光荣传统,经受暴雨的洗礼,做一个坚强的民主革命战士。这段开场白既切景、切情,又切合大会的宗旨,颇具鼓动力、号召力。由此来看,即兴演讲的开场白要想取得好效果,要善于借题发挥,才能精彩纷呈。

(三) 提纲挈领法(每题可准备 1 分钟)

(1) 以"生命在于运动,资金在于流动"为题,谈谈当前的市场竞争。

提示: 可从"产供销"还是"销供产",或者"友谊加需求"等营销策略方面谈,也可从"创新思维"角度来谈。

(2) 以"失败是正常的,气馁是不必要的,重复失败是危险的"为题,谈谈一个人、一个企业要善于总结经验,不断进步。

提示: 着重谈"失败"与"成功"之间的辩证关系,强调人的主观能动性。

(四) 平中见奇法(每题准备 1 分钟)

(1) 以"知足者常乐"为题,反其道而言之,谈谈"不知足者常乐"。

提示: 可从"满招损,谦受益"角度去考虑。

(2) 为"当官在于活动"赋予新的解释,指出关键是"当什么样的官",怎样"活动"。

提示: 强调奉献,强调当"好官"。

(五) 三步法(每题准备 1 分钟,进行 3 分钟即兴演讲)

(1) 以"拼搏"为题,提出什么是拼搏,为什么要拼搏,青年人应该怎样拼搏?

(2) 以"精神文明"为题,提出什么是"精神文明",为什么要提倡"精神文明",怎样进行"精神文明"建设？

（六）四步法（可准备 5 分钟，进行 3 分钟即兴演讲）

（1）开头吸引听众。

（2）指出与听众的利害关系。

（3）举例说明。

（4）对听众提出希望。

用"四步法"谈谈"素质教育"的重要。

五、聚会场景即兴演讲

生活场景中最常见到的是各类聚会演讲，需要注意以下问题。

（一）聚会演讲的原则

首先，应避免长篇大论和空洞的说教，发言内容必须与场面气氛相符。有些聚会比较正式，就必须用正式的致辞方式；有些聚会比较轻松活泼的，就必须带有喜庆的语气。

其次，需遵循一定的礼仪。要听从主人或主持人的安排，大都以即兴为主。聚会场面，通常会有主持人主持，所以发言的次序必须根据主持人的安排。同时，发言中要遵守现场的礼仪，根据情况不同，有些需起立站在原位，有些需站在主席台前，发言中要保持高度的礼节性。

最后，避免冲突和对抗性的发言。聚会是大家相聚的场所，气氛融洽，发言时应避免冲突和对抗性的发言，如有意见和建议可以在会后再沟通。

（二）聚会演讲的万能公式

如何在聚发会言时能够做到条理清晰，张口就来，而且恰到好处呢？纵观聚会演讲中的众多嘉宾感言，我们总结发现了一种神奇的"万能公式"，相信很多人都非常熟悉，这就是六字箴言：感谢 ＋ 回顾 ＋ 愿景。

（1）感谢，首先要保持一定的礼节性，一开始常常会用感谢的话来开头，常用话语为：感谢主持人给我这次发言的机会；感谢主人的盛情邀请和款待；感谢各位亲朋好友的光临；感谢各位嘉宾在百忙之中能够来赴宴；感谢评委、各位朋友……

（2）回顾，简单回顾一下以往的事例，可以是：回顾我和某某的交往；回顾新郎新娘相识的那段时间；回顾公司去年的发展；回顾我们筹建公司当初的艰难；回顾我们大家相识的经过；回顾创业以来，回顾去年……

（3）愿景，表示畅想、祝贺、表决心、祝愿等，例如，最后，我代表公司向大家表示最美好的祝愿；我向大家保证，在以后工作中，我一定更加努力；祝愿新郎新娘白头偕老，幸福万年；愿公司越办越好，越来越红火；祝愿某某福如东海水长流；祝愿在座的各位新年大吉。

如果从时间方面来看这个公式，感谢代表的是现在，回顾，代表的是过去，而愿景则代表了未来。一些领导人物的即兴发言，也都以此为多见。掌握此种方法要领，在聚会场合都可以迅速组织词语，大方得体地即兴发言。

万能公式虽然万变不离其宗，但需要注意的是，也应做到活学活用，不可完全死记硬背照搬。因为这个框架公式也可以不断地变化,我们还要向里面填充大量的内容。我们要用心揣摩,用心去训练运用公式,这才可以避免一下子大脑一片空白、语无伦次的尴尬局面。

在外甥十周岁生日晚宴上的即兴讲话

姐姐、姐夫、我的小外甥:

今天是外甥十周岁生日,俗话说:到生日吃面,当舅舅的我首先奉上三个蛋一碗面。

这第一个蛋叫"德",思想好,像个石头蛋,扎扎实实的,在学校里尊敬老师,尊重同学,在家里,孝敬父母,热爱劳动,艰苦朴素,文明举止,在公共场合,遵守规则,遵守秩序,不要做一个人人讨嫌的坏蛋。

这第二个蛋叫"智",学习好,像个五彩蛋,兢兢业业的,在学习上要保持谦虚谨慎,要争当第一名,要像钉子一样发扬"挤"和"钻"的精神,切忌马马虎虎,草草了事,做一天和尚撞一天钟,更不要考几个大鸭蛋给大家下酒。

这第三个蛋叫"体",身体好,像个铁蛋蛋,壮壮实实的。身体是革命的本钱,头疼脚痒不是真正男子汉,要经常注意身体的锻炼,像运动员那样具有强壮的体魄,不要做一个经不起风吹浪打的软蛋。

至于这一碗面嘛,大家看看,这面长长的像理顺的头绪,这象征着一切事情都有个开头,这就是说,要吃到这三个蛋就要从现在开始,从现在努力! 外甥,你说呢?

思考与训练

一、模拟实训

从下列命题中抽取一题,迅速构思演讲主题,并结合现场情景,发表3分钟即兴演讲。

1. 我的家乡
2. 人生处处是考场
3. 我心中的和谐社会
4. 恶语伤人六月寒
5. 我心中的偶像
6. 我未来的书房
7. 乐观者与悲观者
8. 接受自己
9. 世界需要热心肠
10. 珍惜现在

二、简答题

期末考试结束后,寒假在即,两个寝室的同学组织聚餐联谊。开席后,作为组织者,你打算怎么讲? 谈谈自己的一些感言。

三、阅读训练

1. 1946年7月15日上午,中国民主同盟云南省支部在云南大学至公堂召开李公朴殉难经过报告会。民主斗士闻一多教授即席做了牺牲前著名的"最后一次讲演",请说明该演讲有什么特点,它是以什么来征得人心的? 演讲内容如下。

这几天,大家晓得,在昆明出现了历史上最卑劣,最无耻的事情! 李先生究竟犯了什么罪? 竟遭此毒手,他只不过用笔写写文章,用嘴说说话,而他所写的,所说的,都无非是一个没有失掉良心的中国人的话! 大家都有一支笔有一张嘴,有什么理由拿出来讲啊! 有事实拿出来说啊! 为什么要打要杀,而且又不敢光明正大地来打来杀,而偷偷摸摸地来暗杀! (鼓掌)这成什么话? (鼓掌)

今天,这里有没有特务! 你站出来,是好汉的站出来! 你出来讲! 凭什么要杀死李先生? (厉声,热烈地鼓掌)杀死了人,又不敢承认,还要诬蔑人,说什么"桃色案件",说什么共产党杀共产党,无耻啊! 无耻啊! (热烈地鼓掌)这是某集团的无耻,恰是李先生的光荣! 李先生在昆明被暗杀,是李先生留给昆明的光荣! 也是昆明人的光荣!

去年"一二·一"昆明青年学生为了反对内战,遭受屠杀,那算是年轻的一代,献出了他们的血,献出了他们最宝贵的生命! 现在李先生为了争取民主和平,而遭受了反动派的暗杀,我们骄傲一点说,这算是像我这样大年纪的一代,我们的老战友,献出了最宝贵的生命! 这两桩事发生在昆明,这算是昆明无限的光荣! (热烈地鼓掌)

反动派暗杀李先生的消息传出后,大家听了都摇头,我心里想,这些无耻的东西,不知他们是怎么想法? 他们的心理是什么状态? 他们的心是怎么长的? 其实很简单,他们这样疯狂地来制造恐怖,正是他们自己在慌啊! 在害怕啊! 所以他们制造恐怖,其实是他们自己在恐怖啊! 特务们,你们想想,你们还有几天,你们完了,快完了! 你们以为打伤几个,杀死几个,就可以了事,就可以把人民吓倒了吗? 其实广大的人民是打不尽的,杀不完的,要是这样可以的话,世界上早没有人了。你们杀死了一个李公朴,会有千百万个李公朴站起来Ⅰ你们将失去千百万的人民! 你们看着我们人少,没有力量。告诉你们,我们的力量大得很! 多得很! 看今天来的这些人,都是我们的人,都是我们的力量! 此外还有广大的市民! 我们有这个信心,人民的力量是要胜利的,真理是永远存在的。历史上没有一个反人民的势力不被人民毁灭的! 希特勒,墨索里尼不都在人民之前倒下去了吗! 翻开历史看看,你还站得住几天! 你完了,快完了! 我们的光明就要出现了。我们看,光明就在我们的眼前,而现在正是黎明之前那个最黑暗的时候。我们有力量打破这个黑暗,争到光明! 我们的光明,就是反动派的末日! (热烈地鼓掌)

反动派故意挑拨美苏的矛盾,想利用这矛盾来打内战。任你们怎么样挑拨,怎么样离间,美苏不一定打呀! 现在四外长会议已经圆满闭幕了。这不是说美苏间已没有矛盾,但是可以让步,可以妥协,事情是曲折的,不是直线的。我们的新闻被封锁着,不知道美苏的开明舆论如何抬头,我们也看不见广大的美国人民的那种新的力量在日渐增长。但是,事实的反映,我们可以看出。

首先,现在司徒雷登出任美驻华大使,司徒雷登是中国人民的朋友,是教育家,他生长在中国,受的美国教育。他住在中国的时间比住在美国的时间长,他就如一个中国的留美生一样,从前在北平时,也常见面,他是一位和蔼可亲的学者,是真正知道中国人民的要求的。这不是说司徒雷登有三头六臂,能替中国人民解决一切,而是说美国人民的舆论抬头,美国才有这转变。

其次,反动派干得太不像样了,在四外长会议上,才不要中国做二十一国和平会议的召集人。这就是做点脸色给你看看,这也说明美国的支持是有限度的,人民的忍耐,和国际的忍耐也是有限度的。

李先生的血,不会白流的。李先生赔上了这条性命,我们要换来一个代价。"一二·一"四烈士倒下了,年轻的战士们的血,换来了政治协商会议的召开。现在李先生倒下了,他的血要换取政协会议的重开!(热烈地鼓掌)我们有这个信心!(鼓掌)

"一二·一"是昆明的光荣,是云南人民的光荣。云南有光荣的历史,远的如护国,这不用说了。近的如"一二·一",都是属于云南人民的,我们要发扬云南光荣的历史!

反动派挑拨离间,卑鄙无耻,你们看见联大走了,学生放暑假了,便以为我们没有力量了吗?特务们!你们错了!你们看看今天到会的一千多青年,又握起手来了,我们昆明的青年决不会让你们这样蛮干下去的!

历史赋予昆明的任务是争取民主和平,我们昆明的青年必须完成这任务!

我们不怕死,我们有牺牲的精神,我们随时像李先生一样,前脚跨出大门,后脚就不准备再跨进大门!(长时间热烈她鼓掌)这是闻一多的最后一次即席演讲。面对反动派苟延残喘的猖狂反扑,闻一多横眉怒对,表现了不畏强暴的民族英雄气概。后来也获得了毛泽东同志的高度赞扬。

2. 以下是2012年11月29日中共中央习近平总书记在参观《复兴之路》展览时的即兴演讲。阅读并认真学习其演讲技巧和成功之道。①

《复兴之路》这个展览,回顾了中华民族的昨天,展示了中华民族的今天,宣示了中华民族的明天,给人以深刻教育和启示。中华民族的昨天,可以说是"雄关漫道真如铁"。近代以后,中华民族遭受的苦难之重、付出的牺牲之大,在世界历史上都是罕见的。但是,中国人民从不屈服,不断奋起抗争,终于掌握了自己的命运,开始了建设自己国家的伟大进程,充分展示了以爱国主义为核心的伟大民族精神。中华民族的今天,正可谓"人间正道是沧桑"。改革开放以来验,不断艰辛探索,终于找到了实现中华民族伟大复兴的正确道路,取得了举世瞩目的成果。这条道路就是中国特色社会主义。中华民族的明天,可以说是"长风长风破浪会有时"。经过鸦片战争以来170多年的持续奋斗,中华民族伟大复兴展现出光明的前景。现在,我们比历史上任何时期都更接近中华民族伟大复兴的目标,比历史上任何时期都更有信心、有能力实现这个目标。

回首过去,全党同志必须牢记,落后就要挨打,发展才能自强。审视现在,全党同志必须牢记,道路决定命运,找到一条正确的道路多么不容易,我们必须坚定不移走下去。展望未来,全党同志必须牢记,要把蓝图变为现实,还有很长的路要走,需要我

---

① 习近平谈治国理政[M].北京:外文出版社,2014.

们付出长期艰苦的努力。

每个人都有理想和追求,都有自己的梦想。现在,大家都在讨论中国梦,我以为,实现中华民族伟大复兴,就是中华民族近代以来最伟大的梦想。这个梦想,凝聚了几代中国人的夙愿,体现了中华民族和中国人民的整体利益,是每一个中华儿女的共同期盼。历史告诉我们,每个人的前途命运都与国家和民族的前途命运紧密相连。国家好,民族好,大家才会好。实现中华民族伟大复兴是一项光荣而艰巨的事业,需要一代又一代中国人共同为之努力。空谈误国,实干兴邦。我们这一代共产党人一定要承前启后、继往开来,把我们的党建设好,团结全体中华儿女把我们国家建设好,把我们民族发展好,继续朝着中华民族伟大复兴的目标奋勇前进。

我坚信,到中国共产党成立100年时全面建成小康社会的目标一定能实现,到中华人民共和国成立100年时建成富强民主文明和谐的社会主义现代化国家的目标一定能实现,中华民族伟大复兴的梦想一定能实现。

第三节　竞聘演讲

一、竞聘演讲的定义

竞聘演讲有时也叫竞职演讲,它是指参加竞聘者通过演讲来展示个人才华,表达个人意愿,谋求某一职位,向听众推销自己,以得到听众的赞赏和认同的演讲。

大争之世,物竞天择。从"竞"的字形本意来看,是会意字,与口才密切相关。"竞"的本义是两个人争着说话。当今社会,竞聘演讲越来越有实用价值,引起了越来越多的领域的重视。无论是企业求职面试、岗位人才提拔,还是班级社团招新,要想在竞争的年代实现自我奋斗目标,能够做好竞聘演讲是十分重要的。

二、竞聘演讲的特征

（一）目标的明确性

目标的明确性是竞聘演讲区别于其他演讲的主要特征。一方面,演讲者一上台就要鲜明地亮出自己所要竞聘的目标;另一方面,其所选用的一切材料和运用的一切手法也都是为了一个目标——使自己竞聘成功。而其他类型的演讲则不同,无论是命题演讲还是即兴演讲,虽然都有一定的目的,但其目标却有一定的"模糊性""概括性"和不具体性。打个比方说,如果演讲如大海行船,那么一般演讲是要告诉人们如何战胜困难,驶向遥远的彼岸,而竞聘演讲则是竞争看谁有条件来当船长。

（二）内容的竞争性

在其他的演讲中,内容尽管可以海阔天空地谈古论今,说长道短,但一般都不是来"显示"自己的长处。即使在事迹演讲中,也忌讳毫不客气地为自己"评功摆好"。但竞聘演讲则不同,它的全过程都是听众在候选人之间进行比较、"筛选"的过程,竞聘者如果"谦虚""不好意思"说自己的长处,表示自己也是"一般般",就不能战胜对手。因此演讲者必须

"八仙过海,各显其能",而"竞争性"说白了,也就是演讲者无论是讲自身所具备的条件,还是讲自己的施政的构想,都要尽最大可能显出"人无我有""人有我强""人强我新"的胜他人一筹的"优势"来,有时,甚至还要把本来是"劣势"的东西换一个角度讲成"优势"。

例如,在一次竞聘厂长的演讲中,一个年轻工人在介绍自己时这样说:"我一没有党票,二没有金灿灿的大学文凭,三没有丰富的阅历,我只是一个初涉人世的二十五岁的小伙子。你们有百分之百的理由怀疑我是否能担得起化肥厂厂长的重任。然而,同志们,朋友们,请你们仔细地想想,我们化肥厂长期处于瘫痪的状态,难道是因为历届的厂长没有党票、没有文凭、没有阅历吗?"(掌声)接下来他又讲了听众心中有而口中无的改革措施,最后竟以大多数选票获胜。

(三) 主题的集中性

所谓主题的集中,是指所表达的意思单一,不枝不蔓,重点突出。这就是说,在表达意思时,必须突出一个重点,围绕一个中心,而不要搞多重点,多中心,不能企图在一篇演讲中解决和说明很多问题。

例如,在一次小学校长竞聘演讲会上,一位很有"希望"的老校长就由于谈得太面面俱到而让人产生了反感。他在介绍自己时,不仅详细介绍了自己大半生的经历,而且在说获奖情况时,把在某晚报征文比赛获纪念奖这样的与竞聘条件无关的奖励都说上,罗列了大概二十个,说得听众直笑。在说措施时,又从如何抓学生学习、体育、德育到如何开办校办工厂,从如何管理教学,到如何关心教工生活,其措施几乎是"全方位"的。结果造成了立意分散,让人听了好像什么都说了,而又摸不清他到底说了些什么。对比之下,另一位年轻的女教师,就围绕"如何把学校教学水平搞上去"这一中心问题讲,讲得有情有理,头头是道,给人们留下了深刻印象,使自己竞聘成功。因此,在做竞聘演讲时,一定要"立主脑""减头绪""镜头高度聚焦",这样才能在听众心中燃起共鸣之火。

(四) 材料的实用性

实用性是指所选材料既是符合实际的,又是对自己竞争"有利"的,也就是无论讲自己所具备的条件还是谈任职后的"构想",都要从"自我"出发、从实际情况出发。竞聘演讲是"竞争",但并非是比赛谁能"吹",谁能用嘴皮子"甜"人。听众边听你的演讲,边在"掂量"你的"话"是否能在现实中发挥作用取得效果。比如在讲措施时,那种凭空喊"我上台后如何给大家涨工资,如何给大家建楼房"的演讲者,听众一般是不买账的。而那种发自肺腑讲实际的措施才是听众最欢迎的。

(五) 思路的"程序"性

思路就是演讲者的思维脉络:"程序"是指演讲中先讲什么后讲什么的顺序。竞聘演讲不像一般演讲那么"自由",它除了题目和称呼外,一般分为五步。

第一步,开门见山讲自己所竞聘的职务和竞聘的缘由。

第二步,简洁地介绍自己的情况:年龄、政治面貌、学历、现任职务等一些自然情况。

第三步,摆出自己优于他人的竞聘条件,如政治素质、业务水平、工作能力等(既要有概括的论述,又要有"降人"的论据。如讲自己的业务能力时,可用一些获得的成果和业绩来证明)。

第四步,提出假设自己任职后的施政措施(这一步是重点,应该讲得具体翔实,切实可行)。

第五步,用最简洁的话语表明自己的决心和请求。

当然,以上几步也只是简单的模式,实践中演讲者还可根据实际需要稍有变化,而并非填表式。

(六)措施的条理性

演讲者在讲措施时一定要注意条理清楚,主次分明。不要像漫坡放羊那样,讲到哪儿算哪儿,让人听了如一团乱麻。为了把措施讲得有条理,可用列条的方法,如"第一点""第二点"或"其一""其二"等表示。除此,在每一"步"之间要用"过渡语"来承上启下。例如,当自我介绍之后,可以说:"我之所以敢于来竞聘,是因为我具备以下条件"来引起下文;讲完条件后,可以再搭一个"桥":"以上我说了应聘的条件,那么,假如我真当了经理,会采取什么措施呢? 下面就谈谈我的初步设想。"这样不仅条理清楚,而且使演讲上下贯通,浑然一体。

(七)语言的"准确"性

准确一般是指要恰如其分地表情达意。但竞聘演讲中的准确除此以外还有另外两层意思:一是所谈事实和所用材料、数字都要"求真求实",准确无误,比如,介绍经历时,是大专毕业生,就不能说是大学毕业;在谈业绩时,一次获奖,就不能虚说"曾多次获奖。"(最好把在什么时间什么范围什么奖项说得清楚明白);如涉及数字也要尽量具体。二是要注意分寸,因为竞聘演讲的角度基本上是以"我"为核心,如掌握不好分寸,夸大其词,就会让人产生逆反心理,从而使自己的演讲失败。

三、竞聘演讲的内容

竞聘演讲由于要考虑多种临场因素与竞争对象,它的结构就必须灵活多样,但就其基本内容而言,仍可分为以下几个部分,前文在特点上已有所提及。

(一)标题

竞聘演讲的标题有三种写法。第一种是文种标题法,即只标"竞聘演讲词";第二种是公文标题法,由竞聘人和文种构成或竞聘职务和文种构成,如《关于竞聘××公司经理的演讲》;第三种是文章标题法,可用单行标题拟制,也可采用正副标题形式,如《让收音机制造厂腾飞起来——关于竞聘收音机制造厂厂长的演讲》等。

(二)称谓

称谓即对评委或听众的称呼。一般用"各位评委""各位听众"即可。

(三)正文

1. 开头

为制造友善、和谐的气氛,开头应写得自然真切,干净利落。主要有以下几种形式。

（1）感谢式："非常感谢公司给我这次宝贵的竞聘机会""感谢领导和同事这几年对我的关心和支持""恳请评委及与会同志指教"等。

（2）概述式："今天我充满自信竞聘公司办公室主任这个岗位,凭之立足的基石是我十几年不懈的努力所掌握的知识和技能。现在我向各位考官简述我的基本情况以及对竞聘岗位的认识"。

（3）自我介绍式："我叫××,2000年毕业于山东师范大学中文系,出身于农家、成长于山师的我,既有农民的朴实,又有诗人的气质,自信能胜任办公室的各项工作。"

（4）引用名人名言式：高尔基曾经说过,书籍是人类进步的阶梯！是的,我同意这句话。

2. 主体

主体是全文的重点和核心。应围绕以下几个方面展开。

（1）介绍个人简历。可分两个层次：第一层简明介绍竞聘者的自然情况,使评委明了竞聘者的基本条件;第二层紧接第一层对自己与竞聘岗位有联系的工作经历、资历做出系统、翔实的说明,便于评审者比较与选择。

（2）摆出竞聘条件。竞聘条件包括政治素质、政策水平、管理能力、业务能力以及才、学、胆、识等各方面的条件。竞聘条件是决定竞聘者是否被聘任的重要因素之一,应该重点强调。但切忌夸夸其谈,应多用事实说话,"事实胜于雄辩"。可以结合自己前一时期的工作来写,如自己曾做过什么相关的工作,效果如何。从中展露出自己的水平、能力、知识和才华。采取引而不发的办法,通过这些事实,让评委及听众自然而然地得出肯定的结论。

（3）提出施政目标、施政构想、施政方案。这部分是竞聘者假设已被聘任后,对应聘岗位所提出的目标及实现的具体措施。选招、选聘单位除了看竞聘人基本素质条件外,还要考虑竞招、竞聘的施政目标和施政措施。演讲者应鲜明突出地提出自己的施政目标和施政措施。这些目标和措施既要适应总体形势,又要体现部门特点。基本目标要具有客观性、明确性和先进性。要定性定量相结合,能量化的尽量量化,以便评委进行比较、评估。目标还应围绕人们对竞聘岗位较为关注的焦点、难点重点提出。基本目标必须有切实可行的措施做保证。因此,保证措施十分重要。措施必须针对目标来制定,要明确具体,有可操作性,且密切联系岗位实际,从岗位工作出发。

3. 结尾

结尾一要写出自己竞聘、竞招的决心和信心,请求有关部门和代表考虑自己的愿望和请求;二要表明自己能官能民的态度。好的结尾应写得恳切、有力,意近旨远,使人闭目能为之长思。

四、竞聘演讲常见的问题

（一）竞聘演讲稿开头误区

竞聘演讲者应精心设计演讲竞聘演讲稿开头,把听众带进自己创设的演讲情境中,从而提升自己的人气,在竞聘中胜出。但令人遗憾的是,在现实中,常见一些演讲者由于竞聘演讲稿开头不当,引起听众的反感,不但没有助上竞聘者"一臂之力",反而事与愿违,拖了竞聘者的"后腿"。此类蹩脚的竞聘演讲开头方式有很多,请看一些错误举例。

1. 似水流年型

我叫××,今年40岁,中共党员。首先,我要感谢上级党委给了我竞选校长的机会,并且衷心地感谢各位代表和同志们对我的支持和信任。我1987年大学毕业,分到第一中学任教;1990年任办公室副主任;1992年任办公室主任;1996年任副校长,主管教学工作。我认为我完全有能力胜任校长这一职务,因为我具有如下优势……

分析:听完这段竞聘演讲的开头,各位感觉如何呢? 客观地说,这样的开头,也有一定的可取之处,简洁明了,朴实庄重。但难免刻板平淡,缺乏新意,不仅难以激发听众兴趣,而且会使人感觉这个人不善创新,不适合做领导。这种先入为主的印象一旦形成,将对接下来的演讲内容产生不利的影响。

2. 盲目自信型

一名年轻的公务员在竞聘某县宣传科副科长时,竞聘演讲稿开头便讲道:我在大学参加过多次演讲,受到老师和同学们的热烈欢迎,他们都认为我的演讲非常精彩,我感到无限的欣慰。我相信,我今天的演讲也一定会很精彩,能够给评委领导和同志们交一份满意的答卷。

分析:竞聘者走上讲台应该有一定的自信,但是,要把握好度,不能过分,否则就会演变成自傲。要知道,"王婆卖瓜,自卖自夸",是很招人厌的。因为演讲者十分强烈的自我肯定语气,容易导致听众的逆反心理,即使演讲的确很成功,听众的满意度也会大打折扣。而且,万一这份答卷不怎么"精彩",这个"台"就很难下了。因此,不要将话说得太"满",要留有余地,把满意与不满意留给听众评说。

3. 临场感恩型

一名企业中层干部在作竞聘副厂长的演讲时,竞聘演讲稿开头:大家对我非常熟悉,因为你们都是我的老领导、老同事。在过去5年的工作和生活中,你们给了我亲切的关怀和大力的支持。张书记一直关心我政治上的进步,还亲自做我的入党介绍人;王厂长、李主任等,曾手把手教我业务技能……各位的恩情,我一定铭记在心,永世不忘。今天借此机会,我对你们的关心和支持表示衷心的感谢,并致以崇高的敬意。(鞠躬)

分析:对曾经帮助、关心过自己的老领导、老同事表达感恩之情,是很有必要的,但是,必须看清楚场合再开口。站在竞聘演讲台上说这番话,怎么听都像是在"套近乎",老领导会感觉这个人"现用现交,不可靠",老同事会感觉这个人"不失时机地讨好领导,不怎么样"。即便是真情,也变成了假意,得不偿失,弄巧成拙。真要表达感恩得换个场合,此刻要做的,是告诉大家你具备哪些才能胜任这一职务。

4. 一味抱怨型

一名在高校工作的同志竞聘德育处副处长,其演讲竞聘演讲稿开头是这样的:我是政法系副主任、副教授。我1973年参加工作,1975年加入伟大的中国共产党,1986年从师范大学政教系毕业,1989年被学院任命为政法系副主任,至今已有15年了。与我同时任命为副主任的同志早已当上了处长,有的甚至当上了副厅长;比我晚提拔的同志也早已当上了正处长。是我能力差吗？不是！其根本原因是我不善于同领导交际，所以有些同志对我说："你啊，不善于联系领导，谁赏识你啊！"

分析：很显然，此番话语里流露出演讲者对自己多年没被提拔任用的不满和抱怨。作为一名领导干部，应当正确看待组织的工作安排，这是最起码的政治觉悟，不应乱发牢骚，更不应该把原因归咎于同领导没搞好关系。依照竞聘者这样讲，只会产生负面影响：这个人很看重名利，素质不高，过去没提拔他就对了，今后也不应该提拔。这不是搬起石头砸自己的脚吗？因此，把牢骚话收起来，抓住眼前的机会，用实力向大家证明：投我一票是没错的。

（二）竞聘演讲精彩结尾

"编筐编篓，全在收口"，对竞争性极强的竞聘演讲来说，结束语是演讲者走向成功的关键一步。竞聘演讲稿结尾好，就如乐曲结束时的"强音"，动人心魄；竞聘演讲稿结尾不好，则犹如吃花生米，吃到最后一粒是个坏的，又苦又涩，一股霉气，就会使整个演讲失去原有的香味。

那么，怎样的结尾才能给听众留下更深更好的印象呢？下面介绍 6 种常见的竞聘演讲稿精彩结尾方式。

1. 卒章言"志"表真诚

卒章言"志"表真诚是竞聘演讲常用的一种竞聘演讲稿精彩结尾方法，主要是指演讲者表明自己"上任"后的抱负和决心。

在竞聘村委会主任的演讲会上，一位刚从管理学院毕业的小伙子在演讲结束时这样说："我虽然没有当干部的经验，但我有为官一任、造福一村的热情。如果选我当村委会主任，我保证两年之内实现以上规划，让咱村改变面貌。让大家人人抱上金饭碗。说到做到，决不放空炮。如不兑现，我甘愿下台受罚！不仅我这一百多斤要交给大家，我还要把我家的楼房和几万元存折都压上。"

他"明明白白"表明了自己的信心和决心，使听众很快由怀疑、惊奇变为信任和亲近，话音刚落，台上台下便掌声一片。他的真诚深深感动了乡亲们，不少人都投了他的票。

2. 发出号召表真心

有的演讲者还在竞聘演讲稿精彩结尾时直接向听众提出希望，发出号召。但这种"号召"大大不同于一般演讲的"号召"，它是以竞聘成功为直接目的的，说白了，也就是号召听众投自己的票。例如，在某企业竞聘副经理演讲时，一位演讲者在演讲结束时直截了当地向听众说："同志们，朋友们，请大家助我一'笔'之力投我一票吧，因为选我就等于选了你自己！"（掌声热烈）

他的这一号召很管用，言语不多，却亲切感人，如同一根魔棒一样触动了听众的心灵，使大家的心和他紧紧拴在了一起，因此取得了很好的效果。

3. 以"谢"圆场表真情

竞聘演讲结束时，一般都要礼貌地说声"谢谢"。但"谢"字里面也大有文章。会说的，不仅可以表示自己礼貌待人的文明素质，还可以成为沟通人们心灵的虹桥。请看以下是三名演讲者在同一次竞聘演讲会上的结束语：

- "我的演讲完了,谢谢。"
- "最后,让我再次感谢领导给我这个难得的竞聘机会,感谢各位评委和在座的所有听众对我的支持和鼓励。"
- "今天天气这么冷大家还都来捧场,这使我非常感动。无论我竞聘是否成功,我都要向各位领导、评委和在座的朋友们表示深深的谢意!"(说完给大家深深地鞠了一躬)

虽都是言"谢",但第一个人的有"客套话"之嫌,掌声一般。第二个人的"再次感谢"比第一个人的要显得真诚,因此获得的掌声较热烈。反响最强烈、给听众印象最深的还是第三个人的竞聘演讲稿精彩结尾,他字字含真情,句句发肺腑。所以在他下场之后,人们还在为他鼓掌。

4. 巧借"东风"表决心

巧借"东风"表决心是一种借他人竞聘演讲稿精彩结尾作为自己竞聘演讲稿精彩结尾的一种方法,包括两种情况,一是顺手牵羊用别人竞聘演讲稿精彩结尾中的原话来表自己的志向;二是简单汇总他人的"意思"作为自己的"意思"。

在竞聘厂长的演讲会上,许勇在演讲结束时这样说:"刚才刘明同志说的完全代表了我的心,那就是:无论能不能获得这个职位,我都要发奋图强,为咱厂迅速创造新的辉煌贡献自己的力量!"他巧妙借他人之言表达自己的决心,看似重复却又新鲜,不仅没有拾牙慧之嫌,还能让人在重复之中看出演讲者不凡的智慧。

再如,在竞聘校长的会上小李是最后一个出场演讲的,当他看到前边每个人最后都是希望和决心作结以后,他没有再讲自己的决心,而是灵机一动说:"朋友们,至于决心在这里我也就不表了,因为前边每一位竞聘者的心声就是我的心声,他们的决心就是我的决心!"他的话音刚落,会场上就响起了热烈的掌声。会后人们说:"他的这种方法很不错,不表决心胜于表决心。"

5. 借景抒情显水平

竞聘演讲结尾时如能巧妙地借用当时的景物来抒情表志,也可助自己一臂之力。

有一次,县委在县大会议室举行副局级干部竞聘演讲会。那天天很阴,当诸葛洪钢竞聘教育局副局长的演讲就要到尾声的时候,外面电闪雷鸣,几乎淹没了他的声音。他稍停顿了一下,指着窗外说:"同志们,听着窗外响起的阵阵春雷,我的心中不由得一震,是啊,我们的屋内不也是春雷滚滚吗?干部聘任制度改革的春雷正在我们这块天空上震响,在这场竞争中也许我只是一个过客,但我要张开双臂,为春雷春雨的到来而欢呼!"

他巧借突如其来的天气变化来抒发自己的情感,比起那些"背稿"的演讲者来显然棋高一筹。他的讲话激起了如雷般的掌声。会后人们还对他的机智赞不绝口。

6. 设问收束增语气

"同志们,当听完我的构想以后,也许你会想:你的想法倒挺好,可实现得了吗?说实话,我只是一个平凡的人,不是神,我就是浑身是铁也打不了几个钉,要是光靠我自己,甭说是3年,就是30年也实现不了。可古语说得好:人心齐,泰山移,如果在座的各位都光

着膀子和我一起干,我敢肯定,不久的将来,梦想定会变成现实!"(热烈掌声)

这位竞聘者在讲完自己的实施方案后,先抓住听众的心理来了一个设问,但他并不急着回答,而是故意用否定的话荡了一个"秋千",之后再进行肯定。话语不多但含义颇深。其一,表明了自己的自知之明的态度;其二,说明在一定条件下自己的构想并非是"吹牛",从而激发了大家对自己的信任;另外,也含蓄表达了自己对全体听众的信任和自己的决心。

有时为了表"情"的需要,还可以用反问句作结。例如,一位年轻人在竞聘乡长演讲收束时说道:"大家知道,我是一名孤儿,是在党和乡亲们的关怀培养下长大的。如果不当好人民的公仆,不把乡里的事办好,能对得起培养我的党吗?能对得起各位父老乡亲吗?"他的反问加强了他要当好乡长的语气,犹如一股强劲的风,吹动了听众的心,全场掌声一片。

思考与训练

一、模拟实训

竞聘演讲稿精彩开头赏析。

【例1】

各位领导、各位同事:

大家好!

在这里我以平常人的心态,参与支行综合办公室经理岗位的竞聘。首先应感谢支行领导为我们创造了这次公平竞争的机会! 此次竞聘,本人并非只是为了当官,更多的是为了响应人事制度改革的召唤,在有可能的情况下实现自己的人生价值。

【例2】

今天,我走上演讲台的唯一目的就是竞选"班级元首"——班长。我坚信,凭着我新锐不俗的"官念",凭着我的勇气和才干,凭着我与大家同舟共济的深厚友情,这次竞选演讲给我带来的必定是下次的就职演说。

【例3】

尊敬的各位领导,各位评委:

大家好!

(演讲提示:演讲中身体要略向前倾,表现出与观众交流与亲近的姿态)

今天,我能够站在这里,参加竞聘××银行副职岗位,深感荣幸和激动。首先感谢领导给我一个展示自己的机会,感谢同事们对我的支持和帮助! 作为一名对银行事业充满热爱、无比忠诚的人,我应该站出来,接受组织的挑选。

【例4】

尊敬的领导,各位同事:

很高兴,也很荣幸,能向大家作一个工作汇报。

首先,我从内心感谢组织的培养和领导的信任,多年来组织和领导对我的工作给予了相当的肯定。其次,如果我能和大家一起共事,我感到非常荣幸,也非常愿意。俗话说,十年修得同船渡,能和大家一起共事,这修行得要几十年啊,说明我们都是有缘人,缘分不浅啊,所以,我一定珍惜和大家一起共事的工作机会。

【例5】

各位领导、同志们:大家好!

此时此刻,我能以一个竞争者的身份走上演讲台,向各位展示自己,心里既激动又紧张。激动是因为我幸运地赶上了公平竞争的大好时机,紧张是因为我害怕有负领导和同志们的厚望。但无论如何,我要对局党委这一英明而富有魄力的决策表示衷心的感谢!并借此向所有关心支持我的领导和同志们表示深深的谢意!至于说到对竞聘的认识,我想局属××单位竞聘的成功实践已经做出了回答,全局上下呈现出的百川归海、百舸争流的可喜局面就是最有力的证明。对此,我一举双手赞成,二要积极参与。我要竞聘的职位是业务科室副职。

【例6】

尊敬的各位领导、各位老师:

竞争上岗有上有下、有进有退,上固可喜、下也无悔,一如既往;进也可贺、退也不馁。我不敢奢求什么,只想让大家认识我、了解我、帮助我,从而喜欢我、支持我。今天借此机会,表达一下我的心愿,感谢各位领导多年来对我的教育和培养,感谢与我同舟共济、朝夕相处的全体同事对我的帮助和信任。

【例7】

首先,感谢公司提供了这个展示自己、让大家认识我、了解我的机会。"公开、平等、竞争、择优",这是历史的必然,也是时代发展的要求。这次竞聘对我个人是一个重要的激励和挑战,将有益于我个人素质的提高。此次竞争,无论成功与否,我都将一如既往地听从组织的安排,干好自己的本职工作。

【例8】

尊敬的各位评委、各位同事:

大家好!

今天我有幸站在讲台上,参加科级领导职务的竞聘,迎接挑战,这是机构改革给我带来的机遇。三年前,我和许多竞争者一样,曾站在这同一个地方,参加过副科职务的竞聘演讲。三年来,我实践着自己的诺言,努力工作,勤奋学习,刻苦钻研。我可以无愧地说,我没有辜负州局党组和同志们寄予我的厚望。三年来,我也有幸得到了领导和同事们的关怀和帮助,借此机会,向关心、支持和帮助我的各位领导和同事们表示衷心的感谢。

【例9】

各位领导:

当我未登上这个讲台之前我意识到,我院的改革已经驶入快东首,即使你不曾参加竞聘演讲。也会被这跃跃之心、烈烈之情所吸引,所感染、拥护、支持、参与、投身改革是我院每个教职工的共同心声和光荣使命。借此机会向多年来一直关心、支持、帮我的各位领导表示诚挚的谢意。

【例 10】

尊敬的各位评委、各位领导:

你们好!

改革是一个不算新鲜的话题,竞争也已经渗透到社会生活的方方面面,它无时不在昭示着人们这样一个真理:唯改革才有出路,唯竞争才有希望。

感谢改革,也感谢竞争,使我能有机会站在演讲席上。更感谢在场的各位给了我参与这次竞职演说的勇气和力量。

所以,我首先要在此向各位真诚地道一声:谢谢!

二、竞选练习

请一位同学为自己选择一个竞选角色(班长、团支书、学习委员、学生会主席、学习部部长、宿舍部部长……),在全班同学面前进行竞聘演讲,并请同学们评判优劣。

三、求职练习

暑期很多大学生寻找兼职打工的机会,你接到电话到旅行社面试,HR 发问:"今天来了不少人也在竞聘这个职位,你有什么优势?"

四、阅读材料

阅溪下列一则竞聘演讲稿,结合竞聘演讲稿的写作要求想想说明了什么。

团委书记竞聘演讲稿

各位领导、各位评委:

大家好! 我叫×××,中共党员,本科学历,1996 年 7 月参加工作,先后担任技术员、助理工程师、工程师等技术职务,到现在已经七年多了。在领导和同志们的关心和帮助下,通过自身不断地学习和实践,逐渐成长为锅炉车间的技术骨干之一。七年中,曾被厂部评选为"双文明先进个人""优秀科技工作者""优秀干部"和"先进工作者",并于 2002 年被局评为优秀大中专毕业生,2006 年获"建功立业标兵"殊荣。今天我所以来竞聘团委书记一职,是因为我有志于从事这项工作,并有决心把它干好。我认为,我有以下几点优势。

第一,有强烈的事业心和责任感。俗话说:"爱一行,才能干好一行。"我无比热爱富有朝气的共青团事业,这是我今天站在这里竞聘的主要原因。我觉得只有把整个心都用在了团的工作上,才能更好地服务青年和凝聚青年,进而才能团结和带领青年,为公司经营业绩目标的实现做出应有的贡献。

第二,有积极的进取之心。我从大学到走上工作岗位,一直都在做共青团工作,并且在工作中取得了一点经验。虽然没有担任过管理职务,但是我坚持学习,从身边点点滴滴工作实践中学习,从书本、网络上学习,从同事及其他同志身上学习,学习他们的光荣传统和做人,学习先进的管理经验,学习共青团工作的基本知识,学习共青团工作最新的动态，所以自己从事共青团工作，缩短了磨合期，马上就可以上手工作。

第三，年龄上的优势。共青团工作是一项常学常新的工作，怎样使团的工作更贴近实际，贴近青年，更好地为青年服务，这是一个团的领导所必须思考的问题。当代青年思维活跃，思想开放，爱好广泛，要更好地服务于他们，就必须在思想上、思维方式上与他们同频。我比较年轻，也是青年中的一分子，想的做的都和广大青年一样，所以开展工作也更能够把握青年思想的脉搏，切入要点。

以上是我的几点优势，下面简要介绍一下我的工作设想和打算。如果把团委比作"头"，司令部，那基层团支部就是"腰"，主要起贯通上下的作用，而对于广大青年团员，则属于"腿"，主要是贯彻落实团委的工作，执行司令部的意见，也只有头、腰、腿的协调正常运作，一个人才能平衡地走起来，而我们团的工作正需要这种团结协作的精神。基于以上认识，我认为公司团的工作应该做好"服务"这篇大文章，服务生产经营，服务青年团员，服务基层工作。

一、服务生产经营。善于在公司生产经营的中心工作中寻找切入点和突破口，使团的工作更加贴近生产，贴近实际。围绕推动技术进步，推广先进操作法，广泛开展科技创新活动；围绕加强企业管理，开展青年文明号活动，动员和组织广大青工积极参与质量管理小组、安全管理监督岗等群众性管理创新活动，推动人人参与企业管理；围绕成本效益目标，开展青年突击队竞赛活动，为公司的生产经营做贡献。

二、服务青年团员。着眼于充分发挥桥梁纽带作用，一方面，通过组织的优势，把党的温暖送到青年中，把青年呼声及时反映上去；另一方面，尽量满足团员青年学习、生活、文化娱乐等具体要求，真正把好事办实，实事办好，帮助青年解决成长成才过程中所遇到的困难和问题。

三、服务基层工作。首先是立足基层，经常深入基层，了解基层的实际情况，活动的设计和工作的开展都要从基层的实际出发，减少工作环节，简化工作程序，不给基层添乱，实实在在地为基层服务。探索建立适合公司发展的共青团工作新模式，借以推动公司团的工作再上新台阶，再创新业绩。

四、加强个人修养。加强对共青团知识的学习和对党的理论、政策的学习，从书本上学习，从实践中学习，博学各方面的知识，不断加强个人修养。同时，在共青团倡导人人学习的理念，引导大家学习先进的管理经验，学习科学文化知识，创建学习型团组织。我将坚决同一切消极腐败现象做斗争，做一个清廉的人、正直的人、诚实的人、高尚的人和勤奋的人。

以上是我的工作设想和打算，如果在这次竞选中我能成功，我将拿出年轻人的干劲，以饱满的热情投身于工作中，兢兢业业、踏踏实实，提高业务水平，提高自身综合素质，干好团的工作，团结带领广大团员青年为公司经营目标的实现做出共青团应有的贡献。

如果我在竞选中失败，我仍要用年轻人的勇气去面对，一如既往地勤奋工作，加强学习，全面锤炼自己。最后我想说的一句话是"给我一方土地，我也能耕耘出一份收获"。我坚信：在公司党委、公司的正确领导下，在全公司职工的共同努力下，我们公司各项经营目标一定能跃上一个更新更大的台阶。祝愿我们的事业兴旺发达！
　　谢谢大家！

×××

20××年××月××日

第四节　论辩演讲

一、论辩的内涵

论辩又叫辩论,辩就是辩解;论就是议论。论辩是参与谈话的双方对同一问题持不同的见解,用阐述作为基本方式,以彰显真理,辩明是非作为基本目的,为批驳对方而展开的针锋相对的语言交锋。论辩是质问和论争的过程,是对某个辩题做出合理判断的追求。

在论辩演讲的定义中,其内涵至少有三层意思:首先是同一辩题。辩论各方必须有一个共同的辩论对象,否则将无法辩论。其次是不同的立场或观点。辩论各方都必须"站在不同的立场"或"持不同的观点",否则即使是同一辩题,也无法进行辩论。最后是辩论形式。辩论各方都必须坚持本方观点之正确,他方观点之错误,并由此导致一场你来我往、唇枪舌剑的言语交锋。如果某方虽然认为本方观点正确,他方观点错误,但是却不去坚持本方观点,批驳对方观点,则也无法形成辩论。

有人说:没有论辩的世界是个冷清的世界,没有论辩的理论是僵化的理论,没有论辩的人物是个平庸的人物。论辩不仅在批驳谬误,探求真理,而且对于开拓知识面、交流信息、提高情操,以及对于提高人们的思维能力和语言表达能力,也具有重要意义。

论辩的原则是大事不能不辩,小事应讲风格,不必去辩。

二、论辩的类型

1. 日常争辩

日常争辩是为了某种效果目的而发表不同的意见、看法、主张。如庄子与惠子游于濠梁之上的鱼乐之辩,已被奉为成为流芳千古的经典箴言。

> 庄子曰:"儵鱼出游从容,是鱼之乐也。"
> 惠子曰:"子非鱼,安知鱼之乐?"
> 庄子曰:"子非我,安知我不知鱼之乐?"
> 惠子曰:"我非子,固不知子矣;子固非鱼也,子之不知鱼之乐,全矣!"
> 庄子曰:"请循其本。子曰'汝安知鱼乐'云者,既已知吾知之而问我,我知之濠上也。"

2. 专题论辩

比如决策辩论、法庭辩论、外交辩论、谈判辩论、竞选辩论、论文答辩等。

3. 赛场论辩

赛场论辩是有组织,按一定规则、一定程序所开展的竞赛活动。

三、论辩演讲的特征

论辩演讲是带有辩护和辩驳性质的演讲,其主要特征如下。

1. 论点突出,态度鲜明

在辩论中,爱什么、恨什么,赞成什么、反对什么,都不能有半点含糊。

2. 论据充实,以理服人

俗语说"事实胜于雄辩",所以我们在辩论中,要强调摆事实,讲道理;不能强词夺理,胡搅蛮缠。罗曼·罗兰说:"在争辩中是不分高低贵贱的,也不管称号姓氏的,重要的只是真理,在它面前人人平等。"

3. 论证机敏,逻辑严密

论辩演讲,只有正确的论点和充实的论据是不够的,还应注意论点与论据之间的内在联系,同时反应机敏,使之具有足够的逻辑力量。

4. 辩词有力,针对性强

有针对性的、强有力的辩词,它能使论辩演讲理直气壮、义正词严,而"气壮""词严"才能使"真理"和"正义"得到更好的伸张。

四、赛场论辩

赛场辩论即辩论赛,是指辩论双方分别组队,就同一个辩题,站在不同的立场,或持不同的观点,进行的一种辩论比赛。它既是对真理的探讨,又是一种高水平、高技巧、有规则的智力游戏,也是群众自我教育一种好形式,是语言、思想、知识的综合竞赛。

（一）辩论赛的特征

（1）辩论赛的主要目的不仅仅是探求真理,而且要通过辩论来训练和提高队员们的思辨能力,因此双方都永远不可能被对方所说服。

（2）辩论赛以获胜为主要目的,所以在辩词上只要能自圆其说即可,双方的言论并不一定是自己平时的观点。

（3）辩论赛的胜负决定于评判员的评判,所以双方辩论队员的关键在于说服评判员,而不是说服对方辩论队员。

（4）辩论赛是一种竞赛,所以为了体现竞赛的公平合理性,辩论必须事先制定一套严格的比赛规则。其中包括对辩题的选择,对双方人数的限制,对辩论程度、时间的规定,对赛场主席、评判员和评分标准的要求等。

（二）辩论赛的选题

辩论赛的选题直接关系到辩论赛收获的大小与成败,辩论赛的组织者对辩题要做认真的挑选和精心的设计。辩题的确定应该遵守以下几个原则。

（1）辩题要有意义。一般来说,要选择现实需要的"热门话题",既要能引起听众的兴趣,又要有教育意义。

(2)辩题要适合辩论。辩题必须是尚无定论的问题,使正反双方都有话可说,且难易相当。如正方的立场是:人性本善;反方的立场是:人性本恶。

(3)辩题要单纯明确。辩题的概念鲜明,表达准确,才能使辩论双方针对同一问题,发表不同看法。如"西方比东方进步"这一辩题中"西方""东方"的概念模糊,"进步"是指物质文明,还是精神文明也不清楚,无法辩论。

(4)辩题要适合水平。辩手的文化、年龄、职业和阅历等不同,辩题的性质、难易也应有所不同,做到有的放矢。例如,大学生的辩题用"环境问题是科学问题,不是社会问题";中学生的辩题用"中学生异性交往利大于弊";小学生的辩题用"爱玩的孩子不是好孩子"就比较合适,反之辩论难以收到好的效果。

(5)双方辩题还必须用判断句,不能用疑问句,否则对方不知从何处进行反驳。如这样几组命题。①正方:当今的就业优势是专业技能;反方:当今的就业优势是综合素质;②正方:女大学生就业难是社会问题;反方:女大学生就业难是自身问题;③正方:网络的发展拉近了人与人之间的距离;反方:网络的发展疏远了人与人之间的距离。

(三)辩手的分工

论辩赛是有组织的合作行为,不仅要求辩手素质好,表现优秀,而且要求辩手之间合理分工,相互配合,一般来说,应具备 4 位辩手,其辩词分别为起承转合,形成有机的整体,表现出良好的团队精神。分工如下。

第一辩手的主要任务是"起",即对辩题的内涵加以界定从理论上阐明本方立场。要做到提纲挈领、条理清楚、观点简明。既要让听众和评委了解本方主要观点,又不能将本方的战略全部暴露在对方辩手面前,有些问题可以由本方其他队员作进一步论证。

第二辩手的主要任务是"承",从宏观和微观方面进一步展开论证。要做到论据充实,论证有力,使听众不得不信服。

第三辩手的主要任务是"转",此时,双方已有两个回合的交锋,三辩手除了针对对方前几位辩手出现的谬误和矛盾发起攻击之外,还要尽可能做到从新的思维角度论证,巧妙地使出"撒手锏",打他个措手不及。

第四辩手的主要任务是"合",承担总结陈词的任务。要根据辩论的情况,选择有利的条件,在原有的基础上,对本方的观点作新的概括,并罗列对方观点中的谬误、矛盾和不合情理之处,通过对比,进一步证明本方观点之正确,对方观点之错误。

整体配合除了辩手们合理分工,明确职责之外,还应该注意辩手之间的相互补充、相互配合,因为一个辩手的思维能力有局限的,这就要依靠辩手们的集思广益和团队精神了。

(四)论辩技巧

在论辩过程中,被动是赛场上常见的劣势,也往往是败北的先兆。下面试介绍几种论辩演讲的语言和逻辑上的技法,若能融会贯通,便能反客为主,变被动为主动。

1. 借力打力

武侠小说中有一招数,名叫"借力打力",是说内力深厚的人,可以借对方攻击之力反击对方。这种方法也可以运用到论辩中来。正方之所以能借反方的例证还施彼身,是因为他有一系列并没有表现在口头上的、重新解释字词的理论作为坚强的后盾。

2. 移花接木

剔除对方论据中存在缺陷的部分,换上对我方有利的观点或材料,往往可以收到"四两拨千斤"的奇效。我们把这一技法喻名为"移花接木"。移花接木的技法在论辩理论中属于强攻,它要求辩手勇于接招,勇于反击,因而它也是一种难度较大、对抗性很高、说服力极强的论辩技巧。诚然,实际临场雄辩滔滔,风云变幻,更多的"移花接木",需要辩手对对方当时的观点和我方立场进行精当的归纳或演绎。

3. 顺水推舟

表面上认同对方观点,顺应对方的逻辑进行推导,并在推导中根据我方需要,设置某些符合情理的障碍,使对方观点在所增设的条件下不能成立,或得出与对方观点截然相反的结论。

4. 正本清源

所谓正本清源,本文取其比喻义而言,就是指出对方论据与论题的关联不紧或者背道而驰,从根本上矫正对方论据的立足点,把它拉入我方"势力范围",使其恰好为我方观点服务。较之正向推理的"顺水推舟"法,这种技法恰是反其思路而行之。

5. 釜底抽薪

刁钻的选择性提问是许多辩手惯用的进攻招式之一。通常,这种提问是有预谋的,它能置人于"两难"境地,无论对方作哪种选择都于己不利。对付这种提问的一个具体技法是,从对方的选择性提问中,抽出一个预设选项进行强有力的反诘,从根本上挫败对方的锐气,这种技法就是釜底抽薪。

当然,辩场上的实际情况十分复杂,要想在论辩中变被动为主动,掌握一些反客为主的技巧还仅仅是一方面的因素,另一方面,反客为主还需要仰仗于非常到位的即兴发挥,而这一点却是无章可循的。

6. 攻其要害

在辩论中常常会出现这样的情况:双方纠缠在一些细枝末节的问题、例子或表达上争论不休,结果,看上去辩得很热闹,实际上已离题万里,这是辩论的大忌。一个重要的技巧,就是要在对方一辩、二辩陈词后,迅速地判明对方立论中的要害问题,从而抓住这一问题,一攻到底,以便从理论上彻底地击败对方。如"温饱是谈道德的必要条件"这一辩题的要害是:在不温饱的状况下,是否能谈道德?在辩论中只有始终抓住这个要害问题,才能给对方以致命的打击。在辩论中,人们常常有"避实就虚"的说法,偶尔使用这种技巧是必要的。

例如,当对方提出一个我们无法回答的问题时,假如强不知以为知,勉强去回答,不但会失分,甚至可能闹笑话。在这种情况下,就要机智地避开对方的问题,另外找对方的弱点攻过去。然而,在更多的情况下,我们需要的是"避虚就实""避轻就重",即善于在基本的、关键的问题上打硬仗。如果对方一提问题,我方立即回避,势必会给评委和听众留下不好的印象,以为我方不敢正视对方的问题。此外,如果我方对对方提出的基本立论和概念打击不力,也是很失分的。善于敏锐地抓住对方要害,猛攻下去,务求必胜,乃是辩论的重要技巧。

7. 利用矛盾

由于辩论双方各由四位队员组成,四位队员在辩论过程中常常会出现矛盾,即使是同一位队员,在自由辩论中,由于出语很快,也有可能出现矛盾。一旦出现这样的情况,就应当马上抓住,竭力扩大对方的矛盾,使之自顾不暇,无力进攻我方。比如,在与剑桥队辩论时,剑桥队的三辩认为法律不是道德,二辩则认为法律是基本的道德。这两种见解显然是相互矛盾的,我方乘机扩大对方两位辩手之间的观点裂痕,迫使对方陷入窘境。又如对方一辩起先把"温饱"看作是人类生存的基本状态,后来在我方的凌厉攻势下,又大谈"饥寒"状态,这就是与先前的见解发生了矛盾,我方"以子之矛,攻子之盾",使对方于急切之中,理屈词穷,无言以对。

8. "引蛇出洞"

在辩论中,常常会出现胶着状态:当对方死死守住其立论,不管我方如何进攻,对方只用几句话来应付时,如果仍采用正面进攻的方法,必然收效甚微。在这种情况下,要尽快调整进攻手段,采取迂回的方法,从看起来并不重要的问题入手,诱使对方离开阵地,从而打击对方,在评委和听众的心目中造成轰动效应。

9. "李代桃僵"

当我们碰到一些在逻辑上或理论上都比较难辩的辩题时,不得不采用"李代桃僵"的方法,引入新的概念来化解困难。"李代桃僵"这一战术之意义就在于引入一个新概念与对方周旋,从而确保我方立论中的某些关键概念隐在后面,不直接受到对方的攻击。

10. 缓兵之计

在日常生活中,我们可以见到如下情况:当消防队接到求救电话时,常会用慢条斯理的口气来回答,这种和缓的语气,是为了稳定说话者的情绪,以便对方能正确地说明情况。俗话说:"欲速则不达。"在时机不成熟时仓促行事,往往达不到目的。论辩也是如此,"慢"在一定条件下也是必需的。"以慢制胜"法实际上是论辩中的缓兵之计,缓兵之计是延缓对方进兵的谋略。当论辩局势不宜速战速决,或时机尚不成熟时,应避免针尖对麦芒式的直接交锋,而应拖延时间等待战机的到来。一旦时机成熟,就可后发制人,战胜论敌。

论辩中的"快"与"慢"也是一种对立统一的辩证关系。兵贵神速,"快"当然好。可是,有时"慢"也有"慢"的妙处。缓动慢进花的时间虽长,绕的弯子虽大,然而在许多时候,它却往往是取得胜利的捷径。

总之,辩论是一个非常灵活的过程,在这一过程中,可以施展以上比较重要的技巧。经验告诉我们,只有使知识积累和辩论技巧珠联璧合,才可能在辩论赛中取得较好的成绩。

思考与训练

一、辩论训练

就下列命题，自由组成正反两队进行赛场辩论训练。

（1）青年成才的关键是自身能力还是外部机遇。

（2）大学生相处的原则应以合作为主，竞争为辅。

（3）大学生恋爱是利大于弊还是弊大于利。

二、阅读思考

阅读下列论辩故事，思考其论辩技巧，并加以学习体会。

1. 孔子东游，见两小儿辩斗。问其故，一儿曰："我以日始出时去人近，而日中时远也。"一儿以日初出远，而日中时近也。

一儿曰："日初出大如车盖，及日中，则如盘盂，此不为远者小而近者大乎？"

一儿曰："日初出苍苍凉凉，及其日中如探汤，此不为近者热而远者凉乎？"

孔子不能决也。两小儿笑曰："孰为汝多知乎？"

——选自《列子·汤问》

2. 据说，哥伦布发现新大陆以后，有些人不服气，居然在庆功宴上说："发现新大陆有什么了不起？任何人通过航海都能到达大西洋彼岸，这是世界上最简单不过的事……"面对这种非难，哥伦布没有直言反驳，而是从桌子上拿起一个鸡蛋说："先生们，这是一个普通的鸡蛋，谁能让它立起来呢？"这个鸡蛋在宴会参加者中间传了一圈，也没有人能把它立起来。当鸡蛋转回到哥伦布的手里时，他便敲破了鸡蛋的一端，很轻易地把鸡蛋立了起来。顿时，不服气的人们吵嚷起来。哥伦布说："你们都看到了。这难道不是世界上最容易做到的事吗？然而，你们却做不到。是的，这很容易，当人们知道了某件事情该怎么做以后，也许一切都很轻而易举了。但是，当你不知道该怎么去做的时候，任何一件事都不那么容易。"

3. 1935年，在巴黎大学的博士论文答辩现场，法国主考人向年轻的中国学者陆侃如提出一个奇怪的问题：《孔雀东南飞》这首诗里，为什么不说孔雀西北飞？陆侃如应声而答："西北有高楼！"主考官本是歪问，陆侃如却回答得妙趣横生。因为《古诗十九首》里有这样的诗句："西北有高楼，上与浮云齐"，陆先生的意思是，西北方向有高耸入云的高楼阻挡，孔雀飞不过去，只好向东南方向飞去了。

这是一次奇妙的引经据典。实质上，引用自然要注意含义的准确性及说明问题的充分性，与原文不相一致是不允许的。但是，因为许多的论辩本身带有随意性，任意地引用有时竟也能产生亦庄亦谐、雅趣化俗的新奇效果。

第四章　演讲稿的特点和结构

第一节　演讲稿的作用

一、演讲稿的概念及作用

演讲又称讲演、演说。其中,"演"可以解释为"艺术地";"讲"就是"讲述",演讲也就是艺术地讲话,把经过组织的语言表达出来。演讲稿也叫讲演词,是指在较为隆重的仪式上和某些公众场所发表讲话的文稿,也就是指演讲者在演讲之前,根据口头发表的需要写出的文稿,它是进行现场演讲的主要依据,也是进行演讲的规范和提示,是人们在工作和社会生活中经常使用的一种文体。演讲稿可以用来表达个人的主张和见解;也可以用来介绍自己的学习、工作情况和经验,可以把演讲者的观点、主张与思想感情传达给听众及读者,以便互相交流思想感情,因此演讲稿具有宣传、鼓动、教育和欣赏等功能。具体而言,演讲稿的作用表现在以下五个方面。

第一,帮助演讲者消除怯场心理,保证思路顺畅。演讲者会因为有了演讲稿而心中有底,思路畅通无阻,消除演讲时的种种顾虑和恐惧心理,从而有利于全力发挥主动性和灵活性,可以全身心地在态势技巧上下功夫,使演讲本身声情并茂并能获得成功。

第二,避免演讲者临场斟酌词句,增强语言的感染力。演讲主要靠有声语言和相关的态势语言,在没有演讲稿的情况下,演讲者在演讲现场临时把思想转变为有声语言的过程很短,一般情况下,没有足够的时间来斟酌词句,必然出现如"嗯""呀""哦""呃"等语气词,给人凌乱啰唆的感觉。为了防止口头语中的各种偏差,必须预先写好演讲文稿。这种根据提纲写的演讲文稿,实际上是把默讲变成书面语言,实质就是口头语转换成书面语。在撰写演讲稿的过程中,一些词不达意、言不及义的现象经过认真、仔细揣摩都能得以克服。在接下来的正式演讲时再将这种书面语言的讲稿转变为有声语言时,就能使语言能力大大提高,出口成章。

第三,促进演讲者研究演讲技能,探索演讲规律。演讲是一门独立的学科,演讲稿的写作有别于一般文章的写作。演讲稿的写作受现场演讲的制约,要重点考虑口头表达和临场的需要。虽是书面表达的形式,却最终用口语发表,具有规范、严谨、条理清晰的特点,有着明确的目的性。通过对演讲稿的撰写和特点研究,可以促进演讲者对各种演讲技能技巧的研究,探索演讲的规律。

第四,检验演讲题材的实践性,完善演讲内容。人们认识问题有一个过程,即由此及彼、由表及里,这是个逐步深入完善的过程。演讲者完成了材料的收集、整理和提纲的编列之后,对演讲的内容已经有了大概的轮廓,但它毕竟还只是个框架,还没有具体的内容填充,不是完整的文章。试想演讲者仅仅根据提纲去讲,就有可能因为选材、组材和提纲的疏漏而出现一些不尽如人意的地方；也有可能由于认识的原因而出现临时性更改，打乱阵脚；还可能出现对判断的程度、范围等的表述失当。临场演讲一旦经过演讲者讲出就会变成最终形式，按照提纲写出讲稿，实际上就是按照提纲进行默讲，在这个过程中，演讲者有充裕的时间对自己的讲话内容进行修改，力求完美贴切。因此，这个默讲过程的实质是对选材、组材和提纲编列是否恰当的实践性检验，也是演讲者认识进一步深化，思想进一步明朗化的过程。通过撰写演讲稿，可以进一步修改、完善、充实演讲的内容，保证演讲的质量和演讲内容的完美，从而使观点和材料得到高度的统一。

第五，避免演讲时间松紧失当，限定演讲语速。演讲通常是在一定的时间段内完成的，有时间限制。如果没有准备好演讲稿，时间往往难以掌握得当。要么前松后紧，开头大肆发挥，扩展内容，到后来就大删大减，虎头蛇尾；要么前紧后松，开头讲得太简略，到后来拖拖拉拉，画蛇添足，令人生厌。有了演讲稿就可以按照稿件的字数来计算演讲时间（一般是每分钟 120～140 字），演讲者在自己的思维中加进文字以外的语言成分，便可以计算演讲的速度，有计划、从容不迫地在限定时间内完成演讲。

二、演讲与演讲稿的关系

演讲稿不同于我们平时写的作文。有的演讲者认为演讲就是把写好的作文背诵好就可以了。这其实是错误的。要进行演讲必须要准备好的演讲稿。演讲稿不同于一般意义上的作文，有它自身的要求。从一般意义上说，写作演讲稿是为参加演讲活动所做的准备，从特殊意义上说，演讲稿的写作对演讲思维模式的形成和发展大有裨益。演讲稿在一定程度上能决定演讲的成败，如果没有出色的演讲稿，即使演讲者有再强的演讲能力也不会成功，好的演讲一定要有好的演讲稿。

演讲稿，顾名思义，就是为演讲而准备的文字材料。由于受演讲的类型和方式以及演讲者水平等因素的影响，对演讲稿的要求会有所不同。一般来说，严肃郑重的常规性演讲，如公务报告、学术研讨，由于各自的政策性和权威性、科学性和真实性等的严格要求，都必须事先备有"全稿式"讲稿，并且可以或者必须在台上照稿宣读。而英模报告、经验交流等类型的演讲，则可以准备全稿，以便做到胸有成竹，从容上阵，在有限时间里抓住问题的关键，揭示问题的实质；也可以只写出梗概或基本观点，临场充分发挥，灵活应变。至于"兴之所至，有感而发"的一些特定场合的即兴演讲，虽然由于时间的紧迫"没有准备或没有充分准备"，但也应该在情况允许的范围内迅速打出"腹稿"或列个提纲，以免上台后信口开河。

初学演讲者往往人为地割裂了演讲与演讲稿的有机联系。要么把心思全放在演讲上，只考虑着上台后如何去"演"去"讲"，对演讲稿对演讲服务的重要性认识不足，即使有充分的时间也不愿去撰写演讲稿，或者写了也当成可有可无的"道具"，显示心态上的浮躁；要么倾尽全力在"写"上下功夫，成语、典故、格言连篇累牍，忽略了从演讲稿到演讲之间语体上的有机转换，失去口头语言应有的通俗、朴素、简短、流畅等特点，失去了演讲的可听性，上台后唯稿是从，不敢越雷池一步，结果把演讲变成"作文朗读"或"作文背诵"。所以，不仅要认真撰写演讲稿，还要充分地把握演讲稿的写作要求，努力达到演讲稿为演讲服务的目的。

第二节　演讲稿的特点和分类

演讲稿像议论文一样论点鲜明、逻辑性强,但它又不是一般的议论文。它是一种带有宣传性和鼓动性的应用文体,经常使用各种修辞手法等,具有较强的感染力。演讲稿虽然是书面语言,但是我们还要充分考虑到它的口语特性,也就是说演讲稿除了具有一般的书面语言和口语表达的特点外,还有自身独特的要求。演讲稿按不同的划分标准可分为几十种文稿类型。

一、演讲稿的特点

(一) 正确性

正确性就是要揭示事物的本质规律,积极向上,有益于人们进步,有利于社会向前发展。演讲是一种宣传工具,如果演讲稿的观点失去了正确性,演讲就没有了意义,弄不好还会把听众引向歧途。例如,一位企业家在学校演讲时,极力主张"成才靠机遇,发财靠关系",在学生中造成了很不好的影响。而另一位演讲者则提出了不同见解:"机遇总是钟情于有准备的人,打铁趁热尤为良策。成功总属于不懈奋斗的人。"他的观点给了大家很大鼓励,极受听众欢迎。因此,写演讲稿时,一定要对客观事物准确把握,不可有主观随意性,要大力宣扬真善美,坚决杜绝那些颓废、消极的思想在听众中传播。

(二) 独到性

一位作家说过:独创性是美丽的花朵。演讲也是一样,听众对那些新颖,有独到见解的话,会感到茅塞顿开。在一次县残联举办的演讲赛中,一位双腿残疾的人在演讲中讲道:"李白曾说:'天生我材必有用。'我虽不能像贝多芬那样扼住命运的咽喉,但也绝不能让命运扼住我的咽喉!"他新鲜的立意,获得了听众强烈的共鸣,比赛后不少人把此话当成座右铭。使立意新颖的方法很多,可以老话新说,破旧立新,由此及彼等,都能让人感到耳目一新。

(三) 深刻性

演讲的立意既要新也要深,主题不深刻,就会使人感到平淡无味。如某县委组织的一次《"三个代表"在我心中》的演讲比赛中,一些人就事说事,只在干一行爱一行,甘为人民做奉献等上面做文章,一般化的立意,让听众感到困乏。而一位中学的老师在演讲中则把内涵向深处挖掘了一步:"三个代表"让我明白了这样一个道理,作为一名老师,应该一切为了学生,为了学生的一切,为了一切的学生。这样才能在平凡的岗位上绽放自己的光彩。

(四) 时代性

时代性是思想观点要跟上时代的节拍。一位演讲者在《时代的流行色》中讲道:"是千里马就应该嘶风长鸣,是龙种,就应该冲腾飞舞。我们要争当出头鸟,争做弄潮儿,把我们的大智大勇,自觉投入新时代的大熔炉里去,为中华的再一次腾飞发出光和热。"这一观点充分表现了当今时代的特点,因此很有煽动性。赢得了听众的好评。

（五）针对性

演讲是一种社会活动,是用于公众场合的宣传形式。它为了以思想、感情、事例和理论来晓喻听众,打动听众,"征服"群众,必须要有现实的针对性。所谓针对性,首先是作者提出的问题是听众所关心的问题,评论和论辩要有雄辩的逻辑力量,要能为听众所接受并心悦诚服,这样,才能起到应有的社会效果;其次是要懂得听众有不同的对象和不同的层次,而"公众场合"也有不同的类型,如党团集会、专业性会议、服务性俱乐部、学校、社会团体、宗教团体、各类竞赛场合,写作时要根据不同场合和不同对象,为听众设计不同的演讲内容。

（六）有声性

演讲是以"讲"为主,是要将无声的文字变为有声的语言,演讲稿是根据口头发表的需要而写出的文稿,是现场演讲的依据,是由"心声"变有声语言的中介。为此,演讲稿必须讲究"上口"和"入耳"。所谓上口,就是讲起来通达流利。所谓入耳,就是听起来非常顺畅,没有什么语言障碍,不会发生曲解。具体要做到:

把长句改成适听的短句;

把倒装句改为常规句;

把听不明白的文言词语、成语加以改换或删去;

把单音节词换成双音节词;

把生僻的词换成常用的词;

把容易误听的词换成不易误听的词。

演讲稿是讲给听众听的,要求运用口语化的表达,明白如话,说者顺畅上口,听着清楚明白易懂,短时间内能弄明白演讲者的意图。一篇好的演讲稿对演讲者来说是要可讲;对受听者来说应好听。

（七）鼓动性

演讲稿是宣传发动群众的一种有效形式,所以具有鼓动性。理、事、情的交融统一,冷静严肃的层层剖析,高度概括的哲理,生动形象的叙事,辅之以热情的鼓动、感人的情怀,造成一种感染力极强的氛围。好的演讲具有能够激发听众情绪、赢得听众好感的鼓动性,鼓动性来源于说话中所蕴含的使听众按照某一意旨去行动的力量。因此,演讲稿要依靠文稿丰富深刻的思想内容,形象生动的语言表达,典型充足的论据材料,丰富细腻的感情色彩等鼓动、说服和感化、召唤听众,使他们行动起来。

（八）临场性

演讲稿是供演讲用的,就必须考虑演讲的时空环境,要考虑听众的情况和可能出现的种种反应,内容要根据听者的反应而随之微调,以适应听众的需要。所以既要有简单的提纲,又要有详细的提纲。也就是说,在保持内容完整的前提下,要适当注意内容的伸缩性。例如,储备集合能说明问题的例子或生动幽默的趣闻逸事,以便在必要而恰当的时间插入。事实上,演讲稿开头、主体和结尾的撰写都取决于演讲的内容、环境和听众的情况,要充分考虑它的临场性。

(九) 口语性

口语性是演讲稿区别于其他书面表达文章和会议文书的重要方面。书面性文章无须多说,其他会议文书如大会工作报告、领导讲话稿等,并不太讲究口语性,虽然由某一领导在台上宣读,但听众手中一般也有一份印制好的讲稿,一边听讲一边阅读,不会有什么听不明白的地方。演讲稿就不同了,它有较多的即兴发挥,不可能事先印好讲稿发给听众。演讲的语言必须口语化。口语具有丰富多变的特点,它不仅有声有意,而且有语音的轻重、语调的高低、语气的变化、停顿的长短、速度的快慢等特点,这些因素的结合,才能起到有效传递信息的作用。

(十) 逻辑性

睿智的演讲者懂得以严密的逻辑力量去打动、征服听众。演讲稿的逻辑性,主要表现在谋篇布局上。演讲稿若思路不清、没有条理,必将影响主题的表达。可以说,演讲稿是演讲者的思想修养和知识水平等方面的综合表现。一篇完美成功的演讲稿是由许多相关因素构成的。演讲稿作为口语表达的准备,同样必然受到各种因素互相联系、互相依托的影响。例如,撰写演讲稿首先要明确目的、立定格局、否则就没有中心,头绪混乱;同时要感情真挚,间接影响着演讲质量。如果写演讲稿只注意了某一方面而忽视了其他方面,都无法使演讲完美成功。例如,我们只注意演讲声传的特点,仅仅在语言和修辞上下功夫,而忽视了题材结构等其他因素,就不能体现演讲稿的整体性功能。因此,写作演讲稿一定要力求思路清晰,条理分明。才能保证讲起来朗朗上口,听起来清楚明白。

二、演讲稿的种类

演讲稿按不同的划分标准可以分为不同的种类。从演讲的专业内容上看,有政治演讲稿、学术演讲稿、社会生活问题演讲稿、巡回报告、教学演讲稿、诉讼演讲稿等;从演讲方式限定上看,可以分为命题演讲稿、即兴演讲稿和论辩演讲稿三种;从演讲的场合看,可分为集会性演讲、广播演讲、电视演讲、课堂演讲、法庭演讲、街头演讲等;从演讲目的上看,可分为娱乐性演讲、传授性演讲、说服性演讲、鼓动性演讲、凭吊性演讲(葬礼性演讲);从演讲风格上看,可分为激昂型演讲、深沉型演讲、活泼型演讲、严肃型演讲等。最常见的是按照演讲的要求和性质,把演讲稿分为即席演讲稿、专题演讲稿和报告演讲稿三种。

(一) 即席演讲稿

即席演讲稿是到某些会议、集会或某些活动场所发表演说的文稿,也叫即兴演讲。这种演讲往往是没有事先准备的。即席演讲稿的主题和内容都是根据当时的形势、听众的情绪和政治上的需要来确定的,一般都具有鲜明的倾向性和很强的针对性,因此,这类演讲稿是最典型的,也是最能体现演讲者眼光、学识和水平的,同时也是最难写的。写这类演讲稿,首先,必须通过深入观察和科学的分析,确定出深刻独到的主题思想;其次,选用典型生动的具体事例,进行分析论证;最后,用通俗易懂、准确生动的语言很好地表达出来,使人耳目一新,为之一震。

（二）专题演讲稿

专题演讲稿是在专门召开的"专题演讲会"或"演讲比赛"上所作演讲的文稿。这种演讲一般限定题目和范围，所讲的内容必须新颖独到，才能独树一帜，给人以鲜明的印象。由于篇幅短小，就要求有精巧的结构和生动的表达，否则，难以吸引听众。

（三）报告演讲稿

报告演讲稿是在专门召开的"事迹报告会"或"学术报告会"上所作演讲的文稿。事迹报告演讲稿的标题常使用"××个人先进事迹介绍"或"××个人成长史"。其正文写法与通信正文写法相似，只是多用第一人称，多谈心理活动，多谈细节，语言实在恳切，尽量用生动的事实感染人。学术报告演讲的标题实际上就是"××学术报告"或"××学术讲座"。其正文写法与学术报告正文写法一样，由"绪论、本论、结论"三部分组成，切忌孤僻、深奥的词句。

第三节　演讲稿的结构和写法

完整演讲稿的结构一般包含标题、称谓、正文三部分。

一、标题的写法

演讲稿的标题一般有以下两种写法。

（一）主旨式

主旨式也叫文章式，如《当前反腐倡廉的几个问题》《贯彻全国职教会议精神创建一流高职院校》。这类标题使用高度概论的语言点名演讲的内容或揭示演讲的中心。常用于专题演讲与报告演讲。

（二）公文式

公文式标题常用于即席演讲。如《孙中山在东京中国留学生欢迎大会上的演讲》。这类标题往往是后人或别人在发表或选稿时加的，当时演讲时没有标题。

二、称谓的写法

在正式发表演讲内容之前，需要称呼与会者，以示礼貌和引起注意。演讲的对象不同，场合不同，称谓也就不同。如果是代表会议，一般称呼"各位代表"；如果是工作会议，可称"各位领导、各位同志"；如果是群众性集会，应称"朋友们、女士们、先生们"；如果有重要来宾，还应加上专指性称呼，以示礼貌、尊重。

称呼还可以在文中多次出现，起到一起听众注意的作用，还可以在演讲内容转入新的层次时起提示作用。

称谓写在标题下左侧顶格处，独占一行，用冒号引起下文。

三、正文的结构和写法

演讲稿的正文由开头、主体、结尾三个部分组成。其结构原则与一般文章的结构原则大致一样。在主体部分又纵横展开，形成不同的层次，体现出演讲者思路展开的步骤，反映着演讲者对客观事物的认识过程。内容上可以记叙与抒情相结合，讴歌先进人物的感人事迹，达到鼓励先进、鞭挞落后的目的；也可以夹叙夹议，叙议结合，达到统一思想、兴利除弊的效果。根据演讲内容的提纲，适当调整演讲稿的结构，使结构更好地为内容服务，从而突出演讲的主题思想。而演讲稿的结构作为整体，是演讲稿的形式范畴。但结构的构成，也有它的形式和内容。从整体看，结构使演讲材料的组织构造，是演讲者依据主旨、意图对材料进行组合、编排而成的一篇演讲稿的框架。分开看，它既有它的形式，即一篇演讲稿由哪几部分组成；也有它的内容，即每个部分讲什么。结构的中心是回答和解决这次演讲怎么讲的问题，因此要写好演讲稿首先要掌握好演讲稿正文的结构。

结构的实质是将来自各方面的分散的演讲稿构成因素(主旨、题材、材料等)组合成一个新的有机的整体，使构成因素的原有意义集中、突出出来并升华出一种新的意义和信息传播给听众。如鲁迅的《娜拉走后怎样》，其中有外国剧中的人物，有中国的实际，有它要阐述的问题、主旨和意图。当我们读它时，就觉得它是一个整体，原有分散的材料有机组合后具有了新的意义，产生了新的功能。这就是结构的作用所在。

演讲稿正文结构的一般模式就是古希腊亚里士多德所认定的"三一律"，即由意义各不相容的开头、主体、结尾三部分组成。"三一律"概括了任何演讲稿结构的形式特点。从形式上看，这三部分各自独立，各有各的意义和作用；从内容上看则是统一的，是同一主题、题材和材料在不同部位的表现，要达到的是同一个目的。这里，开头处于演讲稿的重要位置，应该力求迅速引起听众的注意，避免拖沓、冗长和客套；结尾则在于使整个演讲给听众留下一个完整、清晰的概念，力求做到揭示题旨、加深认识、促人深思、耐人寻味，文字不可过长。

一般来说，任何演讲稿的开头和结尾的结构方法及意义、作用都是一致的。但主体则不尽相同，至少有两种特殊模式，即议论式结构模式和叙述式结构模式。

议论式结构模式是以普通议论文方式安排的结构。由提出问题、分析论证和得出结论三部分组成。一般只提一个问题，提出一个结论，而议论方式则多种多样。其结构顺序一般是问题在前，分析论证在中，做出结论在后，这其实是大"三一律"中的小"三一律"。这个小模式前加开头，后加结尾，就是演讲稿正文结构的特殊模式：开头、问题、分析论证、结论、结尾。由于这种结构模式处于整个演讲稿的正文(主体)部位，因此影响和决定整个演讲稿的结构。鲁迅《娜拉走后怎样》的开头和结尾两部分很简单，各用一句话："我今天要讲的是'娜拉走后怎样'和'我这演讲也就此完结了'。"主体用的是结构特殊模式，即提出问题，分析论证，最后结论。从实质上看，这个特殊模式也就是整个演讲稿的结构安排形式。

叙述式结构模式是以听众的心理线索安排的结构。主要以趣味、情感打动听众，像小说、故事的开头。不明显分出问题、论证和结论等各部位，主旨于夹叙夹议中显露；所叙述的几件事或以时间为序，或以空间为序，从引人入胜的目的出发进行安排。每番夹叙夹议都可以构成一个段落,一篇演讲稿可能由几个段落组成,并按时空顺序排列,不分先后部位。把它放在演讲结构的一般模式中则为开头、夹叙夹议、结尾。这类演讲稿的主体,是展现演讲稿主旨的主要部分。它的材料取舍、安排与记叙性文章的方法相似。它可以通过"议"衔接,可以有较大的跳跃性,议论和抒情的成分可以多一些。运用演讲稿结构的特殊模式安排结构,首先要认识材料的本质和意义,把它置于最适合的部位上,才能从本质意义上阐释或引出议论或抒情、结论;其次要认清几种材料间的关系,使之在安排时或相同、或相反、或并列、或主从、或包容、或先后。

由于演讲是具有时间性和空间性的活动,因而演讲稿的结构还具有其自身的特点,尤其是它的开头和结尾,对其有特殊的要求。

(一) 开头要抓住听众,引人入胜

常言道:万事开头难。演讲稿的开头,也叫开场白。它在演讲稿的结构中处于显要的地位,具有重要的作用。瑞士作家温克勒说:"开场白有两项任务:一是建立说者与听者的同感;二是如字义所释,打开场面,引入正题。"好的演讲稿,一开头就应该用最简洁的语言、最经济的时间,把听众的注意力和兴奋点吸引过来,这样才能达到出奇制胜的效果。

演讲稿的开头有多种方法,通常用的方法主要有以下几种。

1. 开门见山,提示主题

这种方法是一开讲,就进入正题,直接提示演讲的中心。这种方法,显得质朴明了,重点突出,使听众易于把握演讲的要领。例如,宋庆龄《在接受加拿大维多利亚大学荣誉法学博士学位仪式上的讲话》的开头:"我为被授予加拿大维多利亚大学荣誉法学博士学位感到荣幸。"运用这种方法,必须先明晰地把握演讲的中心,把要向听众提示的论点摆出来,使听众一听就知道讲的中心是什么,注意力马上集中起来。

2. 介绍情况,说明缘由

这种方法可以迅速缩短与听众的距离,使听众急于了解下文。这种开头方法一般是先交代演讲的背景、缘由,使听众很快了解演讲的目的。从而排除疑虑,安心地听讲。例如恩格斯在 1881 年 12 月 5 日发表的《在燕妮·马克思墓前的讲话》的开头:"我们现在安葬的这位品德崇高的女性,在 1814 年生于萨尔茨维德尔。她的父亲冯·威斯特华伦男爵在特利尔城时和马克思一家很亲近;两家人的孩子在一块长大。当马克思进大学的时候,他和自己未来的妻子已经知道他们的生命将永远地连接在一起了。"这个开头对发生的事情、人物对象做出必要的介绍和说明,为进一步向听众提示论题做了铺垫。再如一位老教师的开场白:"我这么老了,还来给你们演讲,不是为了多拿几个钱,也不是为了体现我个人的社会价值,而是我有你们年轻人那样一颗火热跳动的心,有你们年轻人爱说、爱动、爱唱的性格和脾气,与其说我来演讲,还不如说我是来与你们交朋友,结成忘年之交更为恰当。"这种方法在感情交融的基础上使演讲产生良好的效果。

3. 提出问题,引起关注

这种方法是根据听众的特点和演讲的内容,提出一些激发听众思考的问题,以引起听众的注意。例如,弗雷德里克·道格拉斯 1854 年 7 月 4 日在美国纽约州罗彻斯特市举行

的国庆大会上发表的《谴责奴隶制的演说》,一开讲就能引发听众的 积极思考,把人们带到一个愤怒而深沉的情境中去:"公民们,请恕我问一问,今天为什么邀我在这儿发言?我,或者我所代表的奴隶们,同你们的国庆节有什么相干?《独立宣言》中阐明的政治自由和生来平等的原则难道也普降到我们的头上?因而要我来向国家的祭坛奉献上我们卑微的贡品,承认我们得到并为你们的独立带给我们的恩典而表达虔诚的谢意么?"

4. 设问祈使,制造悬念

这种方法的好处就是把听众的注意力吸引过来,追随演讲者的思路,由被动地听转为主动地思索,从而很好地掌握演讲的内容。如被誉为中国第一演讲家的马相伯在一次国内演讲中开头是这么说的:"请看今日之中国,是谁家的天下?"通过设问的方式,催人深思,发人深省,一下子就能吸引住听众。

5. 巧用名言,借题发挥

这种方法是引用哲人的名言、警句或俗语、谚语、歇后语以及成语典故等,开头富有哲理性,能为下面的论证做好铺垫和烘托,也容易引起听众的兴趣。例如,演讲题为《让生命在追求中闪光》的开场白是:"美国黑人教育家本杰明·梅斯有句耐人寻味的名言:'生活的悲剧不在于没有达到目标,而在于没有想要达到的目标。'这句话是极有道理的。"

6. 演示实物,巧妙切入

在一个古钱币展览会中,一位男士用两个手指夹着一枚钱币,高举过肩,自然观众都往他手上的钱币上看。然后,他才开始演讲说:"在场的诸位,有没有人在街上捡到过这样的钱币?"接着,他就讲述这枚钱币的稀少珍贵以及收藏经过。拿一些实物给听众看,这是引起人家注意的一个最容易的方法,这种实在的刺激物,有时在一些知识程度很高的听众面前,也会产生很好的效果。

7. 幽默风趣,笑中开场

运用幽默开场,不仅能较好地表现演讲者的智慧和才华,而且能使听众在轻松愉悦的气氛中不知不觉地进入角色,接受演讲的内容。1965 年 11 月,美国友人安娜·路易斯·斯特朗女士在中国庆祝她的 80 寿辰,周恩来特意在上海展览馆大厅举行了盛大的祝寿宴会。周总理当时的开场白是:"今天,我们为我们的好朋友、美国女作家安娜·路易斯·斯特朗女士祝贺'40 公岁'诞辰。(参加宴会的祝寿者为'40 公岁'这个新名字感到纳闷不解)在中国,'公'字是紧跟着它的量词的两倍。40 公斤等于 80 斤,40 公岁就等于 80 岁。"周恩来巧妙的解释在几百位祝寿者中激起一阵欢笑,斯特朗女士也高兴得笑出了眼泪。

(二) 主体要环环相扣,层层深入

演讲稿的主体是指开头和结尾之间的文字,这是演讲的主要部分。主体演讲的如何,决定着本篇演讲质量的好坏,论点是否令人信服,决定于主体的阐述。演讲稿的重点,或是要让听众了解的重要信息或是希望取得听众赞同的看法、认识或是领导者期望下属心领神会并在行动中加以贯彻执行和大力推广的意志、意图,随演讲内容的不同而各有所异。如果在演讲稿的篇首提出了重点,那么在主体部分还要进一步加以详细阐述,否则演

讲一结束,听众就把重点忘了。

最理想的效果就是你着重讲演的部分也正是听众印象最深、感触最多的部分。重点表现在一两个问句上的情况很少,绝大部分是集中在由几个段落结合而成的一个层次、一个部分,或集中在一个层次、一个部分的某几个段落上。重点集中是一个办法,也可以重点分散在全篇各部分中,层层展开,但必须做到"形散而神不散"。在行文的过程中,要处理好层次、节奏和衔接等几个问题。

1. 层次

层次是演讲稿思想内容的表现次序,它体现着演讲者思路展开的步骤,也反映了演讲者对客观事物的认识过程,演讲稿结构的层次是根据演讲的时空特点对演讲材料加以选取和组合而形成的。由于演讲是直接面对听众的活动,所以演讲稿的结构层次是听众无法凭借视觉加以把握的,而听觉对层次的把握又要受限于演讲的时间。

那么,怎样才能使演讲稿结构的层次清晰明了呢?根据听众以听觉把握层次的特点,显示演讲稿结构层次的基本方法就是在演讲中树立明显的有声语言标志,以此适时诉诸听众的听觉,从而获得层次清晰的效果。演讲者在演讲中反复设问,并根据设问来阐述自己的观点,就能在结构上环环相扣,层层深入。此外,演讲稿用过渡句,或用"首先""其次""然后"等语词来区别层次,也是使层次清晰的有效方法。

我们对演讲稿主体部分结构层次的安排,通常有并列式、递进式和对比式。

(1)并列式。这种主体安排形式的特点是从不同的角度、不同的侧面来论证中心论点,即对演讲中心议题所涉及的几个主要问题分别进行讲述。并列结构的语言标志通常有"首先""其次""再次",或"一方面""另一方面",或"其一""其二"等。例如,苹果前 CEO 史蒂夫·乔布斯在斯坦福大学的毕业典礼演讲,主体部分内容的阐述便采用了并列式的结构形式,即将主体分为三个部分来论述,如"很荣幸和大家一道参加这所世界上最好的大学的毕业典礼。我大学没毕业,说实话,这是我第一次离大学毕业典礼这么近。今天我想给大家讲三个我自己的故事,不讲别的,也不讲大道理,就讲三个故事。第一个故事讲的是关于如何把生命中的点点滴滴串联起来……我的第二个故事是关于爱和损失的……我的第三个故事是关于死亡的……"这种结构要求各个分论点之间必须是平行、并列的关系,在内容上不能存在交叉、重复、包含等关系。

(2)递进式。递进式主体结构的特点是各个层次、段落之间的关系环环相扣、步步深入、层层推进的关系,先讲什么,后讲什么,顺序是不可以任意改动的。前一部分的论述一定是后一部分论述的基础,后一部分一定是前一部分的升华或递进,通过对事理逐层深入地进行剖析,以不断显示思想的深刻性。例如,著名电视人杨澜在北京大学的演讲稿《成长:你唯一的把握》中主体部分的论述首先指出这篇文章的中心论点:"对我来说,有一个很深的体会就是:人生在世,你唯一能够有把握的也就是成长。因此,我把'成长:你唯一的把握'作为今天与大家交流的题目。"然后结合实例加以阐述:"什么是个人的成长?"紧接着就围绕对于个人的成长,什么是最重要的,即如何让自己更好地成长提出了三个具体做法:"寻找时代的坐标需要了解时代的特征,个人的成长需要找到自己的比较优势,个人的成长需要明确人与自己的关系"对主体部分逐层深入地展开论述。递进式的主体结构通常情况下都是按照"是什么""为什么"以及"怎样"的逻辑顺序来安排整篇文章的论证结构的。

(3) 对比式。这种主体讲述层次是将分论点与分论点之间、段落与段落之间形成一正一反,一前一后的对照,使听众从对比中,认识中心论点的正确性或者事物的发展变化。如温家宝总理在哈佛大学的演讲《把目光投向中国》一文,其主体部分就是将中国的昨天、今天和明天进行对比,来使听众了解我国历史文化、今天的发展现状及未来的前景展望,如:"我今天的演讲的题目是——把目光投向中国。中美两国相隔遥远,经济水平和文化背景差异很大。但愿我的这篇讲演,能增进我们之间的相互了解。要了解一个真实的、发展变化着的、充满希望的中国,就有必要了解中国的昨天、今天和明天。昨天的中国,是一个古老并创造了灿烂文明的大国……今天的中国,是一个改革开放与和平崛起的大国……明天的中国,是一个热爱和平和充满希望的中国……"

2. 节奏

节奏是指演讲内容在结构安排上表现出的张弛起伏。演讲稿结构的节奏,主要是通过演讲内容的变换来实现的。演讲内容的变换,是在一个主题思想所统领的内容中,适当地插入幽默、诗文、逸事等内容,以便听众的注意力既保持高度集中而又不因为高度集中而产生兴奋性抑制。优秀的演说家几乎没有一个不善长于使用这种方法。演讲稿结构的节奏既要鲜明,又要适度。平铺直叙,呆板沉滞,固然会使听众紧张疲劳,而内容变换过于频繁,也会造成听众注意力涣散。所以,插入的内容应该为实现演讲意图服务,而节奏的频率也应该根据听众的心理特征来确定。

3. 衔接

衔接是指把演讲中的各个内容层次联结起来,使之具有浑然一体的整体感。由于演讲的节奏需要适时地变换演讲内容,因而也就容易使演讲稿的结构显得零散。衔接是对结构松紧、疏密的一种弥补,它使各个内容层次的变换更为巧妙和自然,使演讲稿富有整体感,有助于演讲主题的深入人心。演讲稿结构衔接的方法主要是运用同两段内容、两个层次有联系的过渡段或过渡句。

(三) 结尾要简洁有力,余音绕梁

结尾是演讲内容的自然结束。古人说:"结句当如撞钟,消音有余。"言简意赅、余音绕梁的结尾能够使听众精神振奋,并促使听众不断地思考和回味;而松散疲沓、枯燥无味的结尾则只能使听众感到厌倦,并随着时过境迁而被遗忘。怎样才能给听众留下深刻的印象呢?美国作家约翰·沃尔夫说:"演讲最好在听众兴趣到高潮时果断结束,未尽时戛然而止。"这是演讲稿结尾最为有效的方法。在演讲处于高潮的时候,听众大脑皮层高度兴奋,注意力和情绪 都由此而达到最佳状态,如果在这种状态中突然收束演讲,那么保留在听众大脑中的最后印象就特别深刻。

演讲稿的结尾没有固定的格式,我们可以采用归纳总结式,即对演讲全文的见解和主张进行简明扼要的小结,强化演讲中心。松下幸之助是日本松下电器的创始人,他在一次公司演讲结束时说:"以上我讲的六条不都一样重要,其中第一、二条才是公司生存发展中最致命的,那就是松下永远以质量战胜一切竞争者,松下的凝聚力高于一切。"这样的结尾,强化了职工对重要内容的记忆;我们还可以采用反问式,以问句引发听众思考,并提出

希望和要求,对演讲者观点的认同,起到号召、鼓动的效果;或采用启发式,不把话说尽,给听众留有思考的余地;或采用引文式,引用诗文名言及幽默俏皮的话结尾,升华主题、留下思考;也可以用感谢、展望、鼓舞等语句作结,使演讲能自然结束,给人留下深刻的印象。如《理想,无数闪光点凝聚的结晶》的结尾:"理想不是五彩的梦幻,也不是缥缈的太空,愿我们大家都从自己身边的每一件平凡小事、从自己的本职岗位上做起吧,理想永远是人生无数个闪光点凝聚的结晶!"

第四节　演讲稿的写作要求和技巧

一、演讲稿的写作要求和语言运用

(一)演讲稿的写作要求

具有充分的现场感的演讲稿才是一篇出色的演讲稿。一篇成功的演讲稿要充分考虑现场的要求,并以此作为演讲稿写作的出发点。一般来说,演讲稿的写作有下面几个要求。

1. 了解对象,有的放矢

演讲稿是讲给人听的,因此,写演讲稿首先要了解听众对象:了解他们的思想状况、文化程度、职业状况如何;了解他们所关心和迫切需要解决的问题是什么等。否则,不看对象,演讲稿写得再花工夫,说得再天花乱坠,听众也会感到索然无味,无动于衷,也就达不到宣传、鼓动、教育和欣赏的目的。

2. 观点鲜明,感情真挚

演讲稿观点鲜明,显示着演讲者对一种理性认识的肯定,显示着演讲者对客观事物见解的透彻程度,能给人以可信性和可靠感。演讲稿观点不鲜明,就缺乏说服力,就失去了演讲的作用。演讲稿还要有真挚的感情,才能打动人、感染人,有鼓动性。因此,它要求在表达上注意感情色彩,把说理和抒情结合起来。既有冷静的分析,又有热情的鼓动;既有所怒,又有所喜;既有所憎,又有所爱。当然,这种深厚动人的感情不应是"挤"出来的,而要发自肺腑,就像泉水喷涌而出。

3. 材料典型,富有意义

构成演讲稿波澜的要素很多,有内容、有安排,也有听众的心理特征和认识事物的规律。如果能掌握听众的心理特征和认识事物的规律,恰当地选择材料,安排材料,也能使演讲在听众心里激起波澜。换句话说,演讲稿要写得有波澜,主要不是靠声调的高低,而是靠内容有起有伏,有张有弛,有强调,有反复,有比较,有照应。

4. 语言流畅,深刻风趣

要把演讲者在头脑里构思的一切都写出来或说出来,让人们看得见,听得到,就必须借助语言这个交流思想的工具。因此,语言运用得好还是差,对写作演讲稿影响极大。要提高演讲稿的质量,不能不在语言的运用上下一番功夫。

(二)演讲稿的语言运用

写作演讲稿在语言运用上应注意以下六个问题。

1. 要口语化

"上口""入耳"这是对演讲语言的基本要求,也就是说演讲的语言要口语化。演讲,说出来的是一连串声音,听众听到的也是一连串声音。听众能否听懂,要看演讲者能否说得好,更要看演讲稿是否写得好。如果演讲稿不"上口",那么演讲的内容再好,也不能使听众"入耳",完全听懂。如在一次公安部门的演讲会上,一个公安战士讲到他在执行公务中被歹徒打瞎了一只眼睛,歹徒弹冠相庆说这下子他成了"独眼龙",可是这位战士伤愈之后又重返第一线工作了。讲到这里,他拍了一下讲台,大声说:"我'独眼龙'又回来了!"会场里的听众立即报以热烈的掌声。演讲稿的"口语",不是日常的口头语言的复制,而是经过加工提炼的口头语言,要逻辑严密,语句通顺。由于演讲稿的语言是作者写出来的,受书面语言的束缚较大,因此,就要冲破这种束缚,使演讲稿的语言口语化。为了做到这一点,写作演讲稿时,应把长句改成短句,把倒装句必成正装句,把单音词换成双音词,把听不明白的文言词语、成语改换或删去。演讲稿写完后,要念一念,听一听,看看是不是"上口""入耳",如果不那么"上口""入耳",就需要进一步修改。

2. 要通俗易懂

演讲要让听众听懂。如果使用的语言讲出来谁也听不懂,那么这篇演讲稿就失去了听众,因而也就失去了演讲的作用、意义和价值。为此,演讲稿的语言要力求做到通俗易懂。列宁说过:"应当善于用简单明了、群众易懂的语言讲话,应当坚决抛弃晦涩难懂的术语和外来的字眼,抛弃记得烂熟的、现成的但是群众还不懂的、还不熟悉的口号、决定和结论。"(《社会民主党和选举协议》)鲁迅也说过:"为了大众力求易懂。"(《且介亭杂文·论旧形式的采用》)

3. 要生动感人

好的演讲稿,语言一定要生动。如果只是思想内容好,而语言干巴巴,那就算不上是一篇好的演讲稿。广为流传的恩格斯、列宁、斯大林的演讲,毛泽东的演讲,鲁迅的演讲,闻一多的演讲,都是既有丰富深刻的思想内容,又有生动感人的语言。语言大师老舍说得好:"我们的最好的思想,最深厚的感情,只能被最美妙的语言表达出来。若是表达不出,谁能知道那思想与感情怎样好呢?"(《人物、语言及其他》)

由此可见,要写好演讲稿,只有语言的明白、通俗还不够,还要力求语言生动感人。怎样使语言生动感人呢?一是用形象化的语言,运用比喻、比拟、夸张等手法增强语言的形象色彩,把抽象化为具体,深奥讲得浅显,枯燥变成有趣。二是运用幽默、风趣的语言,增强演讲稿的表现力。这样,既能深化主题,又能使演讲的气氛轻松和谐;既可调整演讲的节奏,又可使听众消除疲劳。三是发挥语言音乐性的特点,注意声调的和谐和节奏的变化。

4. 要准确朴素

准确是指演讲稿使用的语言能够确切地表现讲述的对象——事物和道理,揭示它们的本质及其相互关系。作者要做到这一点,首先,要对表达的对象熟悉了解,认识必须对头;其次,要做到概念明确,判断恰当,用词贴切,句子组织结构合理。朴素是指用普普通通的语言,明晰、通畅地表达演讲的思想内容,而不刻意在形式上追求辞藻的华丽。如果过分地追求文辞的华美,就会弄巧成拙,失去朴素美的感染力。

5. 控制篇幅,短小精悍

演讲稿不宜过长,要适当控制时间。主题单一的演讲稿当然要控制篇幅,反之就会像"懒婆娘的裹脚布——又臭又长"。德国著名的演讲学家海茵兹·雷德曼在《演讲内容的要素》一文中指出:"在一次演讲中不要期望得到太多。宁可只有一个给人印象深刻的思想,也不要五十个证人前听后忘的思想。宁可牢牢地敲进一根钉子,也不要松松地按上几十个一拨即出的图钉。"所以,演讲稿不在长,而在精。

6. 认真修改,精益求精

从事任何文体的写作都要重视修改,认真修改,精心修改,写作演讲稿自然不能例外。例如,林肯在接到要他作上述演讲之后,在指挥战争、统筹国事的情况下,亲自起草演讲稿,并把演讲稿念给白宫的佣人听。直到演讲的前一天晚上,他还在旅馆的小房间里再次推敲、修改这篇演讲稿。再如,1883 年 3 月 14 日,马克思与世长辞。恩格斯作了《在马克思墓前的讲话》的著名演讲。演讲草稿是这样开头的:"就在十五个月以前,我们中间大部分人曾聚集在这座坟墓周围,当时,这里将是一位高贵的崇高的妇女最后安息的地方。今天,我们又要掘开这座坟墓,把她的丈夫的遗体放在里边。"作者考虑后进行了修改,写成:"三月十四日下午两点三刻,当代最伟大的思想家停止了思想。让他一个人留在房里总共不过两分钟,等我们再进去的时候,便发现他在安乐椅上安静地睡着了——但已经是永远地睡着了。"两者比较,后者入题较快,演讲一开始就抒发了对逝者的无限敬爱和万分惋惜的心情,使现场的人们也沉浸在对马克思的缅怀与崇敬之中。正是这种认真的态度和精心的修改,才为他的每次演讲的成功提供了有力的保证。

二、演讲稿的写作技巧

演讲稿的好坏直接影响演讲的效果。细心地品味一下世界演讲大师们的成功演讲,会发现除去他们演讲时的神情风采和演讲场面的热烈气氛,他们的演讲稿也足以让人兴奋。写出好的演讲稿,让语言闪现出思想的光芒、感情的火花,演讲就成功了一半。抓住主题和材料,就能写出一篇好的演讲稿。

(一)演讲稿主题的确定

演讲稿的写作是在动笔之前必须把主题先确定下来,因为主题是演讲的灵魂,它对整个演讲稿起到的是统领的作用,它决定着演讲思想性的强弱、制约材料的取舍和组织、影响到论证方式和主题调度即文稿的形成。一般来讲,演讲稿的写作总是围绕一个特定的主题范围而写的,只是它的范围有大有小而已。主题的形成与确定是需要演讲者对其所要参加演讲的具体情况(如会议的性质和目的,参会人员的职业、年龄等)作详细的了解和充分的准备,以及演讲者自己的人生经历、经验,对客观事物的认知所决定的。演讲稿主题的确定,需要演讲者注意以下三个方面。

1. 要选择听众感兴趣的话题

对演讲者而言,演讲能否成功、能否吸引听众,一定程度上取决于演讲者所讲的话题是否是听众所感兴趣的话题。所以,有些人的演讲之所以没有取得成功,一方面可能是没有找到合适的演讲方法,但在大多数情况下,最主要的原因还是他们选错了主题。因为他们所谈论的往往是自己感兴趣的话题,而不是专门为听众准备的,不是听众感兴趣的话题。因此,对演讲者而言,要想使自己的演讲最终能够取得成功,在选题方面,一定要选择听众感兴趣的话题,要通过你的演讲不断拉近与听众的距离,让听众明白,你的演讲是专门为他们而准备的,所谈之事也是与他们息息相关的,是他们感兴趣的,这样才能够将听众的注意力牢牢地抓住,并能保证沟通的线路畅通无阻。

2. 要立足当下时事热点、社会焦点问题

演讲稿的内容除了要选择听众感兴趣的话题外,还要尽可能地做到立足当下时事热点、社会焦点问题,尤其是与听众自身关系密切的热点、焦点问题,也就是在某一时期客观存在、广大人民群众普遍关心、领导机关和职能部门高度重视的问题。演讲者在进行演讲时可以把这些话题纳入自己的演讲话题中,把自己所要演讲的主题与当下的现实问题联系起来,这是吸引听众、抓住听者的一个非常好的办法,更是阐述演讲主题的一个很好的办法。

3. 演讲稿的主题要鲜明、突出

要让听众一听便知道演讲者的思想、意向是什么。演讲者的爱憎态度要明显地表现出来。同时,演讲稿的主题还要尽可能地做到新颖。在一定程度上讲,演讲稿主题的新颖与否和其所选择主题的角度有很大的关系,正如我们常说的"横看成岭侧成峰,远近高低各不同。"写演讲稿也是这样的。有些演讲稿的主题之所以一般化、大众化,主要原因之一就是不够新颖,往往是大多数人都是这样看的,都是这样写的,而缺乏新鲜感、新颖性,都是大众化的思路、思维的体现。这样平淡无奇的演讲稿演讲出来,只会让听众昏昏欲睡,产生倦怠感。所以,演讲稿的主题一定要新颖、奇特、要尽可能地从不同角度进行分析、提炼,进而呈现出不同的思想意义。只有这样,演讲才能获得成功,吸引听众,进而赢得听众的喜爱。

(二)演讲稿材料的选择

演讲稿的材料是指演讲者就某一主题表达自己的观点、见解、主张时所选取的一些论据资料。俗语说得好:"巧妇难为无米之炊。""巧妇"和"米"之间的关系就是演讲稿的主题与材料之间关系的真实写照,即材料是演讲者观点形成的基础,演讲者的观点又是材料收集的依据。从大量材料中提炼出来的观点一旦确定,也就形成了进一步收集材料的依据。同时,演讲观点的鲜明也更需要真实、具体、生动、新颖的材料做支柱,否则就会变得空洞、乏味、无趣。由此可见,演讲稿的材料对于演讲稿的及演讲的重要意义和作用所在。演讲稿材料的收集总的说来有三个方法,即"注意观察""善于积累"和"广泛收集"。具体来说,要重视观察事物,提高观察能力,要认真仔细地观察生活、观察人、观察周围的一切事物,留住我们生活中许许多多生动有价值的信息和材料;平时还要广泛地阅读书籍、报

刊并做好笔记,尽可能地把一些优美的词语、句子、语段摘录在特定的本子上,也可以制作读书卡片。这样日期月累,自然会集腋成裘,不但会使我们的讲话出口成章,写作也会妙笔生花;重视整理材料,广泛了解情况,涉猎各种书报杂志获取信息,并通过收集来的材料进行琢磨、思考、研究,从中发掘出别人所未发现的新意来,从而使之具有新的内涵和色彩。在材料的选择上,也要注意以下四个方面。

1. 选择真实可靠的材料

演讲稿的材料一定要真实可靠,因为只有真实,才会有力量。所谓演讲稿材料的真实,是指所选材料必须是客观存在的,是能反映客观事物本身面貌的,而不是那些道听途说,甚至是无中生有地编造的事情。所以,最好选择那些自己亲眼看到的、亲耳听到的、亲身经历过的事情。因为只有选择了自己亲身经历过的、耳闻目睹的材料,才能表达出自己内心的真情实感,写出的文章才有说服力,才能使人听了有一种身临其境的感觉,进而给人以启迪,达到引人入胜,引起共鸣的效果。

2. 选择典型的材料

演讲的目的在于说服人、鼓动人。为此,我们会在演讲前围绕主题去选择很多个材料。很显然,所收集来的资料并不是都可以用上的。那么,对演讲者而言,就需要通过反复的思考和选择来确认哪些材料更适用于演讲,这就是我们所说的典型材料。所谓典型材料,是相对于一般材料而言的,是指那些最能代表、最能反映事物本质或演讲主题的材料。如为了说明大学生诚实守信的重要性,在演讲时,演讲者便可用发生在自己身上的或者自己所熟知的同学的典型事例进行论证。

3. 选择新颖的材料

写好演讲稿,选材很重要。尤其是在对众多材料进行挑选时,我们一定不能认为"捡到篮里就是菜"。这就要求我们在选取生活中的材料时,要注重材料的新而别致这一原则,也就是指材料选择的新颖性,所谓新颖的材料,就是指在我们社会中新出现的、鲜为人知的材料,即使演讲稿中选用了历史上的材料,也要尽可能地选择一般演讲者所没有用过的。只有那些新颖别致的演讲材料,才能真正满足听众的好奇心理,进而产生强大的吸引力和感染力。

4. 选择感人的材料

在演讲稿中,要尽可能地去选取那些能够打动听众的感人材料,这样才能听众的兴趣。北京师范大学著名教授于丹在 2008 年 5 月汶川地震后的演讲《替死者把好日子过下去》,通过感人的材料,不仅揭示了地震的无情、生命的脆弱,也让我们在无奈中甚至是绝望中看到了希望,感受到了当面对大灾大难的 13 亿中国人肩并肩、手挽手、心连心的时候,任何困难都是暂时的,任何灾难也都是可以战胜的。这样的信念与力量的产生无不与演讲者精当的选材有着密切的关系。

好的演讲稿除了以情感人外,还要符合时间和场合,即对不同的人说不同的话,在不同的场合用不同的讲话方式,这样才能取得良好的效果。不分对象,哪怕内容再深刻,技巧再精湛,也不能深入人心,这是一个演讲者应该具有的基本意识。因此,在写讲稿时,要根据听众的有关情况安排讲稿的内容和语言。如果面对学生,就应该深入浅出,亲切和蔼地准备讲稿;如果面对专业人士,不妨深入些;如果面对年轻人,就得贴近他们的生活,活泼时尚些;面对中老年人,切不可油嘴滑舌。注意使演讲切合具体的场合,才能因势利导,演讲才有力度。

【例文】

替死者把好日子过下去

于 丹

在今天这个特殊的时候,来谈经典,也是希望我们可以从历史、从传统中获得力量,因为在这次大地震中,我们触摸到了生命本质的脆弱、无奈和无助。但同时,我们也触摸到了人性的悲悯、信念和力量。虚构的想象,远没生活的真实给我们心灵以更大的震撼。

• 摘下我的翅膀,送给你飞翔

信念的力量到底有多大? 看看救灾报道。比如报道中出现的许多遇难的老师,他们在生命的最后一刻,都是在本能地用身体保护着学生,有的救下了两个学生,有的救下了4个、5个。

保护住孩子! 以命换命! 这就是他们最后的信念。我们不可能去现场救人,现在只能做的是以心换心。心中力量到底有多大? 看起来是我们在救灾,但其实灾区的人民也在救我们,拯救我们的心,唤醒我们的慈悲,我们是被他们震撼的。北川银行有一个龚天秀,地震后,她和丈夫被困在废墟下,她丈夫死前将儿子托付给了她,说,要把娃看紧一些,要让他走正道。龚天秀挣扎了75小时,一只脚压在了石头下,她不停地呼救,没力气了,就用石头砸自己的腿,喝自己的血,有力气了,再喊。后来上面有声音了,是单位的行长,但外面的人进不来,要她自己爬出来,她就向他们要锯子,要剪子,花了半个多小时,自己把断腿给锯掉了,一点点爬了出来! 多么令人震撼的信念! 以前虽有关公刮骨疗毒,但那是关云长,是被我们供起来的神。可龚天秀不过是一个普通人。她对记者说,因为我有孩子,我要管好孩子,这是我们夫妻俩约定的。只要有妈妈的眼睛在,我就能看到我的娃走正道。

这就是一个人的责任和信念。

……

这一次地震带来的苦难是空前的,但我们所看到的种种奇迹也是空前的,这也让我们重新思考生命的价值。

有一个不到30岁的老师叫张米亚,他的遗体被发现时是跪着的,左右手各搂着一个孩子,他的身后都是石头,他当场就被砸死了,但孩子活着。老师死了很长时间,手臂完全僵硬了,为救孩子,救援人员含着眼泪把他的胳膊锯下来。

这位令人尊敬的年轻老师,生前是一个诗人,曾写过这样一句诗:"摘下我的翅膀,送给你飞翔。"

• "80后""90后"的表现让人动容

我想,我们可以把这样一次苦难当作生命的涅槃。涅盘中重生,就是架构我们一生的胸怀,做一个善良的好人,替那些死者把幸福的日子好好地过下去。我想这就是价值。

我们一直说"80后""90后"没有责任心，独生子女是爷爷奶奶爸爸妈妈所有人的掌上明珠。在大地震前，还在为一些小事告老师，哭哭啼啼要调宿舍。大震来了，孩子们是什么表现呢？

我的学生中有一个是困难生，她平时特别计较，很在乎钱，助学金评个二等就有意见。但她震后第二天就把身上所有的钱包括硬币共470多元全捐了。又过了4天，她又来捐了1000元。我们不能收也不敢要了。她含着眼泪说，这是她连续几天熬夜做家教挣来的，这钱一定要捐。

在生命面前，以生命的名义，我们生活中其他的东西都不再重要了。我的一个来自灾区的女学生半夜给我发短信，说这个时候我多想去抱抱帐篷里的爸爸妈妈，去汶川抱抱帐篷里没了爸爸妈妈的孩子，去做他们的姐姐，去抱抱那些失去孩子的爸爸妈妈，去做他们的女儿。她说，如果需要我们，2007级的学生随时待命。

......

中国有一句话叫"多难兴邦"，苦难来时，能不能唤起另一种复兴？我想我们现在正看得见，那些被埋了170多小时、190多小时的人还有生还，他们创造了生命在生理意义上的极限，那么我们能不能创造生命在心灵意义上的极限？

我在北京录了一首歌《给你我的力量》。在唱这首歌时，我觉得自己不够坚强。但当我面对学生，面对那些比我弱小、会毫无理由地抱着我大哭的学生时，我知道这个时候我就要挺住。

当时北京的血库已满了，去献血的孩子们回来后几乎崩溃，说我们想帮助灾区，我们不像你们上班有工资，现在连血都不能献，我们能做什么呢？

我不认为，不受灾地区的人比受灾地区的人有高高在上的心理上的优势：我可以给你心灵的抚慰，我可以给你钱财，都不是。我们每个人在这次大灾中受的伤都不轻，我们每个人因为妄自尊大而付出的代价很大，我们会说唐山地震时，那时不发达，而现在是2008年，是中国受到世界祝福的时候，现在会有什么大灾啊……但是当天灾来临的时候，不管你身后有多少资产，不管你是富豪还是名流，我们的生命都赤裸裸地暴露在大自然中。这时候，我们能拿出来的只有人心中那最原始的力量。

• 通过经典，重新懂得生活

此时此刻谈传统，不是为了励志，不是为了大段地把经典背下来，而仅仅是为了找到内心的力量，能够让我们去珍惜一种老掉牙但亘古不过时的东西，去重新懂得。

孔子被后世认为是"万世师表"，他的理想会怎么样？学生问他，他回答说："老者安之，朋者信之，少者怀之。"让所有的老人都有安顿，因为有我在；让所有的朋友有所托付和信得过我；让年轻的孩子有个榜样，觉得有所怀念，很喜欢我这个人。

这是一个圣人的理想。当我们脱下名片中的头衔，你其实就是一个最简单的人，任谁也不会脱离这三种人间关系。生我养我的父母，是为老者；我生我养的孩子，还有更多的年轻孩子，是为少者；一生相伴相随的是朋友。可我们在生活中最容易辜负的就是这三种人，因我们总想着要建功立业，我们有使命，于是对身边这三种人疏远了，怠慢了。

这次大震，发生在5月12日。前一天是母亲节。让我们想想生命中还有多少个节日能够与我们的父母在一起？其实数都数得出来的呀。我想，这次大震过后，很多人不会再老是说我很忙不回来吃饭了。

"老者安之"容易做到吗？有人说，父母不是有房住有衣穿，怎么还不快乐？其实，这句话的核心在于"外安其身"是容易的，但一个老人"内安其心"太难了，怎么把自己的心安顿住呢，那是需要儿女给予的。

这场大震让我们突然体会到，有些天灾就是几分钟的事情，有些心愿要做就要做在当下，拖延一天，可能就会来不及。《论语》里面有一句特别朴素的话："父母之年，不可不知也，一则以喜，一则以惧。"孔子这话不难懂：父母的年龄，你不可能不知道，一方面我们高兴他们还在，另一方面则是害怕，是畏惧，想他们的年龄这么大了，好日子还有多少？再不孝，就没时间了！

- 以内心的力量，抵御外在的苍凉

面对这样一种风险和苦难，我们要以内心的力量，去抵御外在的苍凉。那应该怎么做，按古代人的说法，是做一名君子。如何当一名君子呢？"仁者不忧，智者不惑，勇者不惧。"这三条是君子的基本道德。这三句话，孔子说我做不到。"仁者不忧"，一个仁爱的人很少会忧伤；"智者不惑"，一个有大智慧的人就很少疑惑；"勇者不惧"，一个内心勇敢的人他就很少会恐惧。我们今天可能比任何时候都感觉得到"忧"，那种忧伤，忧愁；生活中我们也会有惑，有迷惑、诱惑；现在余震还在，我们还会恐惧、畏惧、惧怕。

我们如果不能左右外在的客观世界，就只有提升主观的内心能量。那就是加强仁、智、勇。什么是"仁"，孔子说："己欲立而立人，己欲达而达人。"你想自己立的时候，搭把手，帮别人也立；你想达时，搭把手帮别人也一块达。

你看，圣人所谓的仁爱，有我们想的那么复杂吗，无非就是"推己及人""己所不欲，勿施于人"，这就是仁爱。这一次地震，就突然考验了大家的仁爱之心——我们这一生都没有为陌生人流过那么多的眼泪。

那么在日常生活中，怎样才能做到仁爱？孔子说："有五者，行于天下。"五者就是"恭、宽、信、敏、惠"。这次看关于地震的新闻报道，一方面特别伤心，但另一方面又特别触动，比如尊重。大震中，挖出的许多孩子遗体，来不及装殓，就放在露天里。有一个布店老板娘，冒着余震的危险，拖来一匹布，为他们盖住脸。第二字是"宽"。原话是"宽则得众"。谁对人特别的宽容、宽厚，谁就会得到众人爱戴。我们读书时班里总会有一些人，性格特别乐天，班里什么活都会做，什么事都关心，但他们的成绩也许并不好，在中等或中下。同时每个班都有些静静地爱学习的尖子，什么事都不管，只管读书，成绩很好，但大家反而很疏远他。

几十年之后，你会发现，最后在社会上发展得好的人，往往是那些热心公益、性格开朗、对人非常友善的人。第三者是"信"。孔子说："信则人任焉。"有信誉，职业生涯就好，一步一步往前走。一个有信誉的人，他能够用自己的名字去保障这个任务的完成。

光有信誉、苦干就可以了吗？这就需要孔子说的第四点"敏"。敏是什么，是判断力，能够迅速地看到对未来有利的东西。在韩国有这样一个比喻，说所有的机遇都是披头散发而来的,所有的机遇也只有在披头散发的时候你才能够真正抓得住它。

孔子说的仁爱里的最后一个是"惠则足以使人"。有恩惠之心的人就足以调动和使用他人的积极心。这话很像是说给团队领导听的。有恩惠之心就是不断地肯定、鼓励下属,有任何利益愿意分享。

孔子说的仁爱,用了"恭、宽、信、敏、惠"这五个字,你能说《论语》难懂吗?经典其实都不难懂。对我们每个人来说,都会有一些过不去的事,怎么办?要完成超越,要让心灵飞扬,精神自由。

- 一碗米能有多大价值,要看在谁手里

人的一生最重要的是要建好格局,格局要大。"乘物以游心",原来我要讲的是道家的一种态度。"乘物",是借助于物,"游心"两个字才是目的。乘公交车、乘地铁,都是用来乘的,都是工具。我们今天也一样,今天听讲座,明天工作,后天喝茶聊天,这些也都是乘物。不管你是在干什么,都要完成"心游万物",游心是我们要达到的一种态度,是在一个喧闹浮躁的社会里,人能够被客观保持的一种心态。

大震之后,常提到一个词"灾后心理重建"。物理的重建我们都看得见,最难的就是心理重建。你想,几岁的孩子,看见父母就血淋淋地死在自己面前;老人,看见子女撒手而去,白发人送黑发人,心理上会有多大的创痛,他们还能回到以前的生活吗,还能高枕而卧吗?那些创痛撕心裂肺,怎么办?我们北师大的心理学是在世界顶尖的,所以灾后,我们学校派出的第一支队伍就是心理学院的院长带着他的老师和学生直奔四川。

"乘物以游心",对我们每个人来说,都会有一些过不去的事,有一些计较的事,没一个人敢说自己的心是明朗的、心上没有伤痕的。怎么办?要完成超越。如果说儒家哲学给了我们一片大地,教我们爱老人、爱孩子、爱朋友,教我们拓宽心灵,将仁爱带入社会,用"恭、宽、信、敏、惠"的态度去完成社会规则的认同,去承担责任,那么,道家给我们的是一片天空,要让心灵飞扬,精神自由。一个人除了要有土地,还要有天空。人顶天而立地,这个人格才能大立,要从天空上看看自己,在干什么,能干什么。

禅宗有一个故事说得好,说弟子问师傅,一碗米能有多大价值?师傅说,要看它在谁的手里。如果一个农夫加点水,蒸出来,就一碗饭,这就是它的基本价值;如果是一位圣人,他多加一点水,熬出一锅粥,够几个人分,就比一碗米价值大;如果是一位小商人将它泡一泡,发一发,做三四个粽子卖掉,比一锅粥的价值大;如果是一位大企业家,他加点酒精,就变成了酒去卖掉,就比粽子的价值大。所以,我没法告诉你一碗米有多大价值,要看它在谁的手里。我们应该飞扬起来,去认知心灵的价值。

简析:这是北京师范大学影视与传媒学院副院长于丹教授2008年5月在杭州市浙江人文大讲堂主会场进行的演讲所用的稿件,一篇感人至深的文章。作者立足当下时事热点,选择地震中、地震后发生的典型事例材料,紧紧抓住演讲的环境,积极营造气氛。一方面揭示了地震的无情、生命的脆弱,另一方面也让我们感受到了全国人民战胜灾难的决心。13亿中国人面对大灾大难时,肩并肩、手挽手、心连心,坚信任何困难都是暂时的,任何灾难也都是可以战胜的。

"这一次地震带来的苦难是空前的,但我们所看到的种种奇迹也是空前的,这也让我们重新思考生命的价值""这次大震让我们突然体会到,有些天灾就是几分钟的事情,有些心愿要做就要做在当下,拖延一天,可能就会来不及""做一个善良的好人,替那些死者把幸福的日子好好地过下去"。作者的这些隽语都是对这次地震的感悟。和一般人的感悟不同的是,于丹教授运用了古今盛传的经典词句,特别是运用《论语》中的观点来分析,建议人们,应该如何应对包括大地震在内的各种风险和苦难。比如我们应该以内心的力量,去抵御外在的苍凉,就像孔子所崇尚的"仁者不忧,智者不惑,勇者不惧"。

思考与训练

一、填空题

1. 演讲稿也叫讲演词,是指在较为隆重的仪式上和某些公众场所发表讲话的文稿,也就是指演讲者在演讲之前,根据口头发表的需要写出的文稿,它是进行_____的主要依据,也是进行_____的规范和提示,是人们在工作和社会生活中经常使用的一种文体。

2. 从演讲方式限定上看,演讲稿可以分为命题演讲稿、_____和_____三种。

3. 演讲稿主体部分结构层次的安排,通常有_____、递进式和对比式。

4. 演讲稿一开头就应该用最简洁的语言、最经济的时间,把听众的_____和兴奋点吸引过来。

二、简答题

1. 演讲稿的特点有哪些?

2. 如何使演讲稿的语言口语化?

3. 如何才能保证你的演讲稿开场白写得引人入胜?

4. 演讲稿的写作要求通常有哪些?

5. 演讲与演讲稿的关系是怎样的?

三、阅读训练

1. 下面几段文字是演讲的开头,分析一下各用了什么方法? 有何作用?

(1) 苏轼的"缺月挂疏桐",会不让人产生退思吗?

(2) 朱淑真的"铺床凉满梧桐月,月在梧桐缺处明",不知又有多少人体会到呢?

(3) 李煜的"寂寞梧桐深院锁清秋",那月如钩;何人能不感到秋的冷清呢?

(4) 多么凄凉的秋季! 多么让人有情感——伤感的秋季啊! 秋季,与梧桐,与绵雨,与缺月合照出一张照片,那张照片存在我们的心中方能永存。那张照片是对秋季的真实写照。那梧桐,也许寒鸦也不肯栖;那绵雨,也许大雁也羡慕;那缺月,也许文人墨客在寄托情感。(《季节》)

2. 阮籍目睹世间的浑噩不堪和好友的身首异处,借醉酒逃避现实。他的一生一直在逃避、逃避、逃避,却终因一篇《为郑冲对晋王笺》被人唾弃。嵇康则完全生活在现实之中,不肯向生活做出任何妥协,最终一曲《广陵散》成为绝响。其实人生由阮籍的醉酒向前一步便是嵇康的《广陵散》,人生由嵇康的《广陵散》向后退一步便是阮籍的醉酒,殊途同归的境遇竟是如此迥异。若是两人各向中间迈出一步,将幻想与现实稍加中和,也许就不会落

得生者隐入迷幻,死者融入苍穹,只留给后人无尽的怅惘。(《梦想在现实中起舞》)

3. 既然是讨论,就不应该只有一种声音。我们学校近几年的发展有目共睹,不管是学校的规模,还是生源的质量、毕业生的素质方面都有了长足的进步,但是我认为我们的定位还是不够准确,我想就此发表我个人的一些观点。(《找准定位彰显特色》)

4. 当我在父母的希冀中成长,优秀便成了一种习惯。他们无法容忍平庸,所以我不得不走向牢笼。他们安排着我的世界,不留一点空白给我。爸爸说,你一定是最棒的,可是他不知道,我不要做最棒的,我不想在奥数之中徜徉,也不想在字母里面徘徊。我只要,我只要一条缝隙,只构筑我的世界;我只愿,我只愿有一点空白,让我自己涂鸦。(《我只要一条缝隙》)

5. 你是否羡慕过陶渊明的人生? 是啊,他归隐田园,品乡间淡酒,观风中寒菊,活得多么潇洒自在! 然而,你是否感受到他内心的无奈? 他也有济世的抱负,却无从施展,在那个黑暗的时代容不下这一铮铮的魏晋风骨,于是他在无尽的无奈中选择出世。他的无奈,他的焦灼,他的伤痛,你懂吗?

是啊,你未曾看到,你只顾嗅五柳先生舍前寒菊的芬芳,你只顾陶醉于南山的山水,于是你羡慕他们的生命,同时埋怨自己生命的焦灼与劳累。你何时才懂得正视自己生命的欢乐,嗅一下窗棂边栀子花的芬芳?(《窗棂边的栀子花》)

6. 这几天,大家晓得,在昆明出现了历史上最卑劣最无耻的事情! 李先生究竟犯了什么罪,竟遭此毒手? 他只不过用笔写写文章,用嘴说说话,而他所写的,所说的,都无非是一个没有失掉良心的中国人的话! 大家都有一支笔,有一张嘴,有什么理由拿出来讲啊! 有事实拿出来说啊!(闻先生声音激动了)为什么要打要杀,而且又不敢光明正大地来打来杀,而偷偷摸摸地来暗杀!(鼓掌)这成什么话?(鼓掌)(闻一多:《最后一次讲演》)

四、模拟实训

任选一个演讲题目,由班委会组织在班上进行一次演讲比赛。

1. 演讲题目

(1) 我的职业发展与创业计划

(2) 天生我材必有用

(3) 感恩生活

(4) 诚信学习

(5) 宽以待人

2. 评分项目

(1) 演讲内容

(2) 口语表达技能(如普通话)

(3) 姿势表达技能

(4) 整体效果

第五章　演讲与交际

第一节　演讲在交际中的应用

一、演讲口才的作用

演讲的本质,是以讲为主、演为辅的,既是听觉的,又是视觉的,兼有时间性和空间性艺术特点的综合的现实活动。演讲者通过发表自己的意见,陈述自己的观点和主张,从而达到影响、说服、感染他人的目的。因此演讲在人们的口语中是最高级、最完善、最具有美学价值的一种口语表达形式,是一门综合性很强的艺术。

演讲作为一种实用口才,从古至今,绵延不衰,无不被人们所重视和利用。其重要原因,就是它有着强烈而广泛的社会作用,有着不可估量的社会价值和深远的历史意义。演讲口才的作用主要表现在四个方面。

第一,演讲口才有培养良好人际关系和高尚情操的作用。现代社会是人们交往日益密切的社会,是信息广为交流和传播的文明社会。人人都可以是聆听者,也可以是演讲者。演讲者不仅在台上需要有悬河之口和文雅的举止,就是在台下,其一言一行也要起到表率作用。这样的言行举止,不仅有利于创造祥和的气氛,而且也有利于人们的交往。

第二,演讲口才有促进演讲者成长的作用。演讲者不是天生的,是演讲的实践所造就的。只有那些有志者和不畏艰险的人,才能攀登高峰,勇夺桂冠。可以想象,就在这前前后后,演讲家是经过多少次演讲实践才能取得的,艰苦卓绝的多方面努力是演讲者成为演讲家的必经之路。例如,一位演讲者站在讲台上口若悬河,滔滔不绝地讲述的时候,并不是他仅有嘴上的功夫。当然,声音、语调、声调、咬文吐字、态势语言是不可缺少的,但比它们还要重要的,那就是演讲者自身必须有站在时代的前面,去勇敢地探索先进的思想和孜孜不倦地汲取广博的知识。

第三,演讲口才有不断的自我完善的作用。一个品德高尚、学识渊博、技巧超群的人,如果不善言谈,词不达意,也是无法充分发挥自己的全部聪明才智的。而除此之外,演讲需要综合知识,它既需要演讲学本身的理论和经验,又需要运用哲学、美学、逻辑学、心理学、教育学、语言学等学科的基本理论和知识。如果我们了解和掌握了演讲艺术并付诸实践,那么就能使自己增长才干,开阔眼界,陶冶情操,积累知识,加强修养,锻炼口才,培养气质,展示形象,扩大知名度,使事业走向成功。

第四,演讲有服务社会、促人行动的作用。演讲服务社会的作用,是指演讲通过听众而产生的对人类社会的影响和推动。它标志着演讲的社会价值和历史意义。演讲的作用是通过对听众的直接作用而实现的。对听众作用的大小直接影响对社会作用的大小。

二、演讲对交际的影响

我国是一个有五千年悠久历史的文明古国,一些先哲圣人、文人墨客给后代留下了许多有关处世之道、言行举止方面的典故和名言警句,其中包括社交和雄辩口才方面的精神财富。在历史上,我国的演讲家、雄辩家、口才家群星灿烂。很多口若悬河、能言善辩之士,凭着一张剑舌,活跃在政治、军事、文化等舞台上,他们有的劝阻战争,化干戈为玉帛;有的怒斥奸佞,以正气压倒歪风;有的巧设比喻,以柔克刚,争取盟友;有的反唇相讥,绵里裹针,瓦解敌阵。盘庚可算是我国历史上文字记载的第一位演讲家,他就是用巧舌之辞,说服臣民们拥护其迁都,挽救了政治危机。战国时代的苏秦、张仪凭雄辩之才,挂起相印;三国时代的诸葛亮机智善辩,舌战群儒;晏子使楚,彪炳青史;解缙巧对,传为美谈。在近代,也曾涌现了像鲁迅、周恩来、郭沫若、邓小平等一批能言善辩的巨擘。无数事实说明,善于言辞的人,在社交场合中游刃有余,事半功倍,并能极大的提升自身的个性魅力。

正所谓"鼓天下之动者存乎辞"。真正掌握演说秘诀的人,大都是世界上最有影响力的人。他们是事业上的成功者:许多人依靠强大的演说力和演说技巧,不仅建立了自己的事业,也获得了人们的认可;他们依靠着自己的演说力,在事业上一帆风顺,实现了自己的人生的价值。

他们是生活中的强者:掌握了演说力的人,能够和他人和谐地相处,使他人遵从自己的意愿,能够使他人自愿地帮助自己,能够把陌生人变成好友,把冲突化解为无形,使家庭中的关系更加和谐。

演讲是一种面对面的宣传、教育、鼓动和交流的好形式,而学习演讲和演讲实践的过程,就是一个不断提高口语表达能力、综合素质能力、敏锐的观察能力、深刻的分析能力、敏捷的思维能力、准确的判断能力、超人的想象能力、机智的应变能力和良好的记忆能力的过程,是不断自我完善的过程。

思考与训练

1. 我们中国的文字非常有意思,现代这个社会讲究"赢",那"赢"字是由什么构成的呢?由"亡""口""月""贝""凡"这五个字组成的。"亡"代表要有危机感,"口"代表要有口才,"月"代表要有持之以恒的时间,"贝"代表要有财富、健康,"凡"代表要有一颗平凡之心。而"口"在中间,起到中流砥柱的作用。从中可见,要想成为一个"赢家",口才是很重要的。嘴巴有两大功能,第一是吃饭,第二是说话。但要吃好饭,那就得先说好话。

以上这则材料,说明了什么?

2. 有史以来,伟大的思想家和政治家在历史转折时刻都留下的一些声音,对世界进程起着至关重要的作用。伟大的人物是个人,也是时代的。重温这些演说词,能起到振聋发聩的作用,让人洞悉伟大的历史变革,掌握他们生命的起伏跌宕及奋斗不已的精神,给人生一种激励。请找一些影响人类历史进程的演说词阅读。列举:

亚历山大《对马其顿士兵的演讲》

汉尼拔《要么胜利,要么死亡》

恺撒《论惩处阴谋家》

拿破仑《告意大利方面军的演讲》

罗伯斯庇尔《最后的演讲》

宋庆龄《中国的自由与反战斗争》

斯大林《面向全国军民的广播演讲》

丘吉尔《热血、辛劳、眼泪和汗水——关于希特勒入侵苏联的广播演讲》

罗斯福《一个遗臭万年的日子》

戴高乐《谁说败局已定》

宋教仁《黄花岗起义周年纪念会演讲辞》

麦克阿瑟《责任—荣誉—国家》

布什《一个归队老兵的演讲》

……

3. 下面演讲家的故事对你有什么启发?

(1) 德摩斯梯尼天生口吃,嗓音微弱,还有耸肩的坏习惯。在常人看来,他似乎没有一点当演说家的天赋,因为在当时的雅典,一名出色的演说家必须声音洪亮,发音清晰,姿势优美,富有辩才。为了成为卓越的政治演说家,德摩斯梯尼做了超过常人几倍的努力,进行了异常刻苦的学习和训练。他最初的政治演说是很不成功的,由于发音不清,论证无力,多次被轰下讲坛。为此,他刻苦读书学习。据说,他抄写了《伯罗奔尼撒战争史》8 遍;他虚心向著名的演员请教发音的方法;为了改进发音,他把小石子含在嘴里朗读,迎着大风和波涛讲话;为了去掉气短的毛病,他一边在陡峭的山路上攀登,一边不停地吟诗;他在家里装了一面大镜子,每天起早贪黑地对着镜子练习演说;为了改掉说话耸肩的坏习惯,他在头顶上悬挂一柄剑,或悬挂一把铁权;他把自己剃成阴阳头,以便能安心躲起来练习演说……

德摩斯梯尼不仅训练自己的发音,而且努力提高政治、文学修养。他研究古希腊的诗歌、神话,背诵优秀的悲剧和喜剧,探讨著名历史学家的文体和风格。柏拉图是当时公认的独具风格的演讲大师,他的每次演讲,德摩斯梯都前去聆听,并用心琢磨大师的演讲技巧……经过十多年的磨炼,德摩斯梯尼终于成为一位出色的演说家,他的著名的政治演说为他建立了不朽的声誉,他的演说词结集出版,成为古代雄辩术的典范,打动了千千万万读者的心。

(2) 晏婴。即晏子,春秋时齐国著名辩士。生来身材矮小。约合今一米四左右。前550 年开始,连任三朝正卿(丞相),执政 50 余年。当政期间,以智慧超人、辩才卓越名满天下。他曾奉命出使楚国,楚人为羞辱他,让他从大门旁边的小门进城,他说:"使狗国者,从狗门入。今臣使楚,不当从此门入。"楚人只好开门请他。见到楚王后,楚王说:"齐国缺少人才吗? 怎么派你来当使者?"晏婴回答:"临淄人张袂成荫,挥汗成雨,人才多得是,但齐王规定,其贤者出使贤明的君主,不肖者出使不肖的君主。我最不肖,所以出使楚国。"楚王自取其辱,无言以对。接着,楚王款待晏婴,至酒酣耳热时,两个士兵绑着一个人从席前走过,楚王问:"他犯了什么罪?"答:"偷盗。"又问:"哪里人?"答:"齐人。"楚王故意问晏婴:"是不是齐人本性善偷呢?"晏婴从容回答:"橘生淮南则为橘,生于淮北则为枳。虽然叶相似,其果实味道却不同,枳的味道和桔差远了。这是因为水土不同之故。齐人在齐不盗,入楚则盗,说明楚国的水土使百姓偷盗。"楚王连忙大笑说:"对圣人是不能轻侮的,寡人这是自作自受。"晏子利用他的智慧和辩才为齐国赢得了荣誉。在国内,他直言敢谏,为政清廉,多施德政,深为后人仰慕,司马迁表示愿为之"执鞭"。后人集其言行,编成《晏子春秋》一书。

（3）中央电视台主持人白岩松曾应邀到广州大学,与该校新闻传播系的同学座谈,他遇到了大学生"挑战性"的提问。

学生:我看你有危机感,但看起来冷冷的,这是为什么?

白岩松:我喜欢把每一天当成地球末日来过。(鼓掌)

学生:你什么时候才会笑?

白岩松:会不会笑不重要,懂幽默才是重要的。

学生:有评论说,你个性木讷。

白岩松:所有评论是说我"严肃",与"木讷"是两个不同的词。

学生:有一天你的缺点多于优点,怎么办?

白岩松:没有优点也没有缺点的主持人,连被评论的机会都没有。我有缺点我觉得幸福,它可能是优点的一部分。(鼓掌)

学生:你同意性格决定命运吗?

白岩松:我采访过400多位成功人士,我同意"性格决定命运"这句话。但性格不是与生俱来的,自信是最重要的品质。

学生:我是学历史的,能当新闻节目主持人吗?

白岩松:今天的新闻就是明天的历史。(鼓掌、笑声)

第二节　交际口才

演讲锻炼胆识和口才,是培养交际能力的重要一环,是最为神奇的公关密码。成功学权威陈安之说:"一个人的成功等于30%的知识加上70%的人际关系,而交际口才正是建立优质人际关系的桥梁和纽带。"

一、交际口才的定义

所谓交际口才,是指人与人之间在社交活动中所表现的语言艺术或才能,即善于用准确、贴切、生动的口语表达自己的思想、意愿的一种能力。从某种意义上说,它是一种"微演讲"。

随着社会的不断开放与发展,人与人之间的沟通交往越来越频繁、密切。口才在交际中的运用也越显重要。凡具有好口才的人,他们讲话时闪烁出真知灼见,精明睿智、风趣幽默的语言给人际的交往增添了无限风采,受人欢迎和拥戴,他们必然成为交际场合的佼佼者。而一个人在社会生活中,与他人建立亲密、和谐、相互协作的人际关系,对于相互满足物质与精神的需要,保持健康的心理状态,获得事业和生活的成功是至关重要的。因此,交际口才在当今已成为衡量一个人生活及事业成功的极其重要的因素。

21世纪的今天,信息交流更为广泛,而口头语言是信息传递最常用、最方便的传递方式。因此,没有口才的人是难以适应现代社交需要的。目前,我国对口才的重视也表现得越来越明显,比如政府机关的公务员录用、公司企业的员工招聘,都将口试作为重要的考核标准之一,甚至很多人认为良好的口才表达能力是创造型和开拓型人才必备的能力之一。

所谓"良言一句三冬暖,恶语伤人六月寒","一句话可把人说笑,一句话也可以把人说跳"。人们在日常工作与生活中,要进行各种各样的社会交际活动,更是一刻也离不开口头语言。可以说,只有善于言辞的人,才能使人乐于倾听与接受,并能在现实中使许多大大小小的问题得以顺利地解决。

二、交际口才的要求

社交口才基本要求主要表现在适时、适量、适度三个方面。

1. 适时

适时即掌握说话时机。社会交往时,讲话要注意场合、注意时间。现实中有的人在社交上该说时不说,见面时不及时问候、分手时不及时告别、失礼时不及时道歉……反之,有的人不该说时,唠唠叨叨,言语不止。在别人悲伤忧郁时嬉皮笑脸;在主人心绪不宁时仍滔滔不绝发表宏论。在正确的时间做正确的事情是社交口才的第一要求。

1972年9月25日,周总理在人民大会堂为日本内阁总理大臣田中角荣访华举行宴会,答谢辞中,田中角荣把日军侵华罪行轻描淡写地说成是"添麻烦",这显然是不能含糊的重大问题,周总理立即起身,面对中外来宾,于大庭广众之中当机反驳,历数事实,通透道理。尽管如此,措辞仍十分平稳,无半句侮辱谩骂之词,于温文尔雅之中见其坚定之态,在彬彬有礼之间显其严峻之状。一旦田中对此表示"那是事实,没有反驳的余地"并再次"赔罪",周总理马上掉转话锋,做到适可而止。

2. 适量

适量既指说话的多少适当,也包括说话的音量适宜。应该指出的是,适量即不要喋喋不休、啰唆没完。如果这样,势必给人以厌烦之感。但也并不是都是少说为佳,更不是指那种语气没有变化的"老和尚念经",适量的标准就是以说话达到目的为宜。因此说话适量也是社交口才的基本要求之一。

适量的社交口才还包括声音大小适量。大庭广众之中说话音量宜大一点,私人拜访交谈音量宜适中,如果是密友、情人间交谈,小声则可以表现亲密无间、情意绵绵的特殊关系,给人一种亲切感。这些都是在社交场合与人交谈应该掌握好的。

3. 适度

适度即把握分寸感,过犹不及。在人际交往中,说话要考虑自己的身份和措辞,要公允客观,温和包容。1988年美国总统竞选,民主党在选民中造成了布什是毫无独立主张的印象,他们甚至称"布什是里根的影子"。在交谈时,民主党人总爱用挖苦的口气问:"布什在哪里?"这个问题该如何回答才恰到好处呢? 布什的竞选顾问、老资格政治公关专家艾尔斯为布什设计了一个回答:"布什在家里,同夫人芭芭拉在一起,这有错吗?"这一回答,体现了强烈的针对性和恰如其分的分寸感的结合,有很高的艺术性。试想,如果你在社交场上遭到别人挖苦时,就马上沉不住气,火药味十足地加以反击,那将产生什么效果呢?也许你自认为是胜利者,可在别人眼里,你无疑是一个没有气度、心胸狭窄不善言辞的人。而艾尔斯为布什设计的回答,却为布什的政治家风度增添了不少光彩。

三、交际口才的技巧

在本部分将对几种常见的社会交际情境做具体介绍。

(一)打招呼

1. 打招呼的方式

(1)称呼式。

尊称:您,您好,请您;贵,贵姓,贵公司;大,大名,大作;老,您老,李老。

谦称:鄙人,在下,愚,家父,愚弟,小女。

正式场合:张教授,李厂长,王老师,同志,先生,小姐,大使先生,服务员同志。

非正式场合:老王,小李,张伯伯,叔叔,阿姨,国强,国强同志。

(2)寒暄式。

问候:您好! 去哪儿?

攀认型:说起来咱们还是校友呢!

敬慕型:见到您不胜荣幸! 您就是陈老板,真是百闻不如一见啊!

体语式:微笑,点头,招手,按车铃,鸣笛等。

2. 打招呼的技巧

(1)对不同身份的人要采取不同的打招呼方式。你好,你早,老师好,叔叔好,你们好,大家好。

(2)要根据不同的时间采用不同的打招呼方式。您早,您好,晚上好,今年春天来得早啊,今天真热,买空调了吗,天凉了多穿点,今天够冷的。

(3)应根据不同场合采用不同的打招呼方式。路遇时要简单,如果坐着遇熟人,打招呼同时要站起来,在工作单位可说忙着啊,在会场或学习场合一般只用手势或眼神示意即可,在医院碰面不宜说你好,而说来了? 厕所见面点头即可。走进房间见两人谈得亲密,可说声"忙着呢"后赶快离开,切不可问"谈什么呢",扫了人家的谈兴。到朋友家串门发现气氛不对又无法劝阻,该说我改日再来,然后马上离开。若见到不想见或不宜见的人时可说声"你们谈吧",然后离开。

(二)介绍

1. 自我介绍

(1)要说好一个"我"字:以平和的口气说出,目光亲切,神态自然,才能感受到一个自信自立又自谦的美好形象。

(2)独辟蹊径:从独特的角度,选择使对方感到有意义又觉得顺乎自然的内容,采用活泼的语言把自己推销给别人。

（3）巧报家门：即自己的姓名。

2. 第三者介绍

（1）选择什么内容介绍他人。

选择双方都感兴趣的。她叫×××,是位教学经验非常丰富的教师。×××,是位教师,她丈夫是××贸易公司的总经理。也千万不要忘了介绍别人的特长。也可以给介绍的人做一个中肯简单的评价。×××同志乐于助人的美德人尽皆知,他会给予你热情帮助的。你俩都是搞工厂的。据我所知,王先生在这方面是个行家,外号工厂通。你们一定会谈得很有收获的。

（2）采用什么样的语言形式介绍他人。

首先要了解对方是否有想要结识的愿望。直接陈述的方式,这是我的朋友老李,搞建筑设计的。这是××同志,很会讲笑话,同他交谈你会感到很快乐的。也可询问式,刘××同志,我可以介绍×××同你认识吗？×××同志,你想了解××产品的销售情况吗？这是××公司业务员小赵,他会给你满意的答案的。

（3）做介绍时应遵循的一般次序。

一般要先介绍客人再介绍主人,先年长的身份高的,再年轻的身份低的,先女的再男的。年龄差别不大的同性之间,向已婚的引见未婚的。在人员较多的场合,作为被介绍的双方,也可主动地作自我介绍,以缓解介绍人的忙乱。如有后来者,可先介绍后来的,然后逐一介绍在场的人,也可有选择地介绍,不必带着客人在室内团团转,你不妨说："我希望大家同刚从纽约来的琼斯先生见见面。"如果是将你介绍给别人,你应站在另一被介绍人的对面。介绍完后逐一握一下对方的手,说您好,认识您很高兴,久仰久仰,也可递上自己的名片,说声请多多关照,请多指教。

（三）拜访

1. 选择适当的拜访时机
选择时间,工作性的在上班时间。家中拜访应提前预约。还要考虑对方的心情。

2. 三不原则
寒暄不可少;交谈不可长;体势语不可多。

3. 特殊的拜访——看望
看望长辈。要多陪老人聊天,理解和宽慰老人的唠叨。拜访老人顺者为敬。

看望病人。不要说病人忌讳的话。这要先了解病情,应说你的气色比前几天好多了。病来如山倒,病去如抽丝。别急,慢慢调养会好得快些。还要少谈病情多谈闲事,多谈病人高兴的事。

（四）接待

1. 热情迎客
"欢迎,请进。稀客稀客,哪阵风把您吹来了？您真准时。"进屋后要客人先落座,然后主人再坐下。若是陌生人,可说："您是……"表询问,然后表示欢迎,落座后不要急于询问其来访目的,应等客人主动开口。

2. 知人善谈

交谈方式要因人而异。对前来求助的要语气平和,给其信任感,即使无力相助也要给其一线希望,可说这事放在我心上,只要有可能我一定会尽力帮忙的。对提供信息的客人,说您费心了,谢谢! 非常感谢,你不说我还蒙在鼓里呢。对来研究问题商量工作的客人,要用商量征询的语气交谈。

主宾聊天时善于寻找话题,找共同点,或就地取材。还要善于调节话题,提问的方式或暗语,或干脆单刀直入地进行话题调节。善于寓庄于谐,在了解知识话题的同时还要注意相应的语气运用。家常话要通俗,多打比方。专业性话题,则应掌握其内容,专业术语及表达特点。总之,要因势利导地使交谈按自己的想法进行。

3. 友好礼貌

保持友好的交谈气氛,避免不礼貌的交谈言谈举止。陪客时不要做家务、骂孩子、互相争执、剔牙、掏耳朵、挖鼻孔、修指甲等。有事要外出时,可说"真不巧我有点急事,您坐,我去去就来"。若客人健谈,应巧妙暗示,如"天晚了路好不好走?"或让家里人安排小孩就寝。另需把握好交谈双方的距离。异性交谈要远一些。熟识的要比陌生人近些。

4. 礼貌送客

客人要离去,先诚恳挽留;如执意要走,则不必强留。送门外时,要说您走好。欢迎再来。经常来玩。送客不要急于回转,客人请主人留步后,主人要目送客人走远,招手再见再回转。回屋时关门的声音要轻,否则客人听到会产生误会。

(五) 求助

语气要谦和。劳驾,向您打听一下路。打扰了,请问去新华书店怎么走? 要能够体谅别人。如果求人不成,要大度地说"那就不难为您了,我再找别人试试看","没事,我另想办法"。求助于人无论成功与否都应不忘致谢。

(六) 赞美

要实事求是,措辞得当,态度诚恳,讲究技巧。除了人所共知有口皆碑的优点,不大显著或不大巩固的优点,尚处在萌芽状态的优点也应注意到。下级对上级要间接赞美。赞美词语有的放矢,对男性赞美其事业成就,对女性赞美其服饰美貌气质。但最好别当着一个女性的面赞美另一个女性。

赞美自己要实事求是或借他人之口来赞美自己,同时也要承认自己的某些不足。

(七) 批评

批评前要注意批评的动机、目标和效果。要注意自己的态度,做到心平气和、诚恳认真、冷静耐心,当心中愤怒想责怪对方时,最好先克制情绪,整理心绪,甚至可听听音乐散散步,看一会儿电视,冷静后再实施批评。

具体批评过程中,要因人而异,对症下药。对年轻人语重心长,对中年人旁敲侧击点到为止,对长辈上级巧妙提醒,含蓄委婉,对不讲理者,要理直气壮,以正压邪,在严厉批评后再辅之以耐心说服。

批评话语也有一些禁忌：如羞辱被批评者,以偏概全,居高临下,讽刺挖苦,感情干扰意气用事,用语武断片面主观,惩罚威胁以罚代教,不顾场合伤人面子,事后英雄放马后炮等。

下面是两个批评不当的实例,请对比修正后的内容,认真体会。

(1) 王小姐,我的办公室从来没有像你这样糟糕的打字员,你打的东西我越看越头疼,现在把这封信重打一遍,错误的地方都改过来。

修正后：王小姐,你字打得很棒,错误很少,活干得干净利落。你的拼写也极其准确,只是在这封信中,我发现几处有点小毛病。错误虽不算大,但却改变了我要说的话的准确意思。

(2) 你的工作成绩怎么这样低?你哑巴了吗?你是太懒呢,还是太笨?你说话呀,到底是怎么回事?你究竟出了什么毛病?我看你还是快点给我赶上去!

修正后：你的工作成绩原先一直是很棒的,一直是公司里的骨干。最近业绩虽然不错,但比以前要差一些,是什么原因你应该知道,我想以后你会超过以前的业绩的。

(八) 说服

说服应做到动之以情,晓之以理,情理交织。通过道理来说服对方,口气要委婉,切忌盛气凌人,以势压人。最好以征询意见口气引导其与你一起来推理,使其自愿接受。而道理有深有浅,有大有小,一般都不喜欢别人讲大道理。这时就要将道理化整为零、化大为小,从抽象到具体,慢慢说服对方。

具体说服中应权衡利弊得失,讲清利害关系趋利避害。善用比喻,巧借名言,含蓄委婉。说话前敏锐观察,冷静思考,摸准对方的心理要害寻找合适角度,打开缺口,攻克心理防线。同时消除对方戒意,改变对方成见,化解对方不满,缩短彼此的心理距离。

(九) 拒绝

拒绝应对事不对人,即所求是否合理,是否能办到为准,而不以对方地位尊卑双方利害关系的大小为准。拒绝要讲究方法,先向对方诚恳地表示尊重理解同情,再应用拒绝的方法技巧。不能接受的要求,不必回答的问题,不迁就,不犹豫,一定拒绝。口气可以委婉,态度绝不含糊,切忌模棱两可,使对方误解。

拒绝的原则：①当遇到敏锐的问题或难以承诺的要求,首先就要不焦不躁,沉着冷静,机智应变对。②对无礼的要求或挑衅性的提问,既可主动出击,也可防卫为主的守势。③对合情合理但目前还办不到的要求,可以有礼有节回绝。④如对方心胸开阔,最好及早开诚布公的说明拒绝原因。⑤如对方毫无思想准备承受心理压力能力低,最好以商量商量研究之后再奉告为借口,以拖延战术再加上旁敲侧击,逐步暗示对方以被拒绝。⑥如对方是你的上级长辈,应主动登门说明原因,委婉拒绝以免失敬。⑦如对方是你的下级晚辈即使所提问题不便回答,也要耐心解释。

（十）安慰

要同情,但不要怜悯。安慰的话要真诚得体,多多注意别人的情感,而不要以自己为中心。要鼓励对方,伸手相助,不要带给对方消极的心态。真心诚意,让对方明白你在关心他,尊重他,随时准备帮他。

思考与训练

一、案例分析

案例一　有个人为了庆贺自己的生日,特别邀请了四个朋友来家中吃饭。三个人准时到达了,只剩一个不知何故迟迟没有来。

主人有些着急,不禁脱口而出:"急死人了,该来的怎么不来呢?"

在座的有一客人听了之后很不高兴,对主人说:"你该来的怎么还不来,意思就是我们是不该来的,那我告辞了,再见!"说完就气冲冲地走了。

一人没来,另一人又气走了,主人急得又冒出一句:"真是的不该走的却走了。"

剩下的两个人中一人听了生气地说:"照你这么讲,该走的是我们啦!"好,我走,说完掉头就走了。

又把一个客人气走了,主人急得如热锅内的蚂蚁,不知所措。

最后留下的这一个朋友交情较深,就劝主人说:"朋友都被你气走了,你说话应该留意一下。"

这人很无奈地说:"他们全都误会我了,我根本不是说他们。"

最后这朋友听了,再也按捺不住,脸色大变道:"什么,你不是说他们,那就是说我啦?莫明其妙,有什么了不起。"说完铁青着脸走了。

分析　一个会说话的人,总可以流利地表达出自己的意图,也能够把道理说得很清楚,动听,使别人很乐意地来接受。有时候还可以立刻从问答中测定对方言语的意图,并从对方的谈话中得到暗示,增加自己对于对方的了解,跟对方建立良好的友谊。不会说话的人,不能完全地表达出自己的意图,往往会使对方费神去听,而又不能使他信服地接受。

案例二　1916 年,美国化学家路易斯在一篇论文中首次提出了"共价键"的电子理论。这个理论对于有机化学的发展具有重大意义。可是这理论发表后,在美国化学界并未引起应有的反响。其中一个重要的原因便是路易斯不善言谈,没有公开发表演说,来宣传自己的见解。

3 年后,美国另一个著名化学家朗缪尔发现了路易斯的见解的可贵。于是,朗缪尔一方面在有影响的美国化学会会志等刊物上发表文章,大力宣传"共价键"。由于朗缪尔能言善辩,对"共价键"做了大量宣传解释工作,才使这一理论被美国化学界承认和接受,一时间,美国化学界纷纷议论朗缪尔的"共价键",而把这理论的首创者路易斯的名字几乎忘却了,有人甚至把它称作朗缪尔理论。

分析:从这个故事中,我们可以充分认识到语言技巧的重要性。如同朗缪尔理论的发明人是路易斯一样,我们熟悉的阿拉伯数字的发明人是印度人。某种发明或理论能够广为人知,宣传推广的力量和作用不容忽视。

二、根据下面的情景,设计一篇交际用语

1. 同寝室的同学甲和同学乙约好十一放假期间一起去旅游。10月1日,同宿舍同学都回家了。同学甲和乙还没走。同学甲决定先睡觉一天,同学乙答应了,俩人约好10月2日一起去。同学乙先去了姐姐家玩。2日这天,同学甲没反应,同学乙打电话询问,同学甲称老乡去学校找他玩,抽不出空了。于是约好第三天,结果第三天又去了几个老乡。于是两人约好第四天。第四天,天气阴沉沉的。十点多钟了。同学甲没有和同学乙联系。乙非常生气。打电话过去质问乙,两人发生了口头冲突。其实,同学甲当日并没有要毁约,只是他的确爱睡懒觉。

2. 有位客人就餐买单时发现,所点的"番茄炒蛋"在菜谱上标价8元,而结账时却收了10元。服务员解释说,菜谱的标价是去年订的,这道菜两个月前就涨价了,并坚持按10元收款。客人认为菜价变动,应及时更正标价,既然未改,就应该按照菜谱标价收费。正当双方争执之时,餐厅主管走了过来……

如果你是这位餐厅主管,那么怎样与客人交谈?

三、按要求模拟完成下列谈话(可与他人合作)

1. 考试前夕,一个同学对你说,他想坐在你后面考试,请你在考场上关照关照他,你很想拒绝他,你会怎么说?

2. 父母为了一件小事儿吵架冷战了,你想劝他们和好,并批评他们的行为,该怎么说,怎么做呢?

3. 公共汽车上,一个小孩鼻涕流了很长也不动手擦一下,你看不下去了,就问他说:"小朋友,你没有纸巾吗?"小朋友一翻眼睛说:"有也不借给你。"你该怎么办?

4. 一位与你相处多年且平时非常关心爱护你的前辈,即将离开工作岗位。在他退休前你与他进行一次交谈。

下 篇

朗 诵 篇

第六章　朗诵技巧入门

第一节　朗诵的艺术定位

朗诵是一门有声语言表达艺术,是一种口语交际的重要形式和传情艺术,是朗诵者把文学作品转化为有声语言的再创作、再表达的艺术活动。

一、朗诵是一门有声语言表达艺术

朗诵与演讲都是口语表达的高级形式,与一般的口语表达如说话、交谈等不同,它要求具有一定的思想性、艺术性和文本基础,是社会实践的一种必要形式,而较之演讲,朗诵对艺术和文本的要求更高。

二、朗诵是再创作、再表达的艺术活动

朗诵,就是把文字作品转化为有声语言的创作活动。朗,即声音的清晰、响亮;诵,即背诵。朗诵,就是用清晰、响亮的声音,结合各种语言手段来完善地表达作品思想感情的一种语言艺术。朗诵是口语交际的一种重要形式。朗诵不仅可以提高阅读能力,增强艺术鉴赏,更为重要的是,通过朗诵,大的方面,可以陶冶性情,开阔胸怀,文明言行,增强理解;小的方面,可以有效地培养对语言词汇细致入微的体味能力,以及确立口语表述最佳形式的自我鉴别能力。因此,要想成为口语表述与交际的高手,就不能漠视朗诵。朗诵是朗诵者把文学作品转化为有声语言的再创作、再表达的艺术活动。文学作品本身是一种书面表达,是一直艺术形式,而朗诵是在文学艺术品的基础上通过朗诵者的口头语言和态势语言再创作再表达的能动的艺术活动。

朗诵不同于朗读,也不同于演戏。朗读是用清晰、响亮的声音把文章读出来,以传达文章的思想内容。朗诵则是用清晰、响亮的声音把文章背出来,以传达文章的思想内容。可见,朗诵的要求比朗读要高,它要求不看作品,面对观众,除运用声音外,还要借助眼神、手势等体态语帮助表达作品感情,引起听众共鸣。

朗诵常常伴随有手势、姿态等体态语,但朗诵时的姿态或手势不能过多、过火。毕竟,朗诵不同于演戏,演戏时,演员不直接和观众交流,他扮演剧中人物,模仿剧中人物的语言。动作,他只和同台的演员进行交流,而朗诵者直接交流的对象是听众,他主要是通过声音把感情传达给听众,引起听众共鸣,手势、姿态等只不过是帮助表达感情的辅助性工具。

三、朗诵的特点

1. 文学性

朗诵的内容一般都是诗歌、散文、小说等文学作品。一些非文学作品,如社论、书信等,一旦作为朗诵材料,往往也会偏向于表现某个人的某种思想感情,自然带上明显的文学色彩。文学艺术也是语言的艺术。作品的人物形象、故事情节都是运用语言表现的。有声语言最能显示语言的风采和魅力。文学作品通过朗诵可以再现作品描写的人物形象、环境气氛和生活场景,充分发挥它的艺术魅力和教育作用。

2. 艺术性

朗诵是一种比较精细、高级的有声语言艺术。朗诵者必须具备一定的文学修养,要能分析欣赏各种体裁的文学作品,这是朗诵表情达意的前提;朗诵者必须具备一定的语言修养,要熟练掌握标准发音和发声技巧。要善于正确地运用语调语气,这是表情达意的关键;朗诵者必须具备一定的舞台表演艺术的修养,要敢于在大庭广众之中说话,要能正确地发音,有自然的表情,这是朗诵表情达意的重要条件;此外,朗诵者还必须具备一定的政治思想修养、社会知识修养,这是朗诵表情达意的基础。朗诵艺术就是以上各方面修养的综合体现,缺少哪一方面的修养都不可能成为一个合格的朗诵者。

3. 表演性

朗诵一般都在舞台上、在大庭广众面前进行。

(1) 朗诵者必须具备一定的表演技能。要有优美的语音、端庄的仪态、丰富的表情。朗诵者还可以适当化妆,可以运用灯光布景,可以进行配乐。所有这些,都是为了增强朗诵艺术的表演效果。

只要是朗诵,即使是在小的范围内进行,都会带有表演的性质。朗诵者要向听者显示自己的文学素养和口语艺术才能,听者总要对朗诵者的文学修养、口语才能和表达效果等进行评价,这些都具有表演活动的明显特点。

(2) 选择朗诵材料。朗诵是一种传情的艺术,选择材料时,首先,要注意选择那些语言具有形象性而且适于上口的文章。其次,要根据朗诵的场合和听众的需要,以及朗诵者自己的爱好和实际水平,选出合适的作品。

4. 教育性

朗诵是培养和训练口语表达能力的教学形式。其方式主要有范读法,即示范性的朗读,方式有两种。一种是教师读给儿童听,然后由学生仿读。另一种是由朗读得特别好的同学进行范读。范读可以读全文,也可以读一段或一句。主要是给学生示范,所以必须做到正确、清楚,流利而带有感情。齐读法是全班或全组学童,同时齐声朗读。因为只求齐一声调,因此往往容易变成唱读。同时,因为齐读不容易发现儿童读音的错误,因此这种方式要尽量少用。其他还有伴读法、轮读法、接读法、领导读、交互读、分组读、自由读、指名读、抽签读、对话读、高低音读等多种。

第二节 朗诵的感受技巧

朗诵的感受技巧及其训练一般要从三个方面入手。

一、逻辑感受的运用

这要借助于朗诵作品的逻辑关系。作品的逻辑关系主要指文章结构的安排和构思。把握文章逻辑关系，可以从以下四个方面入手。

（1）段落之间的层递关系，看看文章是如何开展的。

（2）句群之间的关系，如并列、递进、因果转折等，主要从虚词上入手。

（3）实词的运用，尤其是主要动词。

（4）修辞方法的运用。

二、形象感受的运用

作品中的形象指任务、事件、景物等。这些鲜活的形象不断地刺激着我们的感观。朗读时，就需要调动起这些形象客体去感染听众，达到朗读的目的。

三、情感感受的运用

朗读时要抓住作品的感情线索，确定朗读时的感情基调，还要引起听众的感情共鸣，这"三情"和谐一致，就是成功的朗读。

第三节 朗诵的表达技巧

朗读确实是需要技巧的。一般来说，教师在课堂教学的朗读中，要讲究语言再创作的技巧，包括停连、重音、语势和节奏。

一、停连

停连是指朗读语流中声音的暂时休止和接续，可以说它是有声语言表达中的标点符号。一方面，停连是作品内容、情感表达的需要，在适当的地方利用停连，造成声音的暂时间歇和延读，帮助听者更好地理解和感受作品的思想内容。另一方面，它是朗读者生理上的需要。

（一）停连的分类

停连可以分为语法停连和强调停连两类。

1. 语法停连

语法停连是反映词句间的语法关系，显示语法结构的停连。例如：

> 亲爱的爸爸妈妈：/欢迎您！
>
> 亲爱的爸爸：/妈妈欢迎您！

亲爱的：/爸爸妈妈欢迎您！

可见，停连的位置不同，显示的语法关系和结构也不相同。语法停连可分为两种。

一是句逗停连。

标点符号是书面语的重要组成部分，在口语中则用停顿来表示，其停顿时间的长短，一般由标点的类型决定。常用的标点符号停顿时间大致是：句号、问号、叹号＞分号、冒号＞逗号＞顿号。例如：

山是墨一般的黑，//陡立着，//倾向江心，//仿佛就要扑跌下来，///而月光，//从山顶上，//顺着深深的、/直立的谷壑，//把它那清冽的光辉，//一直泻到江面。////……

标点符号虽是停顿的重要标志，但也不能生搬硬套，要根据语意的表达和语气的需要灵活处理。(斜竖线的多少表示停连时间的长短)

二是语组停连。

语组停连是指在没有标点符号的地方，按照词语法关系所做的停顿。语组停顿比句逗停顿的时间要短些。一般说来，主谓之间、动宾之间，修饰成分与中心语之间，都可以有停顿。例如：

海/翻了个身似的/泼天的/大雨，将要/洗干净/太阳上的/白黟。

夕阳/把水面/映得/通红，把天空/也染成/万道影霞。

2. 强调停连

强调停连是为了突出某种事物或表达某种特殊感情所做的停连。它不受语法停连的限制，而是依据表情达意的需要来决定停连的位置和时间。它可表示某种特殊的语意，还可显现出它前后连接部分的某种特殊的关系。主要有以下几类。

一是表现语句中的区分关系。

伊/伏在地上；车夫/便也立住脚。他/对于/我，渐渐又几乎变成了一种威压……

在"伊"和"车夫"后面略有一顿挫，人物关系、动作更为明了，如在眼前。

二是表现语句中的呼应关系。

在这叫喊声里，乌云听出了/愤怒的力量，热情的火焰和胜利的信心。(/表示连接)

这里"乌云听出了"是呼，后面三个短语"愤怒的力量""热情的火焰""胜利的信心"是应。在"听出了"后面要停顿明确，是后面三个短语之间要紧凑，如果机械地按标点符号停顿，便成为：在这叫喊声里，乌云听出了愤怒的力量，/热情的火焰和胜利的信心。

这样朗读就破坏了句子内部的对应关系，造成语义不清。

三是表现语句中的并列关系。

用它/搭过篷帐，用它/打过梭镖，用它/当缶盛过水，当碗蒸过饭，用它/做过扁担与吹火筒。

这一句话有四个并列短句，可以在"用它"之后略一停顿，显示出它的并列感。特别是第三个短句：用它/当缶盛过水，当碗蒸过饭，中间要连起来，不能按标点停顿，否则就形成了五个短句,使语意散乱。

四是表现句中的转换关系。

> 我便对他说:"没有什么的。走你的罢!"//
>
> 车夫毫不理会,——或者并没有听到,
>
> 却放下车子,扶那老女人慢慢起来,挽着臂膊立定……

在作品中,语句并不都是平铺直叙的,随着内容、情节的发展,在语句之间往往会形成语意的变化、感情的反差,上举两句之间的转换性停顿,就把"我"的无所谓和"车夫"的关注形成一种强烈的对比。

(二)停连的方法

从语句的停连和连续来看,主要有以下四种方式。

(1)落停:即停顿时间相对较长,句尾声音顺势而落,声止气也尽。这种停顿多用在一个相对完整的意思讲完之后,句逗停顿多用在句号、问号、感叹号处。

(2)扬停:即停顿时间相对较短,停之前声音稍上扬或持平,声虽止但气未尽,一听便知是才说了半句话,还有下文。多用在一个意思还未说完,而中间又需要停顿之处。句逗停顿多用在分号、逗号、顿号处。

(3)直连:即顺势而下,连接迅速,不露连接的痕迹。多用于内容联系紧密,持续抒发感情的地方。一般与扬停配合使用。

(4)曲连:即在连接处有一定空隙,但又连环相接,迂回向前。多用于既要连接,又要有所区分处,常与落停配合使用。

请看下例:

> 梅雨潭是一个瀑布潭。//仙岩有三个瀑布,/梅雨潭最低。//走到山边,/便听见花花花花的声音;/抬起头,/镶在两条湿湿的黑边里的,/一带白而发亮的水便呈现于眼前了。//(//为落停、/为扬停)

(三)停连的作用

(1)组织区分,使语意明晰。(最贵的一张值八百美元)

(2)造成转折呼应,使逻辑更严密。(介绍/——杜甫的诗篇/)

(3)强调重点,使目的鲜明。(森林爷爷……还是/稳稳地站着)

(4)并列分合,使内容完整。(一个夏天,太阳/暖暖地照着,海/在很远的地方奔腾怒吼,树叶/在风中飒飒地响。在这几种并列的事物后停顿,使内容更完整。)

(5)思考判断,使传情更生动。(随着女教师的手指,大家一起读:我们/是/中/国/人,/我们/爱/自/己/的/祖/国。读出指读的感受。)

从四个方面确定停连的位置。

(1)准确理解语句的意思。

(2)正确分析语句的结构。

(3)恰当地体会情景神态。

（4）合理地处置标点符号。

停连的方式。

（1）落停，用在一句话完整的表达完后，结束时，停顿时声停气已尽。

（2）扬停，用在句中无标点，意思表达未完时，声停气未尽。

（3）直连，用在有标点但意思相连时，顺势连带。

（4）曲连，一般用在标点符号两边，既需连接又有所区分的地方。特别是一连串顿号，连而不断，悠荡向前。（石家庄、济南、天津、北京都下了大雾。）

二、重音

重音是指朗读时为了突出主题、表达思想、抒发情感而对于句中的某些词语加以突出强调的音，它是体现语句内容的重要手段。在朗读中，重音位置不同，语意也会随之发生变化。例如：

我知道你爱看小说。（别以为我不知道）

我知道你爱看小说。（爱不爱看诗歌我不知道）

（一）重音的分类

重音可分为语法重音和强调重音两类。

1. 语法重音

语法重音是由语句的结构自然表现出来的重音，有规律可循。位置也比较固定。如一般在语句中，谓语、中心语的修饰成分，疑问代词和揭示代词都是语法重音。例如：

小燕子在海面上斜掠着，浮憩着。（谓语）

我心里，有着说不出的兴奋和愉快。（定语）

这就是我——一个共产党员的自白。（指示代词）

2. 强调重音

强调重音是为了突出表达某种思想感情而把语句中的某些词语加以强调的音，又叫"逻辑重音"。强调重音没有固定的位置，它是根据表意的内容和需要来确定的。

（1）突出话语重点，能表明语意内容的词句。

（2）表示对比、并列、照应和递进等关系的词句。

这十多个少年，委实没有一个不会凫水的，而且两三个还是弄潮的好手。

（3）表达某种强烈感情的词句。

别了，我爱的中国，我全心爱着的中国。

（4）比喻性的词句。

会场里响起了雷鸣般的掌声。

（二）重音的表现方法

重音的表现方法有很多种，常见的有以下四种情况。

1. 加强音量

有意识地把某些词语读的重一些,响一些,使音量增强。

这时候,他用力把我往上一顶,一下子,把我甩在一边,大声说:"快离开我,咱们两个不能都牺牲! ……要……要记住革命!"

2. 拖长音节

有意将音节拖长一些,用延长音节的办法使重音突出。

太阳像负者什么重担似的,慢慢儿,一纵一纵地使劲向上升。

3. 重音轻读

表现重音,不一定非要增加音量,有时用减轻音量的方法,将重音低沉地轻轻吐出,效果反而会更好。一般在表达极为复杂而细腻的感情时,多用这种方法。

风一吹,芦花般的苇絮就飘飘悠悠地飞了起来。

我忍着笑,轻轻走过来。

4. 停顿强调

在要强调的词后面作一短暂的停顿。

再见了,亲人! 我的心永远/和你们在一起。

任何人在表达情感时,都有目的,每句话都有能表达情感的关键词。

重音的作用使语意清楚准确,语句目的更突出,逻辑清晰,感情色彩更明显。

重音的选择。

(1) 突出语句目的的中心词(时间、地点、人物概况)。

(2) 起说明、修饰、限制作用的形容词,如这次考试考焦了。

(3) 表示判断的主要词语,如这种做法行不行? 不行!

(4) 最主要的数字词语,如都一年了你才明白!

(5) 体现逻辑线索的重复词语(呼应、关联词),如改变文艺界的作风,首先要改变干部作风;改变干部作风,首先要改变领导干部作风;改变领导干部的作风,首先要改变我们几个人的作风。

(6) 点染感情色彩的关键词(比喻性词语、象声词),如小河亮晶晶的,像镜子。

重音的方法。

(1) 强弱法。

(2) 快慢法,如这就是朝鲜战场上最激烈的战斗,松古峰战斗。前快后慢,强调松古峰战斗的重音。

(3) 虚实法,如照片的主人已经不在人间,照片也已化成了灰烬,却永远留在我们心里。

三、语势

语势是指朗读时声音升降平曲、高低起伏的变化形式,它是通过控制声带的松紧来实现的。语调由平升高,高亢激昂,称为"扬",语调先平后降,低沉持重,称为"抑";语调缺少变化,平缓舒展,称为"平";语调升降频繁,起伏不定,称为"曲"。

> 当年毛委员和朱军长带领队伍下山去挑粮食,不就是用这样的扁担吗?(上扬调,表示疑问)

> 盼望着,盼望着,东风来了,春天的脚步近了。(降抑调,表示肯定)

> 我家的后面有一个很大的花园,相传叫百草园。(平直调,叙述、说明)

> 这真是所谓"你不说我还明白,你越说我越糊涂了"。(曲折调,揶揄语气)

四、节奏

节奏是指朗读过程中由声音抑扬顿挫、轻重缓急而形成的回环往复的形式。常见的节奏类型如下。

1. 轻快型

轻快型节奏语速较快,多扬少抑,多轻少重,声轻不着力,词语密度大,有时有跳越感。多用来描绘欢快、诙谐的情志。例如:

> 我爱看天上的一片云,那片白白的、会变的云。瞧它一会儿变成只小黄狗,摇着尾巴,追着太阳跑;一会儿变成只小灰羊,在草原上撒欢儿跳高。

2. 沉稳型

沉稳型节奏语势沉缓,多抑少扬,多重少轻,音强而着力,词语密度疏,常用来表现庄重,肃穆的气氛和悲痛、抑郁的情感。例如:

> 灵车队,万众心相随。哭别总理心欲碎,八亿神州泪纷飞。红旗低垂,新华门前洒满泪。日理万机的总理啊,您今晚几时回?

3. 舒缓型

舒缓型节奏语速较缓,语势较平稳,声音轻柔而不着力,常常用来描绘幽静的场面和美丽的景色,也可以表现舒展的情怀。例如:

> 大海上一片静寂。在我们的脚下,波浪轻轻吻着岩石。像朦朦胧胧欲睡似的。在平静的深黯的海面上,月光劈开了一款狭长的明亮的云汀,闪闪地颤动着,像银鳞一般。

4. 强疾型

强疾型节奏语速较快,多扬少抑,声音强劲而有力,常用来表现紧张急迫的情形和抒发激越的情怀。例如:

> 在苍茫的大海上,狂风卷集着乌云。在乌云和大海之间,海燕像黑色的闪电,高傲地飞翔。

> 一会儿翅膀碰着波浪,一会儿箭一般地直冲向乌云,它叫喊着,就在这勇敢的叫喊声里,乌云听出了欢乐。

以上四种节奏类型,只是大体的分类,每一种还可以再分小类,不再一一列举。在实际的朗读过程中,一篇作品的节奏不一定是单一的,往往随着内容、情节的变化,节奏也会相应发生改变。因此在朗读过程中,节奏必须因文而异,切忌死板单一,一统到底。

思考与实训

1. 实训内容:朗读高尔基《海燕》。
2. 实训步骤:划分层次、找准重音、把握节奏,写一篇朗诵分析。

海 燕 之 歌

高尔基

在苍茫的大海上,狂风卷集着乌云。在乌云和大海之间,海燕像黑色的闪电,在高傲地飞翔。

一会儿翅膀碰着波浪,一会儿箭一般地直冲向乌云,它叫喊着——就在这鸟儿勇敢的叫喊声里,乌云听出了欢乐。

在这叫喊声里——充满着对暴风雨的渴望! 在这叫喊声里,乌云听出了愤怒的力量、热情的火焰和胜利的信心。

海鸥在暴风雨来临之前呻吟着——呻吟着,它们在大海上飞蹿,想把自己对暴风雨的恐惧,掩藏到大海深处。

海鸭也在呻吟着——它们这些海鸭啊,享受不了生活的战斗的欢乐:轰隆隆的雷声就把它们吓坏了。

蠢笨的企鹅,胆怯地把肥胖的身体躲藏在悬崖底下……只有那高傲的海燕,勇敢地,自由自在地,在泛起白沫的大海上飞翔!

乌云越来越暗,越来越低,向海面直压下来,而波浪一边歌唱,一边冲向高空,去迎接那雷声。

雷声轰响。波浪在愤怒的飞沫中呼叫,跟狂风争鸣。看吧,狂风紧紧抱起一层层巨浪,恶狠狠地将它们甩到悬崖上,把这些大块的翡翠摔成尘雾和碎末。

海燕叫喊着,飞翔着,像黑色的闪电,箭一般地穿过乌云,翅膀掠起波浪的飞沫。

看吧,它飞舞着,像个精灵——高傲的、黑色的暴风雨的精灵——它在大笑,它又在嚎叫……它笑那些乌云,它因为欢乐而嚎叫!

从雷声的震怒里——这个敏感的精灵——它早就听出了困乏,它深信,乌云遮不住太阳——是的,遮不住的!

狂风吼叫……雷声轰隆……

一堆堆乌云,像黑色的火焰,在无底的大海上燃烧。大海抓住闪电的剑光,把它们熄灭在自己的深渊里。这些闪电的影子,活像一条条火蛇,在大海里蜿蜒游动,一晃就消失了。

"暴风雨! 暴风雨就要来啦!"

这是勇敢的海燕,在怒吼的大海上,在闪电中间,高傲地飞翔;这是胜利的预言家在叫喊:

"让暴风雨来得更猛烈些吧! ……"

第七章 朗诵的发声实训

第一节 呼吸控制

朗诵作为一门有声语言艺术，是一种口语交际的重要形式和传情艺术，是朗诵者把文学作品转化为有声语言的再创作、再表达的艺术活动。一篇好的文艺作品，如何将文字变成有声语言传情达意，朗诵的技巧尤为重要。如何通过朗诵去表达作品，在这个过程中，朗诵者首先要具备一定的声音条件和基础，再加上对于作品的理解能力，对节奏的把握，对情感的控制，从而达到与原作者的共鸣，这是朗诵者需要掌握的地方。尤其是声音条件和基础，须要长期的练习，才能在朗诵作品的时候运用自如。想要在作品朗诵时候做到声情并茂，须要学会驾驭自己的声音使自己的声音能为二度创作的有力工具。那么在这种情形一下，必要的发声练习能够让朗诵的表达变得更加完美。

一、练习呼吸控制的目的

气息是发声的动力。日常谈话和语言艺术发声，都需要呼吸的支持。朗诵艺术发声的呼吸控制不仅为声音提供动力，还必须服从发声吐字和表情达意的具体要求，建立起情感、气息和声音三者的联系。

气息是发声过程中的能量所在，只有气息源源不断地供给气流，发声才可以持久。气息的稳定和恒久与练习呼吸有着至关重要的关系。用气托声，指的就是这件事情。由此可见，气息在朗诵当中发挥着非常重要的作用。

二、呼吸控制的训练

朗诵工作须要练习的是胸腹联合呼吸法，胸腹联合呼吸是指在吸气过程中，气息由口鼻通过胸腔，再经由胸腔抵达腹腔。呼气过程中，胸腹气息结合托住声音往外送的过程。这个方法也即是胸腔、横膈肌、腹膈肌联合控制气息。

（一）吸气练习

在吸气练习时，要保持良好的精神状态，肩部与胸部放松。

（1）吸到肺中。感受缓缓"闻花香"的感觉，口鼻同时吸气，两肋向两侧扩张，感觉腰带位置渐紧，后腰有撑开感，小腹微张。以吸到肺底的感觉，引导气息通达体内深部，使膈肌明显收缩下降，有效地增加进气量。

（2）两肋打开。吸气时，使肩胸放松，下肋得到较充分的扩展，两肋打开。

（3）腹壁"站定"。吸气时，在胸部扩张的同时，应使腹部肌肉向小腹位置收缩，上腹壁保持不凸不凹的状态。

以上三个步骤在吸气的过程中同步进行，慢慢体会三个步骤的综合感觉。

（二）呼气练习

所有的发声都是通过呼气来实现的，我们在呼气的过程中，要把握状态稳劲、持久、调节有度，使呼吸运动自如。

（1）先按照吸气练习吸好气，然后缓慢持续发出"啊"的音。

（2）吹灰练习。吸好气，然后做吹灰状，轻轻吹去桌面上的尘土，来体会气息均匀、舒缓地呼出。气息均匀地、缓慢地、集中地呼出。

（3）发单元音的延长音。吸好气，发出 a-o-e-i-u-ü 几个单元音的延长音，气息呼出时，气流要均匀、缓慢、集中，声音要圆润、响亮、前后力度一致。尽量打开口腔，声音逐渐由小到大、由弱到强，下巴、舌根、喉部放松，让气流集中打到硬腭前。

（4）吸好气后，用一口气数数，数数和绕口令的练习用来体会气息有力、有节奏的呼出。同时要保证声音质量和音色前后一致。

在练习过程中可以多种方法交错使用，以延长呼气时间为最终目的，力求达到呼出一口气可以持续 30 秒的标准。

（三）慢吸慢呼法

（1）不借助声带发"si"音练习。练习初期可以慢慢体会气息缓缓进入体内的感觉。初学者在最早接触气息的时候，会感觉到很难控制，会下意识地将气息吸入胸腔中，造成肩膀上耸的情形。那么在慢吸慢呼的过程里面，慢慢去体会气息下沉的感觉，你会觉得肺的下部和腰部都充满了气息，然后气息到达丹田位置，保持几秒。呼出时，可以发出"si"的声音——注意，发这个音时，喉部放松，不借助声带。"si"的音口腔开合较小，气息能够因为口腔的"把关"缓缓地从胸腹部经由口腔送出。在练习该方法时，可以随着自己的练习时间计时，发出"si"音的时间越来越长，说明储气量越来越足。

（2）延长音"a"的练习。相同的方式吸气，借助声带等发音器官，在吸气后，发出"a"的延长音。最初练习时，可以选择自己最舒服的声音，注意练习的时候区分是喉部发音还是气息托住声音带出的。如果是喉部太过用力发音的话，长期练习声音容易产生病变，发音时注意，喉部声带保持不动，用气息缓慢托住声音往外送。气息要通畅自如，喉部要放松。该练习也有助于练习者打开口腔。

（3）单元音 a-o-e-i-u-ü 的练习。相同的吸气方法，气息保持稳定，一口气连续发六个单元音韵母。在发音的过程中，保持音调和音强不变，仅口腔运动。

（四）快吸慢呼法

在朗诵的实际过程中，呼吸方法应该是快吸慢呼。可以在慢吸慢呼的三种练习方式上稍加改变。将吸气速度变快，即可进行快吸慢呼练习。

（1）意外的惊喜。设想突然收到一份意外的惊喜，一瞬间迅速吸气的感觉，口鼻同时进气，同时吸入肺底，再慢慢呼出。

（2）向远处呼喊。假设你在找人或者想着远山大喊，体会下发出声音之前的呼吸状态。发声前快速吸入气息，然后舒缓地控制住气息，大声喊出"阿毛""大华"等这样开口呼的称呼。

(五)换气练习

(1)绕口令。

> 出东门,过大桥,大桥底下一树枣,拿着竿子去打枣,青的多红的少,(换气)一个枣,两个枣,三个枣……十个枣,十个枣,九个枣,八个枣……一个枣,(换气)这是一个绕口令,一口气说完才叫好。

(2)《三字经》片段。

> 人之初,性本善。性相近,习相远。
> 苟不教,性乃迁。教之道,贵以专。
> 昔孟母,择邻处。子不学,断机杼。
> 窦燕山,有义方。教五子,名俱扬。
> 养不教,父之过。教不严,师之惰。
> 子不学,非所宜。幼不学,老何为。
> 玉不琢,不成器。人不学,不知义。
> 为人子,方少时。亲师友,习礼仪。
> 香九龄,能温席。孝于亲,所当执。
> 融四岁,能让梨。弟于长,宜先知。

三、弱控制训练

(1)夸张四声单音节练习。

通过这个练习把字音发的圆润饱满,字腹能够充分地拉开立起,这个过程需要气息的弱控制。

bā-bá-bǎ-bà

gā-gá-gǎ-gà

dā-dá-dǎ-dà

(2)夸大声调,延长发音,控制气的训练。

花-红-柳-绿　　光-明-磊-落

鸟-语-花-香　　中-国-伟-大

(3)朗诵古诗词,控制气息,拓展音域的训练。

> **《菊花》**　[唐]元稹
> 秋丛绕舍似陶家,遍绕篱边日渐斜。
> 不是花中偏爱菊,此花开尽更无花。

> **《青玉案·元夕》**　[南宋]辛弃疾
> 东风夜放花千树,更吹落,星如雨。宝马雕车香满路。凤箫声动,玉壶光转,一夜鱼龙舞。

蛾儿雪柳黄金缕,笑语盈盈暗香去。众里寻他千百度,蓦然回首,那人却在,灯火阑珊处。

《观游鱼》 〔唐〕白居易

绕池闲步看鱼游,正值儿童弄钓舟。

一种爱鱼心各异,我来施食尔垂钓。

（4）句段练习。

《池畔》 席慕蓉

我又来到这个荷池的前面了。

背着画具,想画尽这千株的荷。我一个人慢慢地在小路上行走着,观察和搜寻着,想从最美丽的一朵来开始。

仍然是当年那样的天气,仍然是当年那种芳香,有些事情明明好像已经忘了,却能在忽然之间,排山倒海地汹涌而来,在一种非常熟悉又非常温柔的气味里重新显现、复苏,然后紧紧地抓住我的心怀,竟然使我觉得疼痛起来。

《雪》 梁实秋

李白句:"燕山雪华大如席。"这话靠不住,诗人夸张,犹"白发三千丈"之类。据科学地报道,雪花的结成视当时当地的气温状况而异,最大者直径三至四寸。大如席,岂不一片雪花就可以把整个人盖住? 雪,是越下得大越好,只要是不成灾。雨雪霏霏,像空中撒盐,像柳絮飞舞,缓缓然下,真是有趣,没有人不喜欢。有人喜雨,有人苦雨,不曾听说谁厌恶雪。就是在冰天雪地的地方,爱斯基摩人也还利用雪块砌成圆顶小屋,住进去暖和得很。

四、强控制训练

气息要深,保持一定的量,吸气后可将气息放入体内稍停片刻。呼气时,要均匀、通畅、灵活。

（1）弹发练习。反复弹发"hèi-hà"可按照不同的节奏练习。如"hèi-hèi-hèi-hà-hà-hà-hèi-hà-hèi-hà-hèi-hà"这个练习可以体会到强控制下的气息运动,同时还能够体会气息下沉的感觉。有的同学在练习初期,很难找到弹发练习气息冲出的感觉,容易出现用喉部干喊的情况。在做弹发练习之前,可以适当做几次狗喘气练习,不通过喉部发声,单纯感受气息吸入和呼出的感觉,然后慢慢发音,变成弹发练习。特别注意,弹发练习一定要结合气息,吸气要深,如果单纯用嗓子喊,很容易造成喉部的病变,南辕北辙。

（2）用京剧老生笑的感觉,吸气后发出"哈"的音,可以由快到慢,也可以由慢到快,可以从低到高,也可以由高到低。"哈-哈-哈-哈-哈-哈-哈……"体会气沉丹田之感,反复练习。

（3）绕口令练习。

一口气数不了二十四个葫芦,四十八块瓢。

一个葫芦两块瓢,

两个葫芦四块瓢，

三个葫芦六块瓢，

四个葫芦八块瓢，

五个葫芦十块瓢，

六个葫芦十二块瓢，

……

二十四个葫芦四十八块瓢。

第二节　口腔控制

一、口腔控制的目的

口腔控制对于吐字和共鸣来说，具有至关重要的作用。一方面，在发音当中，口腔的作用主要表现在字、词两个方面，控制得当的话二者相得益彰。另一方面，对于口腔控制的要求实际就是对吐字的要求——准确规范、清晰集中、圆润饱满、流畅自如。

二、口腔控制的训练

（一）口部练习

口腔的控制主要表现在四个字上"提打挺松"，他们分别是提颧肌、打牙关、挺软腭、松下巴。这四个方面并不是按照先后顺序完成，而是通过四个方面一起配合来实现。

1. 提颧肌

提颧肌是抬起上颚前部的动作，当颧肌向上提起时，口腔开合度变大，面部呈现微笑状，练习者可以尝试用微笑的动作来体会，但是在此过程中，还是要与高兴时候的微笑区别开来。尤其要特别注意的是，不能因为要体会微笑的感觉，而采取"喜滋滋"地播读稿件。提颧肌对于提高声音的亮度和字音的清晰度都有非常明显的作用，口腔共鸣也是在这样的口腔状态中才能得以体现。

2. 打牙关

上、下颌之间的关节即牙关，打开牙关就是抬起上颚的中部动作。我们在练习时，感受一下半打哈欠的感觉，或者感受一下向对面同学展示你的后槽牙的感觉。打牙关就是要使上、下槽牙在咬字的时候有一定的距离，尤其是双侧的上后槽牙应该始终保持上提的感觉。

（1）以发"a"的感觉发基础音，带动各种音节的发音。

在所有的音节中，"a"这个音节的开口度最大，在发这个音的时候，能够最明显感觉到牙关的打开。在练习的时候，也可以采取在该韵母前面加上其他的声母发音，比如发出"拉""达"等音，这个练习很适合体会打开牙关。

（2）用夸张的方式读下列歌词。

蓝蓝的天上白云飘，白云下面马儿跑。

因为该句歌词中大多字词都是开口音,在发音过程中,充分加大发声适合的口腔开度,取得最好的吐字效果,对于每一个声韵调做到准确到位。

3. 挺软腭

软腭在上颚后部,用舌尖抵住硬腭向后靠近,软腭尽头慢慢变软的部分就是软腭。不说话时,软腭松软下垂,在平时口语中,一般人很少会将它提起。但是要想获得圆润动听的声音,提软腭至关重要。当我们在发音的时候,整个口腔处于"马蹄形",软腭提起,状态积极,发出的声音圆润动听,软腭降下声音听起来会比较扁。但要注意的是,软腭并非抬得越高越好,抬得太高,发音上无法与其他发音器官匹配,造成吐字失真。"挺软腭"是一个基本状态,具体训练。做半打哈欠状,能够体会到软腭挺起的感觉。这个训练可以避免鼻音过重,同时更重要的是可以将口腔立起,使字音拉开,促进口腔共鸣的产生。

4. 松下巴

松下巴即放松下巴,忽略下巴的存在。将注意力集中于提上颚,否则容易造成发音紧张吃字。

5. 咀嚼练习

张口嚼和闭口嚼两种咀嚼方式结合练习,调动整个口腔动作。

6. 双唇练习

(1)双唇打响。双唇打响发出声音,可采取不同的速度。

(2)发双唇音。采用不同的速度发出"叭叭叭叭叭叭叭叭叭叭"体会双唇力度。

(3)转唇运动。让双唇闭拢撅起,先前后运动,再按照上下左右转圈,顺逆时针交错进行。

7. 舌部练习

(1)舌尖打响。舌尖与上齿龈接触打响。

(2)舌根打响。舌根与软腭接触打响。

(3)顶舌训练。舌头在口腔内做最大空间和范围的运动。

(二)声音集中练习

1. 喷弹练习

双唇用喷法,舌尖音用弹法,舌尖要有力度,有意识地集中一点发,如子弹从嘴里喷发出去,要有目标地将声音送达。

ba-da-ga　pa-ta-ka　ba-ma-fa　peng-pa-pi-pu-pai

吧嗒嗒　滴溜溜　咕隆隆　噼啪啪　扑通通　呼啦啦

哐当当　哗啦啦　当啷啷　乒乓乓　唰啦啦　淅沥沥

2. 字词练习

字词练习既需要注意口腔控制的力度,又要注意立度。在练习时,着重把握力量集中的技巧,声音才能够集中,音色较明朗。

编排　奔跑　品牌　匹配　疲惫　拼读　表达　摆谱

百炼成钢　波澜壮阔　壁垒森严　翻江倒海
普天同庆　滔滔不绝　斗志昂扬　喷薄欲出

3. 合口呼、撮口呼练习

合口呼是唇用力,撮口呼是嘴角用力。唇齿相依,可改变音色。

花絮　乌鸦　吹捧　挫折　快乐　汪洋　选址
菊花　血痕　选址　数学　学历　略写　虚假

北边来了一个瘸子,背着一捆橛子。

南边来了一个瘸子,背着一筐茄子。

背橛子的瘸子打了背茄子的瘸子一橛子。

背茄子的瘸子打了背橛子的瘸子一茄子。

有个小孩叫小杜,上街打醋又买布。

买了布打了醋,回头看见鹰抓兔。

放下布搁下醋,上前去追鹰和兔。

飞了鹰跑了兔,洒了醋湿了布。

第三节　喉部控制

喉部位于人的咽部与气管之间。喉由软骨支架、肌肉、韧带和纤维组织膜等构成。声带是喉的一部分。在发声过程中,喉部的控制状态和控制能力决定了声音的音色本质。直接影响语言表达,甚至会影响到嗓音的艺术寿命。因此我们要科学地调整、训练自己的嗓音,以保证有声语言表达的需要。

一、如何练习喉部控制

喉部控制得当,朗诵作品时收放自如,尤其是夸张的童话和寓言。但是喉部如果发紧,朗诵时,声音干涩不圆润,很难创作出好的朗诵作品。

我们在练习喉部控制时,须要把握以下两个要领。

1. 喉头相对稳定

喉头相对稳定可以保证声音变化时的和谐通畅以及音色的基本稳定。

如果喉头上下移动的范围增大,使喉部过于紧张,导致声带负担加重,不仅音色难听,还会使声带疲劳。容易产生病变。因此,我们应该让喉部肌肉保持吸气时的放松状态。发高音时。要尽量控制喉头不要过多地往上走,当然也要尽量控制喉头不要过多地往下走,让喉头保持在一个相对稳定的位置,才能保证声音的畅通。

2. 喉头相对放松

播音发声时,喉部积极而放松的状态,是喉部控制的最佳状态。要做到这种状态。就要"抓两头放中间"。也就是说,抓住口腔控制和气息控制,放松喉部。播音发声时,两条声带不是紧密闭合,而是轻松靠拢。在这种情况下,喉部肌肉能自如灵活地运动,才能较好地和呼出的气流协调配合,完成发音过程。否则发出的声音大而拙,表现力差。

把握好这两个要领,作品表达自然就流畅了。

二、喉部控制的训练

1. 气泡音练习

通过发起泡音来体会声带基本的震动状态,可以用于发声前的准备活动和发声后的声带恢复。该练习可以用于早上起床后的开音练习,也可在嗓音疲惫状态下作为按摩喉部使用,时间不宜太长。

2. 螺旋式上绕、下绕练习

从说话的自然音高中的某一个音开始,持续发单元音"i",逐渐螺旋式上绕,向高音扩展。然后由刚达到的力所能及的最高音逐渐螺旋下绕,到自己力所能及的最低音,循序渐进,循环练习。

3. 上滑音、下滑音练习

发单元音"i"的延长音,使音高上滑至接近自己的高音极限,向下滑直到接近自己的低音极限。注意气息控制,自己的发声一定要力所能及,接近高音、低音极限时不能失去控制,气息保持平稳。

4. 阶梯式升高、降低练习

首先可用单一元音或单一音节,从说话的自然音高中的某一个音开始,一次次地接连发音,一个音阶、一个音阶地逐次升高或降低。循序渐进完成,每一次升高或降低保持一定的幅度。

第四节　共　鸣　控　制

一、练习共鸣控制的目的

共鸣在朗诵中非常重要,不仅可以影响声音的大小,还能够直接影响到声音的色彩和表现力。共鸣在具体的表达时,表现为口腔共鸣、胸腔共鸣、鼻腔共鸣和头腔共鸣。因为朗诵的时候以实声为主,所以对共鸣的要求是:以口腔共鸣为主,以胸腔共鸣为基础,以鼻腔、头腔共鸣为辅助的上下贯通的声道共鸣方式。

二、共鸣控制的训练

(一)口腔共鸣

口腔是人体可调节的最重要的共鸣腔,所有的字音都在这里形成,对语音的形成非常关键,同时,好的口腔共鸣可以让字音圆润动听。

口腔共鸣训练如下。

"a"的延长音。单元音韵母"a"是所有单韵母中开口最大的一个音节。在发音时,注意口腔的开合,保持口腔马蹄形。吸好气,缓缓发出"a"的音,体会声音在口腔中的共鸣感。

（二）胸腔共鸣

胸腔共鸣可以增加声音的厚度,尤其是男生,如果胸腔共鸣比较好的话,声音会更加浑厚、结实、有力。这样的男声在朗诵时艺术感较强。

胸腔共鸣训练如下。

（1）喊"威武"。古时候审案制度中,在审案时,现场的衙役要喝堂威,其中有一个就是我们常听到的"威——武——"。我们在练习胸腔共鸣时可以采取这个方式,首先从自己的自然音开始发音,接着越来越低越来越低。这个练习可以体会气息下沉和胸腔共鸣。

（2）夸张上声。单发夸张上声,比如说"海""好""美"等,每个上声一定要完整地发出,达到"214"。

（三）鼻腔共鸣

产生鼻辅音 m、n 和 ng。当鼻腔和口腔同时打开时,产生的是鼻化音,少量的元音鼻化可以使声音明亮。但要特别注意的是,过多的鼻化是我们在朗诵时候要避免的,同时,我们在感冒鼻塞的时候,也很容易出现鼻化音。

鼻腔共鸣训练方式如下。

（1）轻度哼鸣。发出 ng 的音,哼鸣时使软腭后面的垂直部分震动并且打开鼻咽腔的下面部分。该练习可以和呼吸控制练习结合在一起完成。

（2）鼻辅音＋元音：ma-mi-mu　na-ni-nu。

（3）词语练习：妈妈、杧果、头脑、木讷、美满、南蛮。

（四）解除鼻音训练

在朗诵过程中,有人可能会因为发音发法的问题鼻音过多,造成表达上面的不通畅。如果是这种情况,可以进行解除鼻音训练。

（1）软腭上提,口腔部位畅通无阻,鼻音的情况会消除。

（2）手捏住鼻孔,让鼻孔无法出气,发音过程中,只保留口腔的气流通畅,发"a"音体会。

（3）16 个鼻韵母中主要元音与鼻尾音做拆合练习。练习时,先发准元音,再发鼻音,然后合并来发。

a-n-an　　　a-ng-ang　　　e-n-en
i-a-n-ian　　i-a-ng-iang　　ü-n-ün
u-a-ng-uang

（五）头腔共鸣

在正式朗诵中,头腔共鸣用的不是很多,只有在需要加强作品感情色彩的时候,在需要声音高昂、明快、铿锵有力的时候,我们会感到声音不是从嘴里发出,而是从眉心发出的。这就是头腔共鸣。

头腔共鸣训练如下。

发 i、a 滑音,尤其是发到高音区域的时,去感受头腔共鸣。

第五节　声音的弹性

一、练习声音弹性的目的

为了更好地表达各种类型文艺作品,更好掌握作品中不同的情感变化,需要增加声音的弹性。声音的弹性是指声音对于人们变化着的思想感情的适应能力,简单地说就是声音随感情变化而来的伸缩性、可变性。

二、声音弹性训练

在训练声音弹性方面,需要注意哪些方面的事项?

第一是声音的可变性。离开了声音各方面的变化,那就谈不上声音的弹性。

第二是声音的变化呈现出对比性。也就是说声音的弹性是在对比当中表现出来的,是相对的,比如像气息的深浅以及急缓,声音的高低、强弱、虚实、明暗、刚柔以及薄厚等都是这样。

第三是这种对比具有层次性。在每一个对比项目当中都可以表现出不尽的层次,而层次之间有着细致的差别,控制水平越高,层次间的差别越细微。

第四声音的弹性不是以单项对比的形式出现的,而是以多种对比项目的复合形式出现的,这就产生了变化万端的声音色彩和性格。

三、扩展音域练习

练习时,注意掌握声音的高低、强弱、虚实、刚柔、明暗等的变化。

1. 调整距离练习

(1)想象呼喊十米之外的阿兰"阿——兰"。

(2)想象呼喊百米之外的阿兰"阿——兰"。

(3)想象呼喊更远距离的阿兰"阿——兰"。

在练习过程中,用气息托住声音进行,不可随意用嗓子干喊。

2. 单发螺旋元音

单发螺旋式的元音,一口气螺旋式上升到最高音,再从最高音一口气螺旋式下降到最低音。

3. 滑行式元音

单发元音,一口气由低至高,再一口气由高至低。高低均至声音极限,慢慢增加音域宽度。

四、加强声音对比练习

(一)声音的高与低

(1)在本人音域范围内音调相对的高与低。有层次地爬高再降低再爬高。

选一句话,先用低调说,一级一级地升高,然后一级一级地降下来。

中国伟大　光明磊落

中国伟大　光明磊落

中国伟大　光明磊落

中国伟大　光明磊落

中国伟大　光明磊落

(2)一句高,一句低,高低交替。

中国伟大　光明磊落(高)

中国伟大　光明磊落(低)

中国伟大　光明磊落(高)

中国伟大　光明磊落(低)

中国伟大　光明磊落(高)

(二)声音的强与弱

声音在练习时有层次地由弱到强。用较小的音量读一个小片段,字音保持一定清晰度。

(三)声音的实与虚

一般朗诵要求用声门不闭紧的虚实结合的声音,随内容要求而灵活转换虚实程度。

1. 偏实声练

声门轻松闭合,声音较响亮,扎实、清晰度较高。播报新闻、朗诵议论性文章基本用这种声音,知识性的作品也多用偏实的声音,是用得较多的基本色彩。我们可以采用短小的消息作为练习材料。

继清华大学在 2015 年恢复招收足球特长生之后,北京大学 2016 年也将首次在高水平运动队招生中增加男子足球项目,计划招生 0~10 人。优惠政策上,该项目考生的高考文化成绩须达到生源省份二本线。

2. 偏虚声练

声门有一定的开度,气息逸出较多,容易频繁吸气并带出吸气声,练习时要注意防止;并要保证字音的清晰。虚声多用在说悄悄话、描述想象中的虚幻的事物以及惊叹等情况下。但要注意的是,虚声的使用要讲究"虚实结合",不能一味地"虚"。虚声过多会显得矫揉造作和有气无力。

隔窗,飞雪飘飘,因为室内温暖也还觉得那飞舞着的都是美丽的温情,忽然想起还是秋的江南里,有一双眼睛顾盼生辉,她该是正盼着能踏近一片雪的世界里雀跃欢呼:"哇!下雪了,好美的雪花啊!"(引号中的句子可用虚声)

(四)声音的明与暗

一般朗诵多用较为明朗的声音,但要根据作品内容需要,明暗适宜。

提颧,口腔内音束冲击点较集中、靠前,声音明朗;气息深缓,两颊放松,音束冲击点较散、靠后,声音偏暗。切忌用捏挤嗓子或用上部共鸣的办法寻求声音的明朗。

1. 明朗音色练习

选内容明快的小段子,作轻松、明朗的声音练习。这是朗诵者使用最多的音色,一定要妥为掌握。

下面是碧野的《天山景物记》的开始段。

> 朋友,你到过天山吗?天山是我们祖国西北边疆的一条大山脉,连绵几千里,横亘准噶尔盆地和塔里木盆地之间,把广阔的新疆分为南北两半。远望天山,美丽多姿,那常年积雪高插云霄的群峰,象集体起舞时的维吾尔族少女的珠冠,银光闪闪;那富于色彩的连绵不断的山峦,像孔雀开屏,艳丽迷人。

2. 暗音练习

朗诵作品时,虽然多用明朗的声音,而暗声也是绝不可少的。如朗读鲁迅先生的杂文《为了忘却纪念》,如果用明朗的声音,必然导致情趣迥异,面目全非;只有较暗的声音才可能体现出作品的内涵。可选用这篇杂文的第一段练习。

> 我早已想写一点文字,来纪念几个青年作家。这并非为了别的,只因为两年以来,悲愤总时时来袭击我的心,至今没有停止,我很想借此算是竦身一摇,将悲哀摆脱,给自己轻松一下,照直说,就是我倒要将他们忘却了。

3. 明朗对比练习

分别用明朗和较暗的声音读一个句子,体会它们所表达的情绪色彩的区别。如读"伟大的祖国,伟大的人民"这个句子,用明朗的声音容易体现开朗、欢快、赞颂的情感;用较暗的声音则容易体现深沉的感慨。

(五) 声音的刚与柔

声音要能刚能柔,刚柔相济。也就是说,刚与柔既是对立的两个侧面,又是你中有我,我中有你;要刚中有柔,柔中有刚,使声音柔韧而富于变化。既不能硬邦邦地僵直,也不能像没有骨头似的软绵绵,要知道"过刚则直,过柔则靡"的道理。一般反映较重大政治事件及感情激越的稿件多是偏刚的声音,气息和口腔控制比较有力,一般胸声成分较多;而抒情性的生活气息较浓的及服务性的作品用声则较为柔和,气息和口腔的控制都比较和缓。在一篇稿件中,刚柔也时有变化,那种不问稿件需要,一味地刚或柔的做法都是不恰当的。试朗读下面两段文章,就可以发现,第一段需要用偏刚的声音,特别表现在下面画线处;第二段则须要柔和的声音。

> (1) 方志敏同志具有革命的眼力,他想得一点不错。在白色恐怖弥漫的年代里,无论环境怎样险恶,鲁迅先生一直把密信和文稿珍藏着。他清楚地知道,这是共产党人用鲜血写成的最后的报告,其中有着中国革命的经验和教训。直到一九三六年四月,鲁迅先生在他逝世前半年,才找到了一个稳妥的渠道,把这些重要的文件迅速地转给了中国共产党中央委员会。
>
> 鲁迅先生不是中国共产党党员,可是,在所有共产党员的心目中,他永远是一个能以生命相托的、最可信任的同志。

(2)盼望着,盼望着:春风来了,春天的脚步近了。

一切都像刚睡醒的样子,欣欣然张开了眼。山朗润起来了。水涨起来了,太阳的脸红起来了。

(六)声音的厚与薄

厚薄的含义有所区别,但在发声中,厚的声音往往与粗相连,薄的声音往往与细相连,可以放在一组进行练习。

气息深,胸声强,声音厚;气息浅,胸声小,声音细薄。厚实的声音给人以深沉庄重的感觉,因而播报新闻性及感情深沉的节目常用这种声音;较细薄的声音能给人以轻快感,但如果气息缺控制,声音容易飘浮,男声特别要注意这个问题。用降低舌根的办法可以取得粗厚的声音,但不符合嗓子卫生,除在人物语言造型中可以偶然一用外,通常朗诵时不宜如此使用;而且降低舌根,会使声音发闷。

可以采用感情深沉的诗词锻炼声音的厚度;轻松活泼的知识小品等可以用来锻炼声音的轻巧。例如:

(1)《**兵车行**》 [唐]杜甫

车辚辚,马萧萧,行人弓箭各在腰。爹娘妻子走相送,尘埃不见咸阳桥。牵衣顿足拦道哭,哭声直上云霄。道旁过者问行人,行人但云点行频。或从十五北防河,便至四十西营田。去时里正与裹头,归来头白还戍边。边庭流血成海水,武皇开边意未已!君不闻汉家山东二百州,千村万落生荆杞。纵有健妇把锄犁,禾生陇亩无东西。况复秦兵耐苦战,被驱不异犬与鸡。长者虽有问,役夫敢申恨。且如今年冬,未休关西卒。县官急索租,租税从何出。信知生男恶,反是生女好。生女犹得嫁比邻,生男埋没随百草。君不见,青海头,古来白骨无人收,新鬼烦冤旧鬼哭,天阴雨湿声啾啾。

(2)冬季,北国的兰州虽然寒气袭人,但市场上的新鲜蔬菜却碧绿嫣红,青翠欲滴。水灵灵的蔬菜中,最吸引买主的是洁白纯雅、营养丰富的冬令补品——百合。那层层鳞片组成的果实,宛如盛开的白牡丹,更像怒放的白莲花,格外惹人喜爱。

(七)声音的纵与收

声音的纵与收指以气息统领的声音的放开与收拢,是气息与声音的运动形态。

为适应思想感情的不断运动,气息声音也在不断运动变化,时而纵,时而收。一般情况下,当思想感情处于递进上升状态时,气与声是放开的,气息流速较大,及时补充保持一定压力,声音具有一定力度,整个语流给人以"一往无前"感。而当思想感情处于沉静收束状态时,气与声是收拢的,气息较沉而缓,压力较小,声音也较沉稳。在气与声的纵或收的状态中,又包含若干小的纵收,这样就形成了言语的波澜起伏。这种气与声的纵收变化是随着对作品内容的具体感受而来的。如果气息声总是平稳的,不能根据需要或放或收,言语就必然平淡无味。因此可以说,只有掌握了纵收的技巧,声音才是具有活力的;否则,即使声音的高低、强弱、明暗等变化都是适宜的,还可能是呆板、缺乏活力的。

请看下面的例子。

《白杨礼赞》 茅盾

白杨树是不平凡的树,它在西北极普遍,不被人重视,就跟北方的农民相似;它有极强的生命力,磨折不了,压迫不倒,也跟北方的农民相似。我赞美白杨树,就因为它不但象征了北方的农民,尤其象征了我们民族解放斗争中不可缺少的朴质、坚强、力求上进的精神。

朗读这一段时,气与声必须持"纵"的状态;虽然在两个"跟北方的农民相似"处略有小收,但总的状态是"纵",读来才能铿锵有力。如果用"收"的状态朗读,必然会疲沓、沉重,达不到应有的效果。

鲁迅《社戏》中的这样一段是必须用"收"的状态读的。

总之,是完了。到下午,我的朋友都去了,戏已经开场了,我似乎听到锣鼓的声音,而且知道他们在戏台下买豆浆喝。

而同一文章的另一段却是一种"小纵"的状态。

我的很重的心忽而轻松了,身体也似乎舒展到说不出的大。一出门,便望见月下的平桥内泊着一只白篷的航船,大家跳下船,双喜拔前篙,阿发拔后篙,年幼的都陪我坐在舱中,较大的聚在船尾。母亲送出来吩咐"要小心"的时候,我们已经点开船,在桥石上一磕,退后几尺,即又上前出了桥。

由此可见,训练气与声的纵收能力是取得声音弹性的重要环节。这种能力对朗诵感情起伏较大的作品尤其重要。另外,在句子及层次处理中,也有气与声的相对纵收问题。一般情况下,在句子进行中,气与声相对地处于"纵",也就是"连绵不断"的状态,而当一个完整的意思结束时,气与声相对处于"收"的状态。该"纵"处"收"了,会使意思中断;该"收"处不收,又会影响层次的清晰。

由于声音弹性是以复合形式出现的,因而在单项对比训练的基础上,还要进行综合练习。

第一阶段,可以采用古典诗词作为练习材料。古典诗词以精练的文字抒发深邃的情感,变化多,旋律美,耐推敲,是锻炼声音弹性的好材料。可选择不同内容不同风格的诗词,每一首用一段时间练习,以期达到"情—气—声"的有机结合。也可以针对自己的声音特点选择练习材料,有的发扬己之所长,有的补足己之所短。然后可选用感情变化较复杂些的现代诗歌进行练习。

《茅屋为秋风所破歌》 ［唐］杜甫

八月秋高风怒号,卷我屋上三重茅。茅飞渡江洒江郊,高者挂罥长林梢,下者飘转沉塘坳。

南村群童欺我老无力,忍能对面为盗贼,公然抱茅入竹去。唇焦口燥呼不得,归来倚杖自叹息。

俄顷风定云墨色,秋天漠漠向昏黑。布衾多年冷似铁,娇儿恶卧踏里裂。床头屋漏无干处,雨脚如麻未断绝。自经丧乱少睡眠,长夜沾湿何由彻?

安得广厦千万间,大庇天下寒士俱欢颜,风雨不动安如山!呜呼!何时眼前突兀见此屋,吾庐独破受冻死亦足!

《从军行》 [隋]卢思道

朔方烽火照甘泉,长安飞将出祁连。

犀渠玉剑良家子,白马金羁侠少年。

平明偃月屯右地,薄暮鱼丽逐左贤。

谷中石虎经衔箭,山上金人曾祭天。

天涯一去无穷已,蓟门迢递三千里。

朝见马岭黄沙合,夕望龙城阵云起。

庭中奇树已堪攀,塞外征人殊未还。

白云初下天山外,浮云直向五原间。

关山万里不可越,谁能坐对芳菲月。

流水本自断人肠,坚冰旧来伤马骨。

边庭节物与华异,冬霰秋霜春不歇。

长风萧萧渡水来,归雁连连映天没。

从军行,军行万里出龙庭,单于渭桥今已拜,将军何处觅功名。

《小石潭记》 [唐]柳宗元

从小丘西行百二十步,隔篁竹,闻水声,如鸣佩环,心乐之。伐竹取道,下见小潭,水尤清冽。全石以为底,近岸,卷石底以出,为坻,为屿,为嵁,为岩。青树翠蔓,蒙络摇缀,参差披拂。

潭中鱼可百许头,皆若空游无所依。日光下澈,影布石上,佁然不动;俶尔远逝,往来翕忽。似与游者相乐。

潭西南而望,斗折蛇行,明灭可见。其岸势犬牙差互,不可知其源。

坐潭上,四面竹树环合,寂寥无人,凄神寒骨,悄怆幽邃。以其境过清,不可久居,乃记之而去。

同游者:吴武陵,龚古,余弟宗玄。隶而从者,崔氏二小生:曰恕己,曰奉壹。

第二阶段,选短小的现代优秀散文作为练习材料。散文的感情色彩丰富,而形式、文字更适合朗诵练声。

《天亮了》

那是一个秋天的傍晚,一对年轻的夫妇带着他们的孩子去高山上坐缆车。

《天亮了》

谁知,半途中缆车突然出现了故障。所有的人都悬在了高空中。人们高声地呼喊着:"救命啊,救命啊!"尽管如此,也抵挡不住厄运的来临。忽然,缆车径直而下,伴随着人们的恐慌和尖叫,跌入了一个深不见底的山谷。就在这生命的最后时刻,那对夫妇什么都不想,他们只有一个念头:孩子不能死。他们用尽了全身的力气,用双手托起了孩子。"砰"的一声巨响震彻了整个山谷,缆车变成了一堆废铁,车上的人都死了。唯一活下来的就是那个孩子,是他的爸爸妈妈用双手和爱托起了他重生的起点。孩子哇哇地哭喊着,年幼的他不知道发生了什么,他只是朦胧地记忆着:在那美丽风景相伴的地方,那可怕的巨响,那黑暗的山谷,让他再也见不到爸爸妈妈了。

太阳快出来吧,天亮了,我要找我的爸爸妈妈。

《凄美的放手》 思敏

1998年夏天,当洪水铺天盖地袭来的时候,董方保和他的妻子在急流中同时抓住了一棵小树。他们都不会水,求生的本能使他们死死地抱住了那棵救命的小树。洪水迅猛地往上涨,他们拼死地往上爬。终于,幼嫩的树干再也无力承受两个人的重量,一点点朝水面弯下来,弯下来。妻子平静地看了丈夫一眼,说:"还有那么多孩子等着你呢,多保重呵。"还没等董方保反应过来,他的妻子已从容地放开了紧握树干的双手,消失在了湍急的洪流中。董方保悲痛欲绝,但理智告诉他,他不可以随她而去——他是一所小学的校长,他的生命属于千百个天使般的孩子。

"让我先走一步吧。"这是一个爱着丈夫所爱的女人最后的心音,"你可知道,我多么不愿也不忍这么早就对你说出这诀别的话语。别了,生我养我的土地;别了,生死相依的爱人。带着我的一颗心好好活下去呵。待到洪水退去的时候,请你一定要领着我们的女儿小董钰来寻这棵树,告诉她,妈妈曾经怎样地紧握;更要告诉她,妈妈又是怎样微笑着放手。"

这个练习在发声上的难度大一些,因为气息、声带都要做跳跃式地调整。

第六节　用嗓的注意事项

一、嗓音的保护

嗓音和乐器一样,需要保护,且嗓音的保护没有可逆性,它不像琴弦吹管乐器上的簧片随时可以换新的,一旦受了严重的损害,可能永远都成了废物,同时还可能产生其他疾病影响健康。所以使用过程中需特别注意,科学地保护好自己的嗓子,是每一位朗诵者都需要认真考虑的事情。

1. 增强体质

中国人常说"中气十足"的声音就是健康的象征。嗓的健康基础常常是建立在身体之上,所以,加强体育锻炼,增强体质是非常有必要的事情。反复性的感冒容易令嗓处在一种病态状态,而感冒期间的发音方法与正常时候的发音方法稍有不同,待感冒好后,也仍容易采取感冒时的方法发法。此外,长期带病用嗓容易造成发音器官器质性的创伤,很难弥补。所以,身体不适的情况下,尽量减少用嗓。需长期用嗓的人群则应该养成好的锻炼习惯。

2. 养成好的睡眠习惯

睡眠对于嗓音的影响非常大。睡眠充足嗓子就会舒服,发出来的音质量比较高。而在睡眠不足的情况之下,声音则容易发紧,也对声带影响较大。另外还需要注意,每日早上的发声练习,需由轻到重,由缓至急,循序渐进,切不可一开嗓就大喊大叫。

3. 忌不良刺激

很多人都会发现,当进食了刺激性食物的时候,如辣味,嗓子里有一种烟熏火燎的感觉。或者当进食过多炒制食品之后嗓子也容易有这样的感受。嗓子发干、上火,从而引起呼吸道的感染。所以,常用嗓的人应特别注意尽量少吃刺激性的食物,如辣椒、炒货、冷饮、太甜的食品都对嗓子有一定的影响,根据每个人的习惯可酌情减少食量。除此之外有些食物对嗓音的保护也有一定的帮助,如金橘、柚子等。在平时生活中,尽量不要喝太凉或太热的饮料,不管春夏秋冬,以喝温开水最为适宜。

4. 女性生理期尽量减少用声

女性在经期前或者经期,由于受性激素的影响,嗓子大多会有不同程度的变化,比如声带充血、水肿、张力不好、声带分泌物增多等情况,在此期间尽量减少用嗓。

二、推荐练声材料

练声材料一:

万民欢腾,世纪之交,如诗如画的焰火,描绘着楚汉名城光辉的未来。

千年复始,世纪之交,如歌如颂的庆典,展示着英雄长沙人民的励志与忠诚。

让历史预言:21世纪属于中国! 让心灵承诺:21世纪属于我们。

练声材料二:

这里是太阳眷恋的东方,长江在这里孕育,希望在这里苗壮成长。

这里是海风吹醒的地方,种子在这里萌动,思想在这里豁然开朗。

回首三年路,记住奋斗的甘苦,但不沉醉于成功的喝彩。挥挥手,不带走一片云彩。

笑看三年情,握住共同的理想,但不沉迷于遥远的幻想。握握手,未来在我们自己手中。

这就是我们年轻的东方,它充满无穷的力量。

练声材料三:

从清凉山的明月,到天安门的华灯,我们走过了60年。

从延安新华广播电台到中央人民广播电台,我们奋斗了60年。

我们祝愿,祝愿我们的听众朋友们,身体健康,生活美满,工作顺利。

60年前的今天,在抗日战争的漫天烽火里,我们吹响了华夏儿女自由解放的号角。

60年后的今天,在经济腾飞的遍地春潮中,我们高唱着中华民族再创辉煌的凯歌!

在这里,我们向60年来,所有关心、主持人民广播事业的各界朋友,表示衷心的感谢!

此时此刻,就让我们一起来回忆那一段段难忘的岁月,共同聆听那一首首动人的旋律吧！

当零点的钟声将要敲响，未来举起手敲门的时候，当中央人民广播电台即将走入 21 世纪的时候。

我们祝愿，祝愿我们的广播与您终生相伴，伴您度过每一个恬静温馨的夜晚，迎来每一个生机勃勃的黎明。

我们祝愿，祝愿我们的广播与您并肩同行，为您分担每一次人生奋斗的艰辛，编织每一幅未来理想的图景。

练声材料四：

梳理这条河，披沙拣金，我们拾到了光照古今的千古名篇。

披一路风尘，数千载风流，看青山依旧，唱大江东去。今天，在人类举步跨进 21 世纪门槛的时候，我们从历史的珍宝馆里满载而归，和大家共享这场精神盛宴。

拾一块女娲补天遗落的彩石，借一弯斜照汉家宫阙的冷月，折一缕渭城朝雨中的柳丝，举一盏冰心老人点燃的小橘灯，我们沿着历史长河的故道，溯流而上，开始了寻觅千古名篇的文化散步。

一个民族能够昂首屹立在人类文明之林，她的脚下必定有奔流不息、万世不竭的民族文化的滋养。这条文化长河，从远古奔向未来，从洪荒奔向文明，带着一路欢歌，也带着一路血泪，一路呐喊，留下了诸多硕果和丰碑，也记下了诸多辛酸和遗恨。

她是艺术笔墨写就的史诗，前无古人，后无来者。既是民族智慧的结晶，又是历史长卷的浓缩。嶙嶙魏晋风骨，巍巍盛唐气象，咚咚咚的鼓，猎猎旗卷楼兰，金缕曲，黄莺儿，桃花扇，杨柳风，篇篇都是对时代的沉思，字字是对历史的凝视。

她是价值连城的稀世珍宝，美不胜收，倾国倾城。她如同熠熠生辉、泛彩流光的颗颗钻石，镶嵌在时代的长廊。夸父的坚毅，洛神的婀娜，屈原的仰天长啸，李煜的愁肠寸断，关云长的横刀立马，贾宝玉的儿女情长，无不成为艺术美的化身，历万古而不朽。

她是一条连接民族文化的链环，一端牵着远古，一端指向未来。浩浩五千年文明，摇曳多姿，辉煌巍峨，浸润和滋养着中华民族。千古名篇，字字珠玑，章章锦绣，是民族文化、中华文明的浓缩版、精华篇。捧读她，欣赏她，我们清晰地感觉到了先贤哲人的深邃博大，志士仁人的报国壮志，游子商旅的亲情乡愁，痴男怨女的追求呐喊。

历览千载辉煌地，长歌浩叹唱古今。捧起这些佳作，我们与圣贤相会；吟咏这些绝唱，我们与历史对话。传统在这里升华，文化在这里更生。我们是传统文化的后来人，我们又是文化香火的传递者，我们还是当代文化派出的使节。

第八章 朗诵的情感表达

古人常说"书读百遍,其义自见"。说的就是朗诵的重要性。古人在学习时,也常用朗诵的方式进行。朗诵,就是用清晰的、响亮的声音,结合各种语言表达手段来完善地表达作品思想感情,是一种有声语言艺术。这种艺术表现形式被广泛运用于表演、教学活动、广播电视和人机交往中,在使用中,可以是歌颂、表扬、寄托哀思、怀念……表达不同的意义所需表达出的思想感情各有不同。

这需要朗诵者在表达的过程中牢牢抓住其情感的精髓,从而将文字添加上真挚饱满的情感,朗诵就更加有血有肉丰满起来。朗诵时若没有内在的感情为根本,即使拥有着再高超的朗诵技巧,这个朗诵听起来也是假的,声音再华丽,声线再美好,朗诵最终也很难打动人。由此可见,情感表达在朗诵中起着至关重要的作用。

情感,就是人在特定的环境下,对外界事物刺激的肯定或否定的心理反应。如喜欢、愤怒、悲伤、恐惧、爱慕、厌恶等。而朗诵,就是朗诵者作用于眼、耳、鼻、舌、身、意的情感调动,把作品的喜怒哀乐的情感或心理活动转化为有声语言表达出来。将平面化的文字转化为立体的表演,听觉和视觉共同接收,比平面化的文字更丰富和精彩。

如何做到情感的调动?

一是"理解"。理解,从字面来看,就是理性的思考和解读;从认知层面上讲,认识得越全面,了解得越透彻,理解得就越深刻,使我们对人、对客观事物有更准确的把握。

我们要把一首诗或一篇散文朗诵好,我们首先要做到"理解"两个字,也就是要准确把握作品的内容,理解作品的深刻含义。这是朗诵情感调动必须解决的第一个问题。很多人拿到稿件后第一时间就是读,对文章理解不够深刻,创作出来的朗诵作品只有声没有魂。

二是"感受"。感受,就是表达着接受作品符号的刺激,所引起的内心反映。表达的创作过程,不是简单地由文字到声音。从词义上解释"感受"二字,而是人们在接触外界事物过程中所得到影响或所获得的体会。

人们对于"感受"二字有着不同的体会和认知。

感受是指由于作者的感觉器官受到周围各种现象(如颜色、形态、音响、味道、光滑、粗糙、冷暖等)的刺激所产生的一种与之相适应的思维和情感活动。感受在写作过程中的作用过程,而是文字—生活—声音的过程。表达着必须被文字符号唤醒,透过文字感受生活。让作品中的人、事、景物在脑子里成为活生生的东西,有如临其境,如见其人,如闻其声的感觉。这也是我们常说的情景再现。通俗地说,脑子里边要过电影。这是朗诵情感调动必须解决的第二个问题。你必须先打动自己,才能将这份感受传达给他人,从而感动他人。

三是"动情"的问题。动情,就是要把感情调动起来,要做到在分析作品的时候,不仅要注意理解、感受,而且更重要的是注意情感体验。

我们老一辈的语言大师们,如刘广宁、乔榛等,他们朗诵的作品是那样的娓娓动听,感人至深,令人听之永生难忘。是因为他们除了运用一些朗诵技巧外,而更重要的是他们紧紧抓住了"情感"二字。

不少人在朗诵的时候,他们不是在朗诵,而是在朗读。当他们掌握了朗诵技巧,如理解、感受、动情、包括外在表达技巧,重音、停顿、连贯、语速、节奏等,依然达不到感人的境界。当他们全身心地投入作品中去,把情感句从心底里叹出来而不是说出来时,他们终于动情了。他们开始打动自己,随之也就打动了听众。

由此看来,朗诵中的"情感"二字是最重要的。但并不是说其他技巧都不重要,它们是相辅相成的,没有理解,谈不上感受,没有感受就谈不上情感。造诣深的人朗诵或配音,不是喜悦就是悲伤,不是低沉就是高昂,总是在情感的太空畅游。有时朗诵或配音,到感人的情节时,总是泪流满面。

由此可见,朗诵的情感对作品的表达是多么的重要。

张颂教授在《朗诵学》中对表现不同感情色彩时,气息、声音、口腔状态的特点进行了精辟的概括。

如何表达情感? 首先要确定作品的思想、基调和感情。这种感情要是一种真实的感情,要有真情,而不是虚情假意。当然这需要一定的生活体验,在生活中得到的体验,在朗诵中直接转换过来。我们还需要把握好作品的基调,把握好基调,我们才能够比较准确地表达出作品的情感和情绪。

所以在拿到一篇作品时,要深入一个作品中去,注意作品基调是什么,如果基调错了,整个作品的表达都会偏离正确的轨道。

在朗诵过程中,要注意作品的情感变化,只有这样我们在朗诵表达中才会有层次感,有变化,有起伏,有高潮,一个作品不是从头到尾一种情绪,从头到尾悲伤或者从头到尾喜悦。情感须要变化有层次。要仔细分析作品的情感变化脉络。

朗诵的感情基调,就是作品总的态度感情。把握好基调,必须深入分析,理解作品的思想内容。在此基础上,朗诵者才能真正产生真实的感情。

第一节　清新、舒展情感的表达

一般而言,这种表达声音的音量偏小一些,语调柔和、抒情。气息较深长。这种感情,也是大多数的散文随笔需要表达的感情。

练习一:

我到一座花园去参观,看到园中的花正盛开,树都苍翠,忍不住赞叹地说:"这些花和树是多么的美呀!"(节选自林清玄《花与树的完美》)

练习二:

雪的可爱处在于它的广被大地,覆盖一切,没有差别。冬夜拥被而眠,觉寒气袭人,蜷缩不敢动,凌晨张开眼皮,窗棂窗帘隙处有强光闪映大异往日,起来推窗一看——啊! 白茫茫一片银世界。竹枝松叶顶着一堆堆的白雪,杈芽老树也都镶了银边。朱门与蓬户同样的蒙受它的沾被,雕栏玉砌与瓮牖桑枢没有差别待遇。地面上的坑穴洼溜,冰面上的枯枝断梗,路面上的残刍败屑,全都罩在天公抛下的一件鹤氅之下。雪就是这样的大公无私,装点了美好的事物,也遮掩了一切的芜秽,虽然不能遮掩太久。

雪最有益于人之处是在农事方面,我们靠天吃饭,自古以来就看上天的脸色,"天上同云,雨雪雰雰。……既沾既足,生我百谷。"俗语所说"瑞雪兆丰年",即今冬积雪,明年将丰之谓。不必"天大雪,至于牛目",盈尺就可成为足够的宿泽。还有人说雪宜麦而辟蝗,因为蝗遗子于地,雪深一尺则入地一丈,连虫害都包治了。我自己也有过一点类似的经验,堂前有芍药两栏,书房檐下有玉簪一畦,冬日几场大雪扫积起来,堆在花栏花圃上面,不但可以使花根保暖,而且来春雪融成了天然的润溉,大地回苏的时候果然新苗怒发,长得十分茁壮,花团锦簇。我当时觉得比堆雪人更有意义。(节选自梁实秋《雪》)

练习三:

有时,外面下着雨心却晴着;又有时,外面晴着心却下着雨。世界上许多东西在对比中让你品味。心晴的时候,雨也是晴;心雨的时候,晴也是雨。

不过,无论怎么样的故事,一逢上下雨便难忘。雨有一种神奇;它能弥漫成一种情调,浸润成一种氛围,镌刻成一种记忆。当然,有时也能瓢泼成一种灾难。

春天的风沙,夏天的溽闷,秋天的干燥,都使人们祈盼着下雨。一场雨还能使空气清新许多,街道明亮许多,"春雨贵如油",对雨的渴盼不独农人有。

有雨的时候既没有太阳也没有月亮,人们却多不以为然。或许因为有雨的季节气候不太冷,让太阳一边凉快会儿也好。有雨的夜晚则另有一番月夜所没有的韵味。有时不由让人想起李商隐:"何当共剪西窗烛,却话巴山夜雨时"的名句。

在小雨中漫步,更有一番难得的惬意。听着雨水轻轻叩击大叶杨或梧桐树那阔大的叶片时沙沙的声响,那种滋润到心底的美妙,即便是理查德。克莱德曼钢琴下流淌出来的《秋日私语》般雅致的旋律也难以比拟。大自然鬼斧神工般的造化,真是无与伦比。

一对恋人走在小巷里,那情景再寻常不过。但下雨天手中魔术般多了一把淡蓝色的小伞,身上多了件米黄色的风衣,那效果便又截然不同。一眼望去,雨中的年轻是一幅耐读的图画。

在北方,一年365天中,有雨的日子并不很多。于是若逢上一天,有雨如诗或者有诗如雨,便觉得奇好。(汪国真《雨的随想》)

第二节　热情、赞美情感的表达

一般而言,这种感情的表达,声音要柔中有刚,咬字力度要大,气息沉实。这种感情需要充分调动内心情感,对所朗诵的对象有一种崇敬赞美之感。尝试以下诗歌的诵读。

练习：

沿着黄河之岸，
我赤脚踩着黄土，
一步一步地寻找，
寻找传说中的脚印。
五千年的冲击，
五千年的积淀，
五千年的风雨岁月，
五千年的壮烈豪情！
重重的，
在这片神奇的黄土地上
发出东方的呐喊；
轻轻地，
用最清亮最深情的调子，
唱出泱泱古国的文明。

站在雪域高原，
我朝着太阳升起的方向，
一遍又一遍地追问，
追问女娲补天的内蕴。
从黑云密布到朗朗乾坤，
从漫漫长夜到一片光明，
我们越过高山大海，
我们劈开杂草荆棘，
我们用身躯托起大山的脊梁，
我们用鲜血换来万象更新！
当一个声音回荡天际，
当五星红旗在天安门广场猎猎飘扬，
啊，祖国，
你是我沸腾的血脉，
你是我激荡的心灵！

循着万里长江，
我怀一腔赤子痴情，
一次又一次地探究，
探究真理的深奥和纯净。
有过坎坷，有过彷徨；
有过挫折，有过飘零。

任它潮起潮落,

自有天地胸襟!

什么是博大和深邃?

什么是情操和品行?

什么是高尚和卑下?

什么是信念和信心?

看大浪淘沙,百舸争流,

听锣鼓喧天,战马嘶鸣!

啊,祖国,

我愿意是您怀抱中的孩子,

即使千年万年,

永不变心!

(选自《祖国,母亲》)

第三节　低沉、悲痛情感的表达

一般而言,这种表达用较暗、低沉、的声音来表达这样的情感,胸腔共鸣较多,节奏较慢,字音缓缓送出。这种感情一般比较难掌握,在朗诵时,表演的痕迹不能太重,不然会有一种"虚伪"之感。

练习一:

这棵大树太老了,无情的风霜雨雪早已经把它的身躯浸染得满目苍凉。这棵大树太执着了,不管严冬有多么漫长,只要春风轻轻地一声呼唤,它就会毫不犹豫地在新枝上释放出生命的消息。

春草默默地站在大树底下,目光像一只不知道疲倦的鸟儿,衔着企盼和等待,随着通往山下的那条曲折崎岖的小路,飞得很远很远?

每一天的太阳又升起来了,第一缕阳光总是最先洒落到春草那张似乎与大树一样苍老的脸庞上。那一年春天,春草在大树底下依依不舍地送走了新婚的丈夫。那时候,小夫妻喜庆的红烛才刚刚点燃,幸福的花朵刚刚才散发出醉人的芬芳,新婚的丈夫却毅然地从洞房里走出来,准备奔赴保家卫国的朝鲜战场。

春草没有阻拦。春草只是默默无语地将心爱的丈夫送到路口的那棵大树底下。要分手时,春草轻轻说:我要天天想你,就在大树底下想你。你是顺着这条山路走的,我要天天望着山下的这条小路,一直等到你回来……

起风了,山里总是要起风。山风吹到大树底下的时候总要停留一会儿。山风悄悄告诉在大树底下苦苦等待的春草:春天过去了,秋天也过去了,冬天就快到了。

春夏秋冬排着队一串串地走过去了。大树底下春草已经不是一个人在等待了,她的背上背着还没有见过父亲的儿子。刚刚学会说话的儿子喜欢眨动着新奇的小眼睛在母亲的背上发问:妈妈,我们在大树底下等谁呀?

下雨了,晶莹的雨珠滚落在春草开始憔悴的脸庞上,分不清是雨水还是泪珠。大树的旁边,已经垒起了一座新坟,丈夫的躯体已经长眠在异国他乡。坟墓里葬着的是烈士离开家乡前的一只新婚枕头。凄风苦雨中,春草仍然站在大树底下,身旁伴着丈夫的坟墓,目光依旧落在山路的尽头。春草的内心里,总有一个声音十分执着地在对自己说:孩子他爸,你恐怕已经在回家的路上了吧,快回来吧。天塌了,山崩了,我也要等你。

白云在天空中一朵一朵地飘过去了,儿子长大了,儿子的模样同他的父亲几乎没有两样。有一天,儿子从山下回来,满腹心事地坐在正在小溪边洗衣的母亲身旁,目光跟随着苍茫天空中的一只孤鹰茫然飞翔。儿子鼓足勇气告诉春草:妈,我已经报名参军了。春草听了,浑身猛地一颤。

儿子还是走了。临行的那一天,春草仍然将儿子送到路口的大树底下。儿子突然返身过来,扑通一声跪倒在母亲的脚下,泪流满面。春草把儿子扶起来,努力地笑了一笑,对儿子说:去吧,儿子,到外面去长长见识,妈在大树底下等你回来。

相依为命的儿子走了。大树底下,春草那双已经渐渐失去光泽的眼睛里,又重新燃起了期盼的火苗。当时间这根残酷的皮鞭,抽打得春草心灵滴血的时候,儿子终于回来了。儿子是躺在一只精致的骨灰盒里回来的。部队上的人对春草说:好妈妈,您的儿子为了救三个落水儿童光荣牺牲了。

当大树旁边又多出一座坟茔的时候,那条挂在山下的小路,突然变成了一道耀眼的闪电,金光一闪,蓦地无声无息地消失了。春草的眼睛从此什么也看不见了。

春草的眼睛失去了光明,心里却越来越明亮。那条通往山外的小路,已经深深地铭刻在她的心中。无时无刻,春草都能够看见丈夫和儿子顺着山路,正一步一步地朝自己走来。春草在大树底下也长成了一棵大树。

此时,山脚下大型的水利工程轰轰烈烈上马了。移民工作组来到了大树下。他们在春草面前欲言又止,谁也不忍心惊扰这位苦命而又让人肃然起敬的春草大娘。春草说:我知道你们想对我说什么,我老了,一辈子都是在大树底下过来的,我的根已经和大树连在一起了?

移民工作组的同志十分为难,眼看大部分移民已经搬迁出去了,哪怕只剩下春草大娘一人不走,也不能算是完成了移民搬迁任务,何况春草大娘还是一个令人尊敬的烈属和英雄的母亲。移民工作组的同志谁也不说话,只是天天都到大树底下默默地陪伴着春草大娘。

那一天,春草枯涩的眼窝里,突然流下来两行清泪。大树底下,春草跪在丈夫和儿子的坟前,呜咽着说:我走了。我已经把你们全印在心上了。

人们按照当地的风俗,为春草大娘举行了移民区最隆重的欢送仪式。(阿炳《大树下的春草》)

练习二:

永顺来到了军营,和我在一个班,第一次洗澡时我们发现个子高高的他竟穿着个红肚兜,全班人哄笑起来。晚上熄灯后,有人听见永顺哭了,从此,我们再也没有看到永顺穿那个红肚兜。永顺牺牲后,我们在整理遗物时才发现红肚兜平平整整地放在永顺每晚紧贴在脸下的枕包里。看到红色渐褪的肚兜,我们为那次不经意的哄笑流下了忏悔的泪水。

永顺是在部队的一次实弹演习中牺牲的。一颗掷出的手榴弹没有炸开,他和另外一名战士上前排除隐患。忽然发现躺在地上的那颗手榴弹在"嗤嗤"冒着白烟,惊叫了一声:"不好!"他将身旁的战友推倒在地上,自己则一个箭步冲上去——"轰隆"一声,一切归于寂静……

儿子走后,只要一有空闲,老人家就坐在村头的老榆树下,怔怔地出神。暮色来临,她才拖着疲惫的步子,挪进那间冷冷清清的小屋。她睡得很晚,就着灯光不停地为儿子做鞋做补袜、做红肚兜。按这里的风俗,未成家的孩子穿着母亲做的红肚兜才能祛病避邪,保一生平安。所以老人家就不停地做着。她还养了几只母鸡,将蛋一个个攒下来,拿到集市上换钱准备儿子娶媳妇儿时用。

老人家第一次出远门是取儿子的骨灰,在肃静的灵堂,在儿子几位战友的痛哭声中,她缓缓走到儿子遗像前。没有一个人听到她发出的哭声,却透过泪眼看到她死死抱着儿子的遗像趔趄着走出了灵堂。夜晚,营区黑黑的角落亮起了一簇火光,走近才发现,她正面向西方,烧着为儿子做的几个红肚兜和一色纸钱。老人家没有向部队提出任何要求,领导再三询问,她才要求我们班11个人陪她上一次街。她坚持用自己的钱买了唯一的物品——一块很长的红布。

清晨,我们走进房间发现她的用具以及永顺的遗像、骨灰盒不在了。等我们气喘吁吁地进了火车站,看到角落里正抱着儿子遗像暗自落泪的老人家,我们的眼泪汩汩而下。儿子是烈士,她不想给部队再添麻烦,不想给儿子丢脸。11个小伙子扑向了这位正承受失子煎熬的母亲,一起哭着长长地喊了一声:"娘——"(节选自《草地夜行》)

第四节　恐惧、愤怒情感的表达

一般来说,在表达恐惧的情感时,气提声凝,口像冰封,气息像倒流。

练习一:

咚的一声闷响。我脑子里好像有什么东西一闪,接着消失了。

路劫去摆弄那些文物,一边弄一边絮叨。我偏着半个脑袋,一直在寻找那种感觉,到底是什么东西? 皮包?

路劫道:"你怎么了老牛? 中邪啦? 咱们可发了!"

我恍然惊悟道:"不对! 老路! 不对呀!"

路劫见我惊慌,连忙起身道:"怎么了? 什么不对?"

我道:"声音不对!"

路劫道:"什么声音不对? 我看你是被钱吓晕了。"

我蹲下,凝视着路劫的眼睛:"皮包下面……好像还有东西!"

　　路劫大喜："真的？我的妈呀！真是老天爷可怜咱们了。"言毕抽身出去，拣起皮包，左看右看，可就是看不出来有什么名堂。

　　路劫又道："老牛啊，这皮包里没什么了啊。你是不是想钱想疯了，那些古董够我们吃喝不尽了，你还想有什么奇迹？"

　　我道："老路，如果我没猜错的话，这几个只是小玩意，真正的大秘密，应该在皮包里。"

　　"嗨！给给给，能有什么大秘密啊，一个破皮包！"路劫随手扔给我。接过皮包，我仔细看了一遍，仍是没发现什么。可是刚刚扔出去的时候，我听到的那种闷声，只有一些皮东西能发出这种声来。过去曾听邻居的老人们说过，动物的皮不能做成大包，说不吉利。我觉得，原因不是不吉利，是不保险。一些传说不能不信，也不能全信，刚刚那声音已经告诉我，这皮包是动物皮做的！我拿手电往里照。

　　路劫道："这些古董已经够我们兄弟吃喝一阵子，你还做什么梦啊，这皮能是貂皮呀！来，帮我看看这碗。"

　　我道："老路，放大镜给我！"路劫道："真是的，没看我忙着呢！"随手把放大镜递给我。我用放大镜仔细一照，皮包的内侧竟然刻满了地图。很微小，大概是房子的光线弱，隐约可以看清楚。我忙把路劫叫了过来："老路。这是张地图！藏宝图！"

　　路劫把头伸进皮包里，看了一眼，大吼了一声："真的！妈呀我发了！哈哈！"

　　我和路劫两人拿着手电，把个皮包前前后后都寻了个遍，除了一些仿佛地图的纹络以外，什么也没找到。真泄气！

　　路劫用水果刀把皮包割开，只剩下一张大皮，悬起来还真吓人，离远了看，就像一张人皮！

　　路劫道："老牛，这……这怎么像是人皮啊！"路劫说话，吓得声音都变了。

　　我给他壮胆道："没啥。不就是张猴子皮吗？有什么大惊小怪的？"

　　路劫伸手擦汗道："哦，原来是猴子的，看起来真像人皮，可吓死我了。"言毕又伸手捏捏，确认是很多年以前的皮，也不害怕了，胆子大了一圈："是人皮又咋地，咱又没杀人，何况这是猴子皮。"

　　我道："咱别管它是什么皮，先看看这张地图再说。"我总觉得这是人皮做成的地图，姑且叫它人皮地图，是不是人皮这是后话。我把人皮地图撩起来，轻轻挂在墙边的大树上："好了老路，咱兄弟先吃饭，等晚上再琢磨吧。"（节选自东方明月 momo《鬼秘图》）

练习二：

　　内房在楼梯下，非常结实的铁门，门开了能看到一条走廊通往地下室，因为东西太多，我们打开内房门之后，就看到沿着楼梯一边做有一个架子，已经堆满了东西。我也明白了，小花他基本不知道里面有什么实际的原因——所有内房里的东西，全部都用一种写满了字的布包着，布上的字非常小，字体不一。布包得很密，如果不仔细打开，只是路过，不可能知道里面是什么。

　　布大部分是白色的，有一些是黄色和红色，这些颜色让内房看上去，不是很吉利。

不过意外的是,里面的灰尘很少,只有薄薄的一层。

我们面临的选择是:要么不管三七二十一,直接开始搬,因为看数量到凌晨是肯定搞不定的,我这个人不喜欢在这种老宅子里待到那么晚;要么再往下看看情况。因为这场面确实挺壮观的,我们家是个穷光蛋家族,爷爷除了几个狗场留下来,其他值钱买卖也被我糟蹋得差不多了,家底殷实对我来说,是光,是电,是唯一的神话。

我们顺理成章就直接走进了地下室,地下室沿墙壁是一圈书架,中间几乎没有架子,却有一个奇怪的东西。看到这个东西,小花顿了顿,用手拦住了我们。

那东西也用白布包着,有一辆宝马mini车的大小,可能是一堆东西,也可能是一个巨大的物件。

"我上次来的时候,这个东西还没有在这里。"小花说道,"有问题。"

"你上次来是什么时候?"我问道,小花不会常来这里,估计是三四年也不会来一次,可能是家族里有人有新的收获。

小花拦着我们往后退了一步,脸上的表情很怪,他回头对我道:"我上次进这个房间,是15分钟之前。"(节选自南派三叔《盗墓笔记》)

一般来说,在表达怒的情感时,气粗声重,口腔如鼓,气息如橡。

练习:

在南京,在大屠杀纪念馆,一个巨大的头颅,一张巨大的嘴,在呐喊。呐喊声,在无涯的时间和空间,凝固了。一个被日本人活埋的中国人,一个人,喊出了一个民族的痛。被埋在泥土下的躯体,在反抗,在挣扎,在竭尽全力爆发。血气上涌,眼眶通红,生命在呐喊声中,变得轻盈、飘逸、远离灵魂。

在看到一个人被另一个人埋进泥土,一个民族被另一个民族活埋的时候,会想些什么?

那些木然地甚至欣喜若狂地挥舞铁锹,用泥土涂抹这幅图的所谓的"人",他们,挥动着恶之臂膀的他们,还能被称为人?!(节选自齐越节《南京大屠杀》)

所选练习有时候同时表达几种不同的情感。在朗诵的时候注意区分。

第五节　着急、高亢情感的表达

一般来说,在表达急的情感时,气短声促,口腔似弓箭,飞剑流星,气息如穿梭。

练习:

他下了命令:机枪掩护,全体上刺刀,除了留两个战士背政委,其余的人准备冲锋,冲出去的人向桃树沟集结,编入二营,准备吧。两挺轻机枪打响了,残存的20多名干部战士呐喊着向前方做了一次悲壮的攻击,顷刻间,由冲锋枪组成的交叉火力构成了一道密集弹幕。又是七八个战士栽倒了,余下的战士又被火力压在地上,李云龙两眼冒火,推开机枪射手,端起机枪喊道:娘的,拼了……话音没落,只见和尚光着膀子提着用绑腿布捆好的集束手榴弹,窜出矮墙,李云龙一看就惊呆了,对一般人,四颗手榴弹的集束捆就不易出手了,因为这种重量顶多能扔出十米远,而巨大的爆炸力很可能把自己也炸碎，可这回和尚竟拎着整整 10 颗。李云龙已经来不及制止了，只听见和尚大吼一声：小鬼子……身子 360 度转了个圈，像掷铁饼一样将集束手榴弹甩出去，奇迹发生了，这捆巨大的集束手榴弹在空中划出一道优美的弧状抛物线，径直飞出 20 米开外，在和尚扑倒的同时，一声山崩地裂的巨响，强大的冲击波飓风般掠过，两侧的房屋像是用纸板糊成的玩具连同鬼子的冲锋枪手全都飞到半空中，顷刻间，碎砖烂瓦连同鬼子的残破肢体下雨般地纷纷落下，眼前豁然开朗，战士们的视野里出现一片小广场，突围的道路打通了，残存的战士背着伤员，怒吼着冲出村去……

（节选自都梁《亮剑》）

高亢的感情的表达要求声音洪亮，举止庄重大方，吐字要有力度，字正腔圆，有穿透力，气息要稳定、扎实。一般很多主旋律的诗歌朗诵都采取这种方式。

第九章　传统吟诵的基本规则和学习要领

诵读和吟诵，是学习、感悟和表达古诗词的一种有效方法。传统吟诵的基本规则和学习要领，概括起来有以下几点。

第一节　传统吟诵的要领须"依字声行腔"

首要的基本要求即读音要字声准确饱满。汉语虽是一字一声，但每个字音都是由声母和韵母拼成的。古代曲唱理论把字声分为头、腹、尾，无论唱、念，都讲究吐字有"头、腹、尾"的韵味，同时又浑融一体"圆如珠玑"，吐字行腔如"一串骊珠"，这就是传统声乐理论所说的"字声饱满"。吟诵也是如此，"字声饱满"是吟诵的精微之处，看似简单，做到"有味道"却需多加练习，现在有些人学习传统吟诵时刻板地去"套调"，结果造成一些字音不够准确的"吃字"等现象，是要加以注意的。

突出平仄是"依字声行腔"的关键，在汉语普通话中，平声是指阴平和阳平，仄声是指上声和去声。格律诗的平仄搭配是很有规律的，我们平时常听到的"平平仄仄平平仄，仄仄平平仄仄平"之说就属此列。当然平仄搭配规律不止这么简单，还会有一些变化。对此，我们可以不必了解得很细，但要有一个意识，就是根据诗歌的内容和表达需要，突出这些平仄变化，增强诗歌的音乐性和韵律美。突出平仄的方法有重点词句加大起伏，对仗之中突出变化，整体加强抑扬顿挫，可使吟诵声调的平仄变化更加分明。

入声字是普通话中没有的，而在传统的方言文读吟诵中大量存在，在南方语系的传统吟诵中尤为明显。如果将方言吟诵调转化为普通话吟诵，其中的入声腔调原则上应该保留，这样才能保持其吟诵调的特有趣味。高水平的吟诵，无论方言文读吟诵还是普通话吟诵，最好能够适当了解入声字并予以恰当运用，这正是普通话吟诵不同于普通话朗诵的区别之一。

大体说来，汉语的阴平和上声，自然音流略长，阳平和去声自然音流略短，入声吐字急促；在音量上则通常平声轻而仄声重。但须注意：这只是汉语吐字的自然本色，并不包含诗词吟诵的拖腔在内。

诗词中所有的字词都是被组织在诗句中的，字调都受到语调影响，而且当字调和语调之间产生矛盾时，字调要服从语调。因此，从整体的角度加强语调的高低起伏、抑扬顿挫，客观上也就加强了字调的幅度变化，从而突出了平仄。如张九龄《望月怀远》中的诗句：

> 海上生明月，
> 天涯共此时。

吟诵时，为了显示明月之亮、之高；"明月"二字吐字归音饱满，并随语势扬起，句中"明月"二字的调值变化幅度明显要大于单个读这个词时的调值幅度，这样，在整体语势的变化过程中,个别须要强调词句的平仄就被突出出来了。

最后,关于语势的变化在吟诵中也很重要。在吟诵时,诗词语意是否清晰,文气是否畅达,语流是否流畅,在很大程度上体现在语势的呼应上。呼应的语势,可以使相邻的句子联系更加紧密,使相关内容以意群的形式结合起来;可以贯通文气,使诗词内在的神韵统一起来;可以彼此连缀,使语句连接更加顺畅。

语势的呼应分同势呼应和异势呼应两种。

(1)同势呼应指当前一个诗句结束时,后一个诗句以大致相当的音高来承接,使前后语句连贯畅达。

同势呼应的主要类型有高停高起和低停低起两种,此外还有一些中间过渡类型。同势呼应的关键是诗句承接要自然流畅,不饰雕琢。以杨万里《晓出净慈寺送林子方》中的两句为例:

> 接天莲叶无穷碧,
> 映日荷花别样红。

"接天莲叶无穷碧"一句采取上扬类的语势,"无穷碧"三字语势渐扬,"碧"字的音高夸张地提高,字腹拉开,字尾时值延长,以引领下文;"映日荷花别样红"一句采取下抑类语势,"映"字咬字较紧,以突出荷花与太阳相互呼应的情态。前一句采取上扬类语势,句尾高停,而后一句采取下抑类语势,句首高起,于是完成了高停高起的同势呼应。低停低起的同势呼应与之类似。

(2)异势呼应指当前一个诗句结束时,后一个诗句以大致相对或相反的音高来承接,使前后语句连贯畅达。

异势呼应的主要类型有高停低起和低停高起两种,此外还有一些中间过渡类型。

异势呼应的关键是诗句传承要有一定的指向性,也就是说,上句结束时句尾要有一定的趋向,下句承接时要顺应上句的走向。这里以李商隐《无题》中的两句诗为例来说一下高停低起的异势呼应。

> 身无彩凤双飞翼,
> 心有灵犀一点通。

这首诗写了诗人对昨夜所见意中人的深切怀想,意思是说,我们身上虽然没有彩凤那种双飞的羽翼,但我们的内心有如犀角一般一线相通,两句之间是一种转折关系。"身无彩凤双飞翼"采取上扬类语势,"翼"字提高音高,字尾延长,以引领下句;"心有灵犀一点通"低起呼应,"心"字可以由虚而实,渐渐过渡到后一句的主体音色。

高停低起在一定程度上反映出了这种转折的语句关系。而低停高起的异势呼应和一些中间类型也同样可以推理。

第二节 传统吟诵的语步和句格

语步和句格类似于朗诵中的划分音部和讲究节奏。

语步(即音部)是指一句诗中运用停顿等方法划分出来的段落。由于音步的存在,吟诵中抑扬顿挫的效果更为明显,并有助于节奏的产生。例如,五言诗的音步从理论分析的角度来看,五言诗每句两音步。具体划分方法有两种,即"二二一"和"二一二"。如李白的《秋浦歌》可以划分音步如下:

> 白发/三千/丈,
>
> 缘愁/似/个长。
>
> 不知/明镜/里,
>
> 何处/得/秋霜。

不过从吟诵的角度来说,两顿三步的划分方法有时并不适用,比如"白发三千丈"一句中的"三千丈"三字,数词"三千"和量词"丈"是很难用顿的方法来划分出这一音步的,而往往是连在一起吟诵出来的;其他句子也有类似情况。因此在吟诵甲,五言诗音步的常用处理方法是统一划分为"二三",即:

> 白发/三千丈,
>
> 缘愁/似个长。
>
> 不知/明镜里,
>
> 何处/得秋霜。

这样,每句诗的后三个字放在一个音步里,吟诵时根据具体的内容和表达的需要采取或停顿、或延长字音的方式灵活处理,既自然流畅,又表现丰富,避免了完全按音步的划分进行处理的刻板形式。

又如,七言诗的音步从理论分析的角度来看,七言诗每句三顿,分四个音步。具体划分方法有两种,即"二二一二","二二二一"。其中,每句诗的前四个字一般都划分为"二二",后三个字可以划分为"一二"或"二一"。如杜牧的《山行》可以划分音步如下:

> 远上/寒山/石径/斜,
>
> 白云/生处/有/人家。
>
> 停车/坐爱/枫林/晚,
>
> 霜叶/红于/二月/花。

同样,这样的划分方法从分析欣赏的角度来说,能比较好地体现古诗的格律,但却不适宜吟诵时的处理。我们在吟诵时往往也把后三个字划入一个音步,于是每句诗的音步为"二二三",例如:

> 远上/寒山/石径斜,
>
> 白云/生处/有人家。
>
> 停车/坐爱/枫林晚,
>
> 霜叶/红于/二月花。

讲究节奏是诗歌文本本身的艺术和诗歌吟诵艺术的重要特征,同时也是诗歌吟诵艺术的重要表达方法。增强诗歌吟诵的节奏感应该注意以下几方面的问题。

一是回环往复,节奏离不开声音形式的回环往复,也就是说,相同或相近的声音形式不断出现才能形成节奏。格律诗在形成节奏方面有先天的优势。如讲究押韵,韵脚反复出现有利于节奏的形成;讲究平仄,平仄相间也使相似的声音形式不断出现;对仗等写作手法也为节奏的形成提供了条件。而要在吟诵时体现出它这些条件,其关键就是要努力造成相似声音形式的回环往复,并能够引起听众的注意,重要原则就是要敢于突出强调相关的词句。

二是疏密变化,语句的疏密处理使句子行进时产生节拍变化,时疏时密,循环出现,同样能造成相似声音形式的回环往复,也有利于节奏感的形成,并在听觉上造成疏密、长短的音乐美。

以七言诗为例,一句中的七个字,往往是前四个字比较快、比较密,而后三个字则比较慢、比较疏。如李白《早发白帝城》中的诗句:

> 朝辞白帝/彩云间,
> 千里江陵/一日还。

用斜线划分后,这两句诗有如形成四个拍节,在吟诵时,四个拍节的绝对时值大致相同,而有的拍节是四个字,有的拍节是三个字,自然就使其疏密快慢发生了变化。

三是停顿造势,诗句与诗句之间有连有停,诗句内部因为音步的存在也会有停顿的存在。这种停顿并非思维进入真空状态,相反,有时是诗人的思维进入了广阔、深邃的想象空间。此时声音虽断,但意韵相连,读者与听众会同时徜徉于这任意驰骋想象的思维时空中,诗歌作品虽短,但其言语容量却大幅度增加了。这是有无互动、虚实相生的最精妙之处。

当然,停顿不是任意为之的,它是需要细心经营的。句中的停顿,停前要蓄势,顿后要承接,停顿本身无法修饰,完全靠这一"蓄"一"接",功能才得以实现。如贾岛《寻隐者不遇》中的诗句:

> 只在/此山中,
> 云深/不知处。

尾句采取下抑类的语势,语速放慢,"云深"的"深"字字尾平走延长,然后夸张地停顿,但要带有引领下文的语气;"不知处"三字更慢,可以使用虚实结合的音色承接,语气中带有一种怅惘和神秘的色彩。这一停一接之间可以让听众去想象那高耸入云的山峰,去想象隐者的行踪。这样,诗词传达的意蕴就更加丰富了。

"句格"是指吟诵一个语句时在哪个语步上停顿或延长,以及语步、音节之间停顿的松、紧、长、短的基本格式。先举一首七言绝句中的两句诗来具体看看:

九州————生气恃风雷呃———,万马齐喑≈—究可≈哀—。

注:○、●表示平、仄;下画线表示连诵连吟;"—"表示短暂的延长或停顿;用"———"表示平拖;"≈"表示短暂的摇曳。

第三节　传统吟诵拖腔的规则性与灵活性

拖腔是传统吟诵成为诵读"声乐"的核心要素。拖腔的节点由行腔句格规定,而拖腔的"旋律"则相对灵活。当然,"灵活"也不是任意行腔而毫无节制,其大致特征如下。

一是接触过传统吟诵的都知道,传统吟诵的一大特点,是任何一首诗都用一个吟诵调来"套",俗称"套调",老人称为"一调吟千诗"。古代吟诵的功能之一,即大众化的读书方式。"一调吟千诗"正是对应着这一功能形成的。二是如果仔细体味,传统吟诵的"一调吟千诗"又可以"一调多变"。虽有一定的句格和腔势,但吟诵不同的作品却有不同的趣味,细心体会才能得其妙处。传统吟诗调,听起来"好像"是一调,但有"仄起""平起"二式,吟诵起来有种种不同,同是一首平起传统诗词的吟诵,每个吟诵者都可以针对不同诗词的旨意、情感基调和诗情画意,融入自己对诗歌的体会和表达,依据句格和腔势自由地"一调多变",都有"二度创作"的自由,是为传统吟诵的一大特色,也是中国古代声诗、词调、琴曲、戏曲、谣歌等传统声乐重要的本土特色之一。

总而言之,吟诵本是"耳学""听学",用文字表述总会隔一层,请有兴趣的读者对照本书的说明反复播放本书的吟诵示范录音文件,体会传统诗文吟诵的规则和要领。吟诵的根本要点归纳起来,重要的其实就两句话:单词语步的诵调走声与步尾的顿延行腔相结合;行腔句格的规定性与拖腔诵吟的灵活性相结合。编了几句顺口溜,以便大家记忆。

> 吟诵口诀歌
> 字音须饱满,节点要分明。
> 语步似诵调,呻吟随后行。
> 腔规当遵守,拖腔可发挥。
> 摇曳生情处,诗心与我心。

吟诵口诀歌

最后要说的是:学习过程中需要把握的根本一点,即诗词吟诵的学习和提高过程,也是提高古典文学的阅读、理解和感悟的过程,更是修养、陶冶自我胸怀情感的过程。古诗文吟诵,归根结底是提升自己的思想情感境界,获得生活的乐趣和愉悦。传统吟诵,可以展示,可以表演,恰当的吟诵表演不仅必要而且值得提倡,但学习吟诵归根结底不是为了展示,不是为了表演。当你出声地或默默地吟诵一首《诗经》、一首唐诗、一首宋词,你就在拥抱历史和晤对古人,同时也是在感受当下和面对自我享受一种宁静的、纯洁的、高雅的生命感觉。这才是古诗文吟诵最根本的价值和意义!

第十章　不同文体朗诵实训

第一节　朗诵文本的选用

朗诵是口语交际的一种重要形式。朗诵不仅可以提高阅读能力,增强艺术鉴赏,更重要的是,通过朗诵,大者可以陶冶性情,开阔胸怀,文明言行,增强理解;小者,可以有效地培养对语言词汇细致入微的体味能力,以及确立口语表述最佳形式的自我鉴别能力。朗诵是书面语言的口语化,是一门传情的艺术。

文学作品最初是由口头文学发展而来的,口头文学又发展到书面文学,并逐渐产生各种文学体裁。不同的文学体裁,在朗诵时的感情色彩是截然不同的,对朗诵者的要求也是大相径庭的。因此,朗诵者要想很好地表达作品的思想感情,激发听众,就要找到适合朗诵的作品朗诵。

一、喜爱

只有喜欢才会朗诵好,喜欢的原因多半来自理解和共鸣,不理解和反对难以产生共鸣。只有真心喜欢并了解该文学作品的内涵与立意,才是朗诵的前提,也是朗诵好的前提。试想如果不理解,怎么会朗诵好呢,当然也没有朗诵的必要。

二、适合口语表达

只有语言具有形象性而且适于上口的作品,才能让受众在最短的时间里引起共鸣。作品理论性不要太强,过于理论化的文章阅读几遍都难以理解,更不要说朗诵了,受众如果不理解,自然也不会感动。并不是所有作品都适于朗诵,有的作品只适合阅读或浏览。近年来流行的"精品美文""心灵鸡汤",有的确实写得很好,但这类文章更多的是适合静静捧读、细细欣赏,并不适合高声诵读,这样会破坏文章中的意境。

三、有节奏、有情节

选择朗诵作品篇幅不要太长,节奏感产生美感,篇幅长的作品难以长时间集中受众的注意力,短小精悍的作品是最适合朗诵的。节奏对于书面语和有声语言一样重要,而有声语言更能展现语言的节奏美,故事性则更容易吸引观众,悬念也会颇具吸引力。不宜选择平淡无味、缺乏情节和高潮的作品。

四、有美感

朗诵的目的是给人美的享受,净化心灵是主要目的,所以作品一定是美的。美是对以上三个条件的总结,要求这个作品必定是美的,这也是朗诵者进行这种艺术实践的目的,不是声嘶力竭的号叫,更不是枯燥无味的说教和官样十足的空话。功利性十足的讲话也不是朗诵的范畴。

五、因人而异

　　不同的文学作品会给听众带来不同的情感体验,但由于性别、个性、音色、阅历等一系列因素的存在,每个朗诵者适合或者说擅长的文体是不同的。不要选择与自己性别、个性、年龄、身份不相吻合的作品。例如,声音纤细甜美的女生适合读寓言童话一类的文章,像《小蝌蚪找妈妈》,却不适合《将进酒》这种气势磅礴的作品。

　　循着这条思路,古今中外很多名篇都适合朗诵,有些作品或者某些章节适合朗诵,朗诵者可以节选朗诵,某些句段或许有些拗口,当然也没有那么死板,可以适当地加以改编,或剪贴,或补充,让它更适合朗诵。

　　当涉及具体的朗诵场合,要根据听众的需要,自己的爱好和实际水平来选取朗诵作品。如果是比赛或者专业考试,要选适合自己情感表达、篇幅熟悉的,一些名篇固然很好,但已经珠玉在前,想很出色也很难了;如果某一类作品选的人很多也要尽量避开,因为这样可以避免正面交锋,也可以让作品变的新颖,无形中增加分数。也不要选取不符合当下大环境主题的文章,这些文章属于特定的时代产物,不是什么时候都适宜的。

　　总之,朗诵者在选择朗诵作品的时候,提倡选择一些主题鲜明、正能量、积极向上、情趣高雅的文艺作品,能够将受众带到特定的情境中,如表现亲情、友情、爱情、师生情、民族情、祖国情的作品,内容丰富充实、画面感强、情感充沛,发人深省。

第二节　诗歌的朗诵

　　诗歌是文学体裁的一种,形式较为多样化,可以吟咏、朗诵。诗歌朗诵就是朗诵者用清晰的语言,响亮的声音,优美的体态,引入的动作把原诗歌、作品有感情地向听众表达出来,以传达诗歌的思想内容,以引起听众的共鸣。

　　诗能够自成一格,也能与其他艺术相结合,如诗剧、圣诗、歌词或散文诗,文字配上音乐则称为歌。"诗"根源于简洁、有力地想象觉察,或与经验、想法、情绪反应作联想,将意义、意识和潜意识的表现、象征化、正式或非正式的式样、声音和韵律等以某种规则加以重组安排。这种文学类型包含叙述性、戏剧性、讽刺性、训诫式、抒情式和个人形式。

　　诗歌在中国有着悠久的历史,它诞生早,普及面广,成就高,对整个文学的产生和发展有着强大的影响力和渗透力。中国的诗人将祖国的壮丽河山、风俗人情、情感生活用诗歌的形式表达出来,流传百世。

　　中国古代不合乐的称为诗,合乐的称为歌,现代一般统称为诗歌。它按照一定的音节、韵律的要求,表现社会生活和人的精神世界。诗的起源大约可以追溯到上古。虞舜时期就有相关文献记载。《诗经》是我国第一部诗歌总集,相传为孔子所编。近年来关于这个问题学术界尚有争论。中国古代诗歌历经汉魏六朝乐府、唐诗、宋词、元曲之发展。《汉书·礼乐志》:"和亲之说难形,则发之于诗歌咏言,钟石筦弦。"汉代荀悦《汉纪·惠帝纪》作"诗歌"。唐代韩愈《郓州溪堂诗》序:"虽然,斯堂之作,意其有谓,而暗无诗歌,是不考引公德而接邦人于道也。"明代王鏊《震泽长语·官制》："唐宋翰林,极为深严之地,见于诗歌者多矣。"鲁迅《书信集·致窦隐夫》："诗歌虽有眼看的和嘴唱的两种,也究以后一种为好。"孔羽《睢县文史资料·袁氏陆园》："袁氏(袁可立)陆园在鸣凤门内……每逢佳日节期,州内文人名士在此聚会。所吟诵的诗歌,后来荟为专集,名《蓬莱纪胜》。"

诗歌的朗诵首先要避免"矫揉造作"。诗歌朗诵和其他文体的朗诵一样,要自然,决不可以做作。诗歌的感情虽然比其他文体来得强烈,但仍然是发自内心的真情流露。要朗诵好一首诗,第一,认真阅读,领会作者的感情。第二,努力地去引起共鸣,使自己的感受接近作者的情感。只有这样,朗诵才能成功地再现作者的情感,听众听起来才会觉得"自然";如果朗诵者并不领会作者的情感而只是"估计"作者的情感,那就很容易失去分寸,失去了内在的感情基础,单单依靠技巧来支撑,听众听起来就必然会感到"做作"了。第三,朗诵者一定要自信。诗歌的朗诵需要朗诵者在情感表达上充满信心,才能将作品更好地呈现。

例如,唐代著名诗人孟浩然的《春晓》,这是一首格律诗,朗诵这首诗时,应该注意每个字都要吐音清晰,淌出诗的节奏。每行诗句都可处理为三处停顿:春眠/不觉/晓,处处/闻/啼鸟。夜来/风雨/声,花落/知/多少。念到"晓、鸟、少"时,字音要适当延长,略带吟诵的味道,使听众能感觉出诗的音韵美和节奏感。

前两句是写诗人早上醒来后看到的景物,朗诵时要用柔和、舒缓的语调,音量不要过大。"鸟"字的尾音可稍向上扬,表现出诗人见到的是春光明媚,鸟语花香的明朗景象。后两句写诗人想起昨天夜里又刮风又下雨,不知园子里的花被打落了多少。在读"花落知多少"时,要想象出落花满园的景象。可重读"落"字,再逐渐减轻"知多少"三个字的音量,表现出诗人对落花的惋惜心情。

一、诗歌朗诵的基本要点

1. 把握作品的感情基调

要使朗诵具有感染力,传达出自己的感受,传达出作品的神,关键的一点,是要把握好作品的感情基调。如果不了解白居易《琵琶行》中感伤的情感基调,就无法把离别之愁,琵琶声之悲,身世之悲,同病相怜之悲,触动自身坎坷之痛之悲,一层一层传达出来。如果不了解李白《将进酒》那正值"抱用世之才而不遇合",于是满腔不合事宜借酒兴诗情,来一次淋漓尽致的发抒,就不能表现那既豪放又感伤的复杂情怀。

2. 体会人物的性格特征

了解古诗文中人物的性格特征,揣摩人物的语言口吻,可以细致入微地传神地再现作品,达到更为动人的效果。如把握《诗经》中那女子的痴情、专一、勤劳、善良,被弃后的坚强、果断,把握《孔雀东南飞》里刘兰芝的忠贞、专一、善良、倔强,焦仲卿的专一、善良而懦弱,可凭借富有个性的形象使作品的警示力量更突出。如若能体会《项脊轩志》中母亲那慈爱的关切:"儿寒乎? 欲食乎?"祖母那怜爱、赞美及殷切的期待:"吾儿,久不见若影,何竟日默默在此,大类女郎也?"妻子传达小妹之语的天真中含好奇与顽皮:"闻姊家有阁子,且何为阁子也?"并把这些人物的性格、口气准确地表现出来,更能突出那言犹在,而母亲、祖母、妻子那人已去的那种刻骨的悲痛,更让人潸然泪下。

3. 注意作品的风格特征

诗歌因时代不同、人物不同,或同一人物的时期不同,其作品都会呈现出不同的风格特征。或豪放,或婉约;或浪漫,或现实;或轻快明丽,或沉郁悲壮……朗诵时注意对作品的风格加以仔细地体会,可更好地演绎作品,传达出作品的神韵。

4. 处理好语言的声音表达

诗歌的朗诵,节奏的停顿尤其重要,节奏停顿要注意连而不断,并且要注意为加强语气、阐明观点、表达感情作逻辑的停顿。语速的快慢安排要依情节发展与感情的表达灵活处理。一般情节紧张、情绪欢快昂扬时快,情节舒缓、情绪忧郁悲伤时慢。重音的处理,要结合句子找出规律,以更好地表情达意。如谓语动词、表性状程度的状语、表性状强调的定语、表结果或程度的补语、疑问代词指示代词等要重读。至于语气语调,只要理解作品中祈使、陈述、疑问和感叹句的作用,灵活处理,一定会为诵读添彩。

二、技巧运用

自由诗的朗诵要深入心灵,激起诗情,运用技巧表现诗情。

(一)技巧

(1)身份定位,是朗读的前提。

(2)节奏是朗诵的生命。

(3)语气、停顿、重音一定要突出。如举头望明月;商女不知亡国恨。

(4)要从感性入手,揣摩感受诗歌的情感。

(二)具体方法

(1)政治诗朗诵时要有激情,要饱满,音高、音值、音强要丰富。用层层推进的方式宣泄内心的激情。

(2)爱情诗朗诵时要声音柔美、情感细腻、声音不要过高。

(3)朦胧诗、哲理诗声音对比幅度不要太大,语速要慢,多停顿,给大家回味思考的时间。

(4)叙事诗要平实自然,语气要真挚。

格律诗分为:格律、排律、绝句。朗诵时要压住韵脚,规中求变。

以现代诗歌《向日葵》为例,不知太阳上白天仰着脸——有啥秘密,瞧呀,瞅呀,引逗得你哟夜晚低着头——那么好奇?思来想去……这是一首歌谣诗,这首诗的想象很新颖、奇特,能充分展现少年儿童聪慧敏捷的思维特点,因而充满纯真稚嫩的儿童情趣。这首诗开始就把向日葵拟人化了。由"我"向它提出一个十分有趣的问题,既是"我"的疑问,也会引起小听众认真地思索。朗诵这两句时,速度不能太快,要注意自然停顿,以引起小听众的思考。"不知/太阳上/有啥/秘密",这一句重音应落在"不知""秘密"上,"知"和"啥"两个字的尾音可以适当拖长。第二句要强调"好奇",需加重语气,"奇"字的尾音要渐弱。第三句可以结合儿童的天真、顽皮表现出来,语调轻快,头部、眼神可适当转动。最后一句要和第三句形成鲜明对比,速度放慢,语调轻缓,注意停顿,给听众留下联想和回味的余地。

总之,朗诵诗歌时,要注意节奏鲜明,并根据作品的基本节奏采取相应的速度。该轻快的要朗诵得轻快些,该沉重的要朗诵得沉稳、稍慢些。就一首诗来说,朗诵速度也不是固定不变的,而是要根据表现作品内容的需要来决定,并具有一定的变化。

以舒婷的《致橡树》为例来分析现代诗歌的朗诵情感技巧。

《致橡树》

《致橡树》　舒婷

我如果爱你——
绝不像攀援的凌霄花,
借你的高枝炫耀自己;
我如果爱你——
绝不学痴情的鸟儿,
为绿荫重复单调的歌曲;
也不止像泉源,
常年送来清凉的慰藉;
也不止像险峰,增加你的高度,衬托你的威仪。
甚至日光。
甚至春雨。
不,这些都还不够!
我必须是你近旁的一株木棉,
作为树的形象和你站在一起。
根,紧握在地下,
叶,相触在云里。
每一阵风过,
我们都互相致意,
但没有人
听懂我们的言语。
你有你的铜枝铁干,
像刀,像剑,
也像戟,
我有我的红硕花朵,
像沉重的叹息,
又像英勇的火炬,
我们分担寒潮、风雷、霹雳;
我们共享雾霭流岚、虹霓,
仿佛永远分离,
却又终身相依,
这才是伟大的爱情,
坚贞就在这里:
不仅爱你伟岸的身躯,

也爱你坚持的位置,脚下的土地。

诗歌简介:舒婷长于自我情感律动的内省、在把捉复杂细致的情感体验方面特别表现出女性独有的敏感。情感的复杂、丰富性常常通过假设、让步等特殊句式表现得曲折尽致。舒婷又能在一些常常被人们漠视的常规现象中发现尖锐深刻的诗化哲理(如《神女峰》《惠安女子》),并把这种发现写得既富有思辨力量,又楚楚动人。

舒婷的诗,有明丽隽美的意象,缜密流畅的思维逻辑,从这方面说,她的诗并不"朦胧"。只是多数诗的手法采用隐喻、局部或整体象征,很少以直抒告白的方式,表达的意象有一定的多义性。把握了这一点,舒婷的朦胧诗是不难解读的。

"橡树"的形象象征着刚硬的男性之美,而有着"红硕的花朵"的木棉显然体现着具有新的审美气质的女性人格,她脱弃了旧式女性纤柔、妩媚的秉性,而充溢着丰盈、刚健的生命气息,这正与诗人所歌咏的女性独立自重的人格理想互为表里。

在艺术表现上,诗歌采用了内心独白的抒情方式,便于坦诚、开朗地直抒诗人的心灵世界;同时,以整体象征的手法构造意象(全诗以橡树、木棉的整体形象对应地象征爱情双方的独立人格和真挚爱情),使哲理性很强的思想、意念得以在亲切可感的形象中生发、诗化,因而这首富于理性气质的诗却使人感觉不到任何说教意味,而只是被其中丰美动人的形象所征服。

诗歌之所以采用整体象征,也由于诗人的构思意图不一定把作品题旨局限于爱情的视野。从橡树与木棉的意象构成中同样可以合理地引申出对人与人之间相互同情、相互理解、相互信任,同时又以平等的地位各自独立这种道德理想。

经典作品赏析

《**春思**》 [唐]李白
燕草如碧丝,秦桑低绿枝。
当君怀归日,是妾断肠时。
春风不相识,何事入罗帏?

【朗诵指要】
这是一首描写思妇心绪的诗。开头两句以相隔遥远的燕秦春天景物起兴,写独处秦地的思妇触景生情,终日思念远在燕地卫戍的夫君,盼望他早日归来。三句、四句由开头两句生发而来,继续写燕草方碧,夫君必定思归怀己,此时秦桑已低,妾已断肠,进一层表达了思妇之情。五句、六句,以春风掀动罗帏时,思妇的心理活动,来表现她对爱情坚贞不二的高尚情操。全诗以景寄情,委婉动人。朗诵的时候要把妇人思念夫君的焦灼无奈表达出来,做到感情充沛,扣人心弦。

《**赤壁**》 [唐]杜牧
折戟沉沙铁未销,
自将磨洗认前朝。
东风不与周郎便,
铜雀春深锁二乔。

【朗诵指要】

从艺术上看,诗人杜牧在前两句用了以假作真的虚托手法,这是唐代诗人写诗作文的常用手法,这就好比写当朝的人或事而假借于前朝的人或事来写;还有诗中运用了以小见大这种表现手法,诗的后两句写战争的胜负时,作者并未点破,而是通过大小乔这两个具有特殊身份的女子命运来表达设想中东吴败亡的结局,真可谓以小见大,别出心裁。试想,若东吴前国主和当朝主帅之妻均已被曹军掳去铜雀台,那战争的结局不言自明,这就使得全诗既生动形象,又含蓄蕴藉,富有情致。

《枫桥夜泊》 [唐]张继

月落乌啼霜满天,江枫渔火对愁眠。

姑苏城外寒山寺,夜半钟声到客船。

【朗诵指要】

诗人能够运用白描的手法,把景物的形象、色彩、音响交织融汇得十分和谐,构成了此地特有的一幅秋天夜景图,并且能够十分自然地把诗人自己的思想感情渗透其中。出现在画面上的秋夜景物,有远处的霜天、残月、栖鸦;有近处的江畔枫树、渔舟灯火、桥下客船。这些景物的远近、明暗、位置、层次都被诗人形象地勾画出来。特有的夜色气氛,已使客船上的旅人愁思难眠,而乌鸦的不时啼叫和寒山寺的夜半钟声,又加深了深夜的孤寂气氛。在一首诗里,既能把景物写得这样真实、形象、幽美,又能把自己的满怀愁绪表现得这样充分,实不多见。

《白雪歌送武判官归京》 [唐]岑参

北风卷地白草折,胡天八月即飞雪。

忽如一夜春风来,千树万树梨花开。

散入珠帘湿罗幕,狐裘不暖锦衾薄。

将军角弓不得控,都护铁衣冷难着。

瀚海阑干百丈冰,愁云惨淡万里凝。

中军置酒饮归客,胡琴琵琶与羌笛。

纷纷暮雪下辕门,风掣红旗冻不翻。

轮台东门送君去,去时雪满天山路。

山回路转不见君,雪上空留马行处。

【朗诵指要】

这首诗抒写塞外送别、军中送客之情,但它跳出了离愁别恨的俗套,并不令人感到伤感,而是充满奇思异想,浪漫的理想和壮逸的情怀,使人觉得塞外风雪似乎也变成了可玩味欣赏的对象。"忽如一夜春风来,千树万树梨花开",以春花喻冬雪,取喻新、设想奇,比喻中含有广阔而美丽的想象,同时字里行间又透露出蓬勃浓郁的无边春意。"纷纷瑞雪下辕门,风掣红旗动不翻",帐外那以白雪为背景的鲜红一点,更与雪景相映成趣。那是冷色调的画面上的一点暖色、一股温情,也使画面更加灵动。全诗以雪生发,兼及咏雪与送别两方面,内涵丰富,意境鲜明独特,具有极强的艺术感染力;其中"忽如一夜春风来,千树万树梨花开"是被人传颂的名句。

《敕勒歌》

敕勒川，

阴山下。

天似穹庐，

笼盖四野。

天苍苍，

野茫茫，

风吹草低见牛羊。

【朗诵指要】

这首北朝民歌,虽然仅有 27 个字,却有极大的艺术感染力。它歌咏了北国草原的富饶、壮丽,抒发了敕勒人对养育他们的水土,对游牧生活无限热爱之情。诗歌一开头就以高亢的音调,吟咏出北方的自然特点,无遮无拦,高远辽阔,从中我们也可以强烈地感受到那不可抑制的由衷赞美之情。"天似穹庐,笼盖四野",这两句承上面的背景而来,极言画面之壮阔,天野之恢宏。同时,抓住了这一民族生活的最典型的特征,歌者以如椽之笔勾画了一幅北国风貌图。这首民歌从语言到意境可谓浑然天成,它质直朴素、意韵真淳。语言无晦涩难懂之句,浅近明快、酣畅淋漓地抒写了敕勒人的豪情。朗诵时应极力突出天空之苍阔、辽远,原野之碧绿、无垠,显现出敕勒民族博大的胸襟、豪放的性格。

《归田园居　其三》 [晋]陶渊明

种豆南山下,草盛豆苗稀。

晨兴理荒秽,带月荷锄归。

道狭草木长,夕露沾我衣。

衣沾不足惜,但使愿无违。

【朗诵指要】

这是一首脍炙人口的优美的田园诗。这首短诗十分细腻、生动地描写了诗人对农田劳动生活的体验。"种豆南山下"与"采菊东篱下"有着同样的韵律,但韵味各异。采菊是漫不经心的,而种豆则是十分认真的。采菊时不经意地抬头,见到的是幽幽南山,与诗人当时宁静适意的心情十分和谐;而豆种下后经意观察豆苗长势,看见的是稀疏的豆苗。豆长得不好,显见种豆人不在行,不过,在陶渊明来说,有这样的成绩也觉满足了,这是一种诙谐的心境。我们可以想见诗人看着田中的豆苗和杂草时自嘲的微笑。于是他只得起早贪黑地"理荒秽"了。"带月荷锄归"句写得极为精彩,极富情致;明月高挂天际,月影却伴着他——荷锄晚归的"老农"。辛苦的劳动化作无限的生活乐趣。夹道而生的茂密的草木,沾湿衣裳的露水,都使这劳动的生活增添了生气。在当时政治上一片黑暗的东晋时期,能有这样一种自然宁静的生活是使诗人感到无限欣慰的。作品既因用典而使诗句的含蕴更为深远,又不因用典而使诗句失去真淳的情意。这也就是陶诗既清淡而又不失典雅的缘故。

《浪淘沙》　［唐］刘禹锡

九曲黄河万里沙，

浪淘风簸自天涯。

如今直上银河去，

同到牵牛织女家。

【朗诵指要】

刘禹锡这首黄河诗开篇与众多的黄河诗篇一样，着力描写九曲黄河大浪淘沙之势。紧接着张骞穷河源遇牛郎织女的典故，再把"黄河之水天上来"更形象化。诗人巧妙地运用了上下联的开合关系。第一联由上而下，顺黄河奔流之势着墨；第二联以"直上"为转折，把人们的视线从"奔流到海不复回"的顺视中拉回，从地下引到天上，从现实世界进入神话世界——黄河连银汉，乘槎溯河源。全诗节奏有徐有疾，奔放而有宕逸之气。

《九月九日忆山东兄弟》　［唐］王维

独在异乡为异客，

每逢佳节倍思亲。

遥知兄弟登高处，

遍插茱萸少一人。

【朗诵指要】

诗因重阳节思念家乡的亲人而作。繁华的帝都对当时热衷仕进的年轻士子虽有很大吸引力，但对一个少年游子来说，毕竟是举目无亲的"异乡"；而且越是繁华热闹，在茫茫人海中的游子就越显得孤孑无亲。第一句用了一个"独"字，两个"异"字，分量下得很足。对亲人的思念，对自己孤孑处境的感受，都凝聚在这个"独"字里面。"异乡为异客"，不过说他乡作客，但两个"异"字所造成的艺术效果，却比一般地叙说他乡作客要强烈得多。作客他乡者的思乡怀亲之情，在平日自然也是存在的，不过有时不一定是显露的，但一旦遇到"佳节"就很容易爆发出来，甚至一发而不可抑止。这就是所谓"每逢佳节倍思亲"。佳节，往往是家人团聚的日子，而且往往和对家乡风物的许多美好记忆联结在一起，所以"每逢佳节倍思亲"就是十分自然的了。这种体验，可以说人人都有，但在王维之前，却没有任何诗人用这样朴素无华而又高度概括的诗句成功地表现过。而一经诗人道出，它就成了最能表现客中思乡感情的格言式的警句。

《相思》　［唐］王维

红豆生南国，

春来发几枝。

愿君多采撷，

此物最相思。

【朗诵指要】

"南国"（南方）既是红豆产地，又是朋友所在之地。首句以"红豆生南国"起兴，暗喻后文的相思之情。语极单纯，而又富于形象。次句"春来发几枝"轻声一问，承得自然，寄语设问的口吻显得分外亲切。然而单问红豆春来发几枝,是意味深长的,这是选择富于情味的事物来寄托情思。第三句紧接着寄意对方"多采撷"红豆,仍是言在此而意在彼。"愿君多采撷"似乎是说:"看见红豆,想起我的一切吧。"暗示远方的友人珍重友谊,语言恳挚动人。这里只用相思嘱人,而自己的相思则见于言外。用这种方式透露情怀,婉曲动人,语意高妙。用"多"字则表现了一种热情饱满、一往情深的健美情调。此诗情高意真而不伤纤巧,与"多"字关系甚大,故"多"字比"休"字更好。末句点题,"相思"与首句"红豆"呼应,既是切"相思子"之名,又关合相思之情,有双关的妙用。诗人真正不能忘怀的,不言自明。

《**醉花阴**》　[宋]李清照

薄雾浓云愁永昼,瑞脑消金兽。佳节又重阳,玉枕纱厨,半夜凉初透。

东篱把酒黄昏后,有暗香盈袖。莫道不消魂,帘卷西风,人比黄花瘦。

【朗诵指要】

这首词是作者婚后所作,抒发的是重阳佳节思念丈夫的心情。早年,李清照过的是美满的爱情生活与家庭生活。作为闺阁中的妇女,由于遭受封建社会的种种束缚,她们的活动范围有限,生活阅历也受到重重约束,即使像李清照这样上层知识妇女,也毫无例外。因此,相对说来,他们对爱情的要求就比一般男子要求更高些,体验也更细腻一些。所以,当作者与丈夫分别之后,面对单调的生活,便禁不住要借惜春悲秋来抒写自己的离愁别恨了。这首词,就是这种心情的反映。从字面上看,作者并未直接抒写独居的痛苦与相思之情,但这种感情在词里却无往而不在。这是透过一层的写法。这首词的比喻与全词的整体形象结合得十分紧密,极切合女词人的身份和情致,读之亲切。词中还适当地运用了烘云托月的手法,有藏而不露的韵味。

《**游子吟**》　[唐]孟郊

慈母手中线,游子身上衣。

临行密密缝,意恐迟迟归。

谁言寸草心,报得三春晖。

【朗诵指要】

深挚的母爱,无时无刻不在沐浴着儿女们。然而对于孟郊这位常年颠沛流离、居无定所的游子来说,最值得回忆的,莫过于母子分离的痛苦时刻了。此诗描写的就是这种时候,慈母缝衣的普通场景,而表现的,却是诗人深沉的内心情感。开头两句"慈母手中线,游子身上衣",实际上是两个词组,而不是两个句子,这样写就从人到物,突出了两件最普通的东西,写出了母子相依为命的骨肉之情。紧接两句写出人的动作和意态,把笔墨集中在慈母上。行前的此时此刻,老母一针一线,针针线线都是这样的细密,是怕儿子迟迟难归,故而要把衣衫缝制得更为结实一点儿。其实,老人的内心何尝不是期盼儿子早些平安归来呢!慈母的一片深笃之情,正是在日常生活中最细微的地方流露出来。朴素自然,亲切感人。这里既没有言语,也没有眼泪,然而一片爱的纯情从这普通常见的场景中充溢而出,拨动了每一个读者的心弦,催人泪下,唤起普天下儿女们亲切的联想和深挚的忆念。

《**再别康桥**》 徐志摩

轻轻的我走了,正如我轻轻的来;
我轻轻地招手,作别西天的云彩。
那河畔的金柳,是夕阳中的新娘;
波光里的艳影,在我的心头荡漾。
软泥上的青荇,油油的在水底招摇;
在康河的柔波里,我甘心做一条水草!
那榆荫下的一潭,不是清泉,是天上虹;
揉碎在浮藻间,沉淀着彩虹似的梦。
寻梦? 撑一支长篙,向青草更青处漫溯;
满载一船星辉,在星辉斑斓里放歌。
但我不能放歌,悄悄是别离的笙箫;
夏虫也为我沉默,沉默是今晚的康桥!
悄悄的我走了,正如我悄悄的来;
我挥一挥衣袖,不带走一片云彩。

《再别康桥》

【朗诵指要】

这首诗是中国新诗的代表作之一,体现了作者飞动飘逸的艺术风格,像是"跳着溅着不舍昼夜的一道生命水",字里行间,无不饱含着诗人对母校的深情厚爱。作者把这种爱巧妙地溶进了很有特色的意象之中:夕阳星柳、波光艳影、潭映彩虹等。朗读时,要把握情感的基调,要读出作者新鲜活泼、轻快生动的诗风,也要读出作者那一抹淡淡的离愁别伤。全诗以离别康桥时感情起伏为线索,抒发了对康桥依依惜别的深情。语言轻盈柔和,形式精巧圆熟,诗人用虚实相间的手法,描绘了一幅幅流动的画面,构成了一处处美妙的意境,细致入微地将诗人对康桥的爱恋,对往昔生活的憧憬,对眼前的无可奈何的离愁,表现得真挚、浓郁、隽永,是徐志摩诗作中的绝唱。

《**雨巷**》 戴望舒

撑着油纸伞,独自
彷徨在悠长、悠长
又寂寥的雨巷,
我希望逢着
一个丁香一样的
结着愁怨的姑娘。
她是有
丁香一样的颜色,
丁香一样的芬芳,
丁香一样的忧愁,
在雨中哀怨,
哀怨又彷徨;

《雨巷》

　　她彷徨在这寂寥的雨巷,
　　撑着油纸伞,
　　像我一样,
　　像我一样地
　　默默彳亍着,
　　冷漠、凄清,又惆怅。
　　她静默地走近
　　走近,又投出
　　太息一般的眼光,
　　她飘过
　　像梦一般的,
　　像梦一般的凄婉迷茫。
　　像梦中飘过
　　一枝丁香的,
　　我身旁飘过这女郎;
　　她静默地远了,远了,
　　到了颓圮的篱墙,
　　走尽这雨巷。
　　在雨的哀曲里,
　　消了她的颜色,
　　散了她的芬芳,
　　消散了,甚至她的
　　太息般的眼光,
　　丁香般的惆怅。
　　撑着油纸伞,独自
　　彷徨在悠长、悠长
　　又寂寥的雨巷,
　　我希望飘过
　　一个丁香一样的
　　结着愁怨的姑娘。

【朗诵指要】

　　《雨巷》是戴望舒的成名作,约作于政治风云激荡、诗人内心苦闷彷徨的 1927 年夏天。《雨巷》中狭窄阴沉的雨巷,在雨巷中徘徊的独行者,以及那个像丁香一样结着愁怨的姑娘,都是象征性的意象。分别比喻了当时黑暗的社会,在革命中失败的人和朦胧的、时有时无的希望。这些意象又共同构成了一种象征性的意境,含蓄地暗示出作者既迷惘感伤又有期待的情怀,并给人一种朦胧而又幽深的美感。

　　第一部分是诗歌的前 6 行,给人们描绘了一幅梅雨季节江南小巷的阴沉图景。这里充满了迷惘的情绪和朦胧的希望。读的时候,"希望逢着"重读,开篇点题,"悠长、悠长"

"寂寥""愁怨"用延长音,营造出凄清而优美的意境。第二部分为诗歌的第7～36行,写了理想的美好、到来、离去、破灭的过程。朗读时,语气舒缓,节奏起伏不大,多用气声和虚声,营造那种朦胧而迷茫的意境。三个比喻读稍快、稍轻,最后两句稍慢,稍重。两个"像我一样"后面一个比前面一个读得读,"冷漠,凄清,又惆怅"一词一顿,读出迷茫的语气。接着两个"太息",读时带着叹气的语调,"像梦一般的",后面一个读的比前一个轻,"凄婉迷茫"气声拉长,营造那种朦胧的意境。之后几句由远而近,声音变大,变高,再后3句由近及远,声音变小,变低,从而营造出空间的转换。之后写了理想破灭后的心情,是全诗感情最消沉的部分。读时,应气息下沉,读出十分凄婉的语气。第三部分为诗歌的最后六行,揭示。主题,作者虽然对理想感到迷茫,但还是充满朦胧的希望。"希望飘过"呼应第一节的"希望逢着"应稍重读。

《乡愁》 余光中
小时候
乡愁是一枚小小的邮票
我在这头
母亲在那头

《乡愁》

长大后
乡愁是一张窄窄的船票
我在这头
新娘在那头

后来啊
乡愁是一方矮矮的坟墓
我在外头
母亲在里头

而现在
乡愁是一湾浅浅的海峡
我在这头
大陆在那头

【朗诵指要】

《乡愁》是诗人余光中漂泊异乡,游弋于海外回归中国后所作的一首现代诗。诗歌表达对故乡、对祖国一份恋恋不舍的情怀。诗歌中更体现了诗人余光中期待中华民族早日统一的美好愿望。

《乡愁》的朗诵把握住了作品的思想内涵,从内在感情上抓住了作品浓浓的思乡情怀,诗歌意象上的一景一物、一人一事都寄托了作者绵长的乡关之思和忧切的家国之情。乡愁是中国文人普遍关照的一种传统心理体验,化做情绪容易,捕捉具象困难,但作品中的乡愁确是实实在在的人事情怀,自然天成,质朴无华。朗诵者也已一种娓娓道来的叙事口吻,在舒缓沉郁的节奏中开篇,在波澜将起处收束。特别是诗的前两部分,没有语势上的大起伏、节奏上的大波动,将景与物,人与情以一种忧思感伤的情绪说出。《乡愁》的文眼可以概括为两个词,一个是"距离"一个是"无奈"。"邮票"和"船票"勾勒出空间的距离,"坟墓"是阴阳相隔的生命距离,"海峡"则是故土难归的心灵距离。前两种距离尚可有"寄托",生命的距离也是命运的必然,只有可望而不可即的心灵距离才是最大的煎熬和最深切的无奈。所以在处理时,后两部分摆脱了平铺直叙,感情的闸门开启,充沛的情感喷涌而出,一发不可收,直到喊出那胸中积聚已久的块垒。

《祖国啊,我亲爱的祖国》 舒婷

我是你河边上破旧的老水车

数百年来纺着疲惫的歌

我是你额上熏黑的矿灯

照你在历史的隧洞里蜗行摸索

我是干瘪的稻穗,是失修的路基

是淤滩上的驳船

把纤绳深深

勒进你的肩膀

——祖国啊!

我是贫困

我是悲哀

我是你祖祖辈辈痛苦的希望啊

是"飞天"袖间

千百年未落到地面的花朵

——祖国啊!

我是你簇新的理想

刚从神话的蛛网里挣脱

我是你雪被下古莲的胚芽

我是你挂着眼泪的笑窝

我是新刷出的雪白的起跑线

是绯红的黎明

正在喷薄

——祖国啊!

我是你十亿分之一

是你九百六十万平方米的总和

你以伤痕累累的乳房

喂养了

迷惘的我、深思的我、沸腾的我

那就从我的血肉之躯上

去取得

你的富饶,你的荣光,你的自由

——祖国啊

我亲爱的祖国!

【朗诵指要】

这是一首人人都击节称赞深情的爱国诗歌名篇。诗中交融着深沉的历史感与强烈的时代感,涌动着摆脱贫困、挣脱束缚、走向新生的激情,读来使人荡气回肠。

诗人把祖国比拟为伤痕累累的母亲,以赤子之情向母亲倾诉内心的痛苦,表达为祖国的未来而献身的激情和决心。诗歌的艺术力量不仅在于诗人用新奇意象来关照内心的情感记忆,出格而入理地描绘了祖国深重的灾难与贫困,以及新生的希望,光明的前程;还在于诗人把自己摆进历史与未来相交错的现实的中,寓己于形象,对祖国的过去和将来进行了深刻的思考,表达了深挚的热爱和献身的决心。

这首诗宛如一曲多声部的交响曲。前两节沉郁、凝重,充满对祖国灾难历史、严峻现实的哀痛;后两节清新、明快,流露出祖国摆脱苦难、正欲奋飞的欢悦;同时,表达出经历挫折的一代青年,与祖国共呼吸共命运,以自己的血汗去换取祖国富饶、荣光、自由的心声。

第三节　散文的朗诵

散文是指篇幅短小,题材多样,形式自由,情文并茂且富有意境的文章体裁。其特点是通过叙述、描写、抒情、议论等各种表现手法,创造出一种自由灵活、形散神凝、生动感人的艺术境界。

广义上讲除了韵文以外的文章就是散文。狭义上讲是与诗歌小说戏剧文学并列的一种文体。朗诵散文时要厘清线索,摸准神韵。表达细腻,点染得体。语气要轻柔,抒情要真挚,文辞美,音韵美,叙事要清楚、诱人,有感情,议论时要带情而议。

一、散文的朗诵基调

散文总是从作者主观视点来观察世界万物,从中有所感悟,于是有感而发,抒发自己的感想。读散文,听散文,似乎是跟着作者去看去想,最终和作者想到一块儿去。因为是一个看,想,感悟的过程,所以散文朗诵的基调是平缓的。没有太大的起伏;即使是在作品的高潮,也不会像演讲那样异峰突起,慷慨激昂。在朗诵时要用中等的速度,柔和的音色,一般用拉长而不用加重的方法来处理强调重音。散文虽然不像诗歌那样有规整的节奏和严格的韵律,但是也讲究节奏和韵律美。散文的局部和某些句子也有对称结构。

例如,"风,轻悄悄地;草,软绵绵地。"在朗读时,我们可以用相同的语调来读这对语句,使文中的韵律美表现出来。

散文也有不同的类型。有的散文以抒情为主,不写人和事。

例如,朱自清先生著名的散文《荷塘月色》《匆匆》都是在抒发作者的感受。有的文章中虽然也会出现一些事物,但是这些事物都是虚写而不是实写的,是概括而不是具体的。

例如,朱自清先生在著名的散文《春》中描写春天,赞美春天,发出:"一年之计在于春"

的感想,从而激发了对生活的热爱。基调是热情的和愉快的。我们应该用明朗,甜美的声音去读。在文章中虽然有山有水,有花有鸟,还有人,但是这些都不是具体的某一个人。我们在朗读这一类型的散文时,完全可以用作者的感受为线索。朗诵《春》时,一开始是一种殷切期盼的情感,在朗读"山,朗润起来了;水,涨起来了;太阳的脸,红起来了"时,要把三个层次读出来,把春天越来越近,人们越来越欣喜的心情读出来。中间的部分,从各个方面描写春天,也表现了作者对春天的热爱。我们可以用减低速度,降低音量的方法把描写和抒情区别开来。最后的三小节,用娃娃,姑娘,青年来比喻春天,体现了人们对新的一年的憧憬和希望,情绪也随之转向高昂。音量,语速也应随之步步提高。

另一种类型的散文稍有不同。这些散文中穿插着一些人和事。有时,正是这些人和事给了作者启示,由此而产生了感慨。那么我们怎样来朗读这种类型的散文呢? 总的说来,我们应该把人或事作为散文的一个组成部分而不是把他们作为一个故事来朗诵。

二、朗诵散文要注意的问题

1. 感情要真实

朗诵散文应力求展示作者倾注在作品中的"情感",充分表现作品中的人格意象。散文是心灵的体现,是真情流露。朗诵时要充分把握不同的主题、结构和风格。如茅盾的《白杨礼赞》热情地赞美了白杨树,进而赞美了北方的农民,赞美我们民族在解放斗争中所不可缺的质朴、坚强以及力求上进的精神。朗诵时要充分把握这种感情基调。

2. 表达要有变化

散文语言自由、舒展,表达细腻生动,抒情、叙述、描写、设计相辅相成,显得生动、明快,对不同语体风格要区别处理。叙述性语言的朗诵要语气舒展,声音明朗轻柔,娓娓动听,描写性语言要生动、形象、自然、贴切;抒情性语言要自然亲切、由衷而发;议论性语言要深沉含蓄、力透纸背。朗诵者应把握文章的语言特点,恰如其分地处理好语气的高低、强弱,节奏的快慢、急缓,力求真切地把作者的"情"抒发出来。把握"形散神聚"的特点。

散文结构布局多种多样,有横式的,有纵式的;有逐层深入的,有曲折迂回的。

例如,袁鹰的散文《井冈翠竹》以毛竹的功绩为线索,围绕这根主线,作者回忆过去,展望未来,热情歌颂了中国人民的革命气节和革命精神,是一篇纵式结构文章。而鲁迅的散文《从百草园到三味书屋》则分别描述了百草园和三味书屋,是一篇对比结构的横式散文。

散文的结体式样很多,写法多样,但无论什么散文都是形散神聚,总是有一条清晰的线索贯穿全文,统领全篇。要么是自始至终有一种充沛的激情来描写感人肺腑的人和事,使全文浑然一体。

例如,魏巍的《谁是最可爱的人》一文,作者向人展现的是一种激昂的爱国主义、国际主义之情;要么是以一些寓意深邃的话语统领全文,如柯岩的《岚山情思》就是以周总理病重时的一句情深意切的话为主旨进行构思的。朗诵时应根据文章的主题和发展线索,用停顿的长短来显示文章的结构变化及语脉发展,用重音和语调来突出主题,使语脉清晰,聚而不散。

以朱自清先生的《匆匆》为例进行散文朗诵的具体分析。

《匆匆》　朱自清

　　燕子去了,有再来的时候;杨柳枯了,有再青的时候;桃花谢了,有再开的时候。但是,聪明的,你告诉我,我们的日子为什么一去不复返呢?——是有人偷了他们罢:那是谁?又藏在何处呢?是他们自己逃走了罢:现在又到了哪里呢?

《匆匆》

　　我不知道他们给了我多少日子;但我的手确乎是渐渐空虚了。在默默里算着,八千多日子已经从我手中溜去;像针尖上一滴水滴在大海里,我的日子滴在时间的流里,没有声音,也没有影子。我不禁头涔涔而泪潸潸了。

　　去的尽管去了,来的尽管来着;去来的中间,又怎样地匆匆呢?早上我起来的时候,小屋里射进两三方斜斜的太阳。太阳他有脚啊,轻轻悄悄地挪移了;我也茫茫然跟着旋转。于是——洗手的时候,日子从水盆里过去;吃饭的时候,日子从饭碗里过去;默默时,便从凝然的双眼前过去。我觉察他去的匆匆了,伸出手遮挽时,他又从遮挽着的手边过去,天黑时,我躺在床上,他便伶伶俐俐地从我身上跨过,从我脚边飞去了。等我睁开眼和太阳再见,这算又溜走了一日。我掩着面叹息。但是新来的日子的影儿又开始在叹息里闪过了。

　　逃去如飞的日子里,在千门万户的世界里的我能做些什么呢?只有徘徊罢了,只有匆匆罢了;在八千多日的匆匆里,除徘徊外,又剩些什么呢?过去的日子如轻烟,被微风吹散了,如薄雾,被初阳蒸融了;我留着些什么痕迹呢?我何曾留着像游丝样的痕迹呢?我赤裸裸来到这世界,转眼间也将赤裸裸的回去罢?但不能平的,为什么偏要白白走这一遭啊?

　　聪明的,你告诉我,我们的日子为什么一去不复返呢?

【朗诵指要】

　　朱自清的散文诗《匆匆》写于1922年3月28日。时是“五四”落潮期,现实不断给作者以失望。但是诗人在彷徨中并不甘心沉沦,他站在他的“中和主义”立场上执着地追求着。他认为:“生活中的各种过程都有它独立的意义和价值——每一刹那有每一刹那的意义与价值! 每一刹那在持续的时间里,有它相当的位置。”因此,他要“一步一步踏在泥土上,打下深深的脚印”以求得“段落的满足”。全文在淡淡的哀愁中透出作者心灵不平的低诉,这也反映了“五四”落潮期知识青年的普遍情绪。

　　《匆匆》是朱自清的感性之作。由眼前的春景,引动自己情绪的俄然激发,借助想象把它表现出来。想象“使未知的事物成形而现,诗人的笔使它们形象完整,使空灵的乌有,得着它的居处,并有名儿可唤。”(莎士比亚《仲夏夜之梦》)朱自清把空灵的时间,抽象的观念,通过现象来表示,而随着个人情绪的线索,去选择、捕捉那鲜明的形象。情绪随着时间从无形到有形,从隐现到明晰的一组不断变化的画面而呈现出起伏的浪花。

　　“燕子去了,有再来的时候;杨柳枯了,有再青了的时候;桃花谢了,有再开的时候。”作者几笔勾勒一个淡淡的画面。作者不在于描绘春景的实感,而在于把读者带入画面,接受情绪的感染,透出作者怅然若失的情绪。

　　时间是怎样的“匆匆”呢?作者并没有作抽象的议论,他把自己的感觉,潜在的意识通过形象表现出来。“早上,小屋里射进两三方斜斜的太阳。太阳他有步啊,轻轻悄悄地挪移了。"太阳被人格化了,他像一位青春年少的姑娘迈动脚步来了,悄悄地从身边走过。接着,用一系列排比句展示了时间飞逝的流。吃饭、洗手、默思,是人们日常生活的细节,作者却敏锐地看到时间的流过。当他企图挽留时,它又伶俐地"跨过",轻盈地"飞去",悄声地"溜走",急速地"闪过"了,时间步伐的节奏越来越快。用活泼的文字,描写出时间的形象是在不断地变化之中,给人一个活生生的感觉,我们听到了时间轻俏、活泼的脚步声,也听到了心灵的颤动。

散文诗具有音乐美的素质。散文诗抛弃了这一切外在的形式,它的音乐美,从作者内在的情绪的涨落和语言的节奏的有机统一中自然地流露出来。亨特认为:"虽是散文,有时也显出节奏之充分存在,因而它岔出了它的名义上的类型,而取得了'散文诗'的名义,就是在诗的领域里的一种半节奏的作品。"《匆匆》就是这样的"半节奏的作品"。

《匆匆》表现作者追寻时间踪迹而引起情绪的飞快流动,全篇格调统一在"轻悄"上,节奏疏隐绵运,轻快流利。为谐和情绪的律动,作者运用了一系列排比句:"洗手的时候,日子从水盆里过去;吃饭的时候,日子从饭碗里过去;默默时……"相同的句式成流线型,一缕情思牵动活跃而又恬静的画面迅速展开,使我仿佛看到时间的流动。而且句子大多是短句,五六字一句而显得轻快流畅。句法结构单纯,没有多层次的变化,如一条流动的河连续不断,如一条调和的琴,泛着连续的音浪。它的音乐性不是在字音的抑扬顿挫上着力,而是在句的流畅轻快上取胜,作者并没有刻意雕琢,而只是"随随便便写来,老老实实写来",用鲜明生动的口语,把诗情不受拘束地表现出来,语言的节奏和情绪的律动自然吻合,达到匀称和谐。

《匆匆》叠字的运用也使它的语言具有节奏美。阳光是"斜斜"的,它"轻轻悄悄"地挪移,"我""茫茫然"旋转,时间去得"匆匆",它"伶伶俐俐"跨过……这些叠字的运用,使诗不仅达到视觉的真实性,而且达到听觉的真实性,即一方面状时间流逝之貌,另一方面又写出时间迈步之声。同时,诗人一方面状客观之事,另一方面又达主观之情,现实的音响引起诗人情绪的波动,通过语言的音响表现出来,情和景自然地融合在一起。我们还可以看到叠字自然匀称地分布在各句中,以显出它的疏隐绵远的节奏来,这恰合了作者幽微情绪的波动。

复沓的运用,也是散文诗维持其音乐特点通常运用的手段。"只有徘徊罢了,只有匆匆罢了;在八千多日的匆匆里,除徘徊外,又剩些什么呢?""徘徊""匆匆"等字眼反复出现,一种幽怨之情反复回荡。"我留着些什么痕迹呢?我何曾留着像游丝样的痕迹呢?"相同的意思句子数字的变化,使感情层层推进,在参差中又显出整齐的美。结句的反复,反复强化作品的主旋律,画出感情起伏的波澜。复沓的运用,反复吟咏,起到了一唱三叹的效果。

思考与训练

分析并朗诵下列散文《野马渡》。

当我在月夜里持一盏渔火,挥手告别那个伫立船头的老船工,像一个浪迹天涯的旅人,背驮沉重的行囊远离你时,为什么你湍急的河流不停地梳理着岸边默默饮泣的水草。而又用一滴晶莹的露珠溅湿那一朵野花的眼睛。

山坳的帐篷里，住着年迈的阿妈。留在草原上的姑娘用一根牧鞭，守护着渐渐长大的羊群，在她的瞩目里，今生我会像一只山鹰骄傲地飞过积雪的山顶吗？而那袅袅上升的炊烟呵，是一条长长的飘带，千里万里系着亲人绵绵不断的祝福。趟过伊犁河，翻过西天山，万水千滩，急流险滩，我该怎样泅渡那横陈于生命旅途中的每一条河流。又该怎样寻觅送我至彼岸，却又常常迷失在烟海茫茫中的那每一个渡口。

野马渡呵野马渡，最初的野马群是怎样像一队热血粗壮的汉子，兀立浪花翻卷的岸边，埋首豪饮，仰天长啸，旋即升起一股冲天的飓风，劈开一条水路，昂首远去。

那裂帛般撕开的水面，至今还飘扬着野马飞腾的雄姿。古老的伊犁河日夜奔流不息，逝者如斯，回眸凝望，野渡无人舟自横。当年的老船工早已演绎成美丽的传说，一条彩虹似的大桥飞架天堑。夕阳西下，牧归的老牛从桥上走过，悠悠的羊群像雪白的浪花漫过桥顶，桥下汲水的姑娘，彩裙一闪，拎走晚霞朵朵。

可我仍然像一匹雄性的野马，奔驰在岸边，风雨中渴盼一位勇敢的骑手，扬鞭催马，一次次飞越生命的野马渡。

经典作品赏析

《荷塘月色》　朱自清

这几天心里颇不宁静。今晚在院子里坐着乘凉，忽然想起日日走过的荷塘，在这满月的月光里，总该另有一番样子吧。月亮渐渐地升高了，墙外马路上孩子们的欢笑，已经听不见了；妻在屋里拍着闰儿，迷迷糊糊地哼着眠歌。我悄悄地披了大衫，带上门出去。

《荷塘月色》

沿着荷塘，是一条曲折的小煤屑路。这是一条幽僻的路；白天也少人走，夜晚更加寂寞。荷塘四面，长着许多树，蓊蓊郁郁的。路的一旁，是些杨柳，和一些不知道名字的树。没有月光的晚上，这路上阴森森的，有些怕人。今晚却很好，虽然月光是淡淡的。

路上只我一个人，背着手踱着。这一片天地好像是我的；我也像超出了平常的自己，到了另一世界里。我爱热闹，也爱冷静；爱群居，也爱独处。像今晚上，一个人在这苍茫的月下，什么都可以想，什么都可以不想，便觉是个自由的人。白天里一定要做的事，一定要说的话，现在都可不理。这是独处的妙处，我且受用这无边的荷香月色好了。

曲曲折折的荷塘上面，弥望的是田田的叶子。叶子出水很高，像亭亭的舞女的裙。层层的叶子中间，零星地点缀着些白花，有袅娜地开着的，有羞涩地打着朵儿的；正如一粒粒的明珠，又如碧天里的星星，又如刚出浴的美人。微风过处，送来缕缕清香，仿佛远处高楼上渺茫的歌声似的。这时候叶子与花也有一丝的颤动，像闪电一般，霎时传过荷塘的那边去了。叶子本是肩并肩密密地挨着，这便宛然有了一道凝碧的波痕。叶子底下是脉脉的流水，遮住了，不能见一些颜色；而叶子却更见风致了。

月光如流水一般，静静地泻在这一片叶子和花上。薄薄的青雾浮起在荷塘里。叶子和花仿佛在牛乳中洗过一样；又像笼着轻纱的梦。虽然是满月，天上却有一层淡淡的云,所以不能朗照;但我以为这恰是到了好处——酣眠固不可少,小睡也别有风味的。月光是隔了树照过来的,高处丛生的灌木,落下参差的斑驳的黑影,峭楞楞如鬼一般;弯弯的杨柳的稀疏的倩影,却又像是画在荷叶上。塘中的月色并不均匀;但光与影有着和谐的旋律,如梵婀玲(英语 violin 小提琴的译音)上奏着的名曲。

荷塘的四面,远远近近,高高低低都是树,而杨柳最多。这些树将一片荷塘重重围住;只在小路一旁,漏着几段空隙,像是特为月光留下的。树色一例是阴阴的,乍看像一团烟雾;但杨柳的丰姿,便在烟雾里也辨得出。树梢上隐隐约约的是一带远山,只有些大意罢了。树缝里也漏着一两点路灯光,没精打采的,是渴睡人的眼。这时最热闹的,要数树上的蝉声与水里的蛙声;但热闹是他们的,我什么也没有。

忽然想起采莲的事情来了。采莲是江南的旧俗,似乎很早就有,而六朝时为盛;从诗歌里可以约略知道。采莲的是少年的女子,她们是荡着小船,唱着艳歌去的。采莲人不用说很多,还有看采莲的人。那既是一个热闹的季节,也是一个风流的季节。梁元帝《采莲赋》里说得好:

于是妖童媛女,荡舟心许;鹢首徐回,兼传羽杯;櫂将移而藻挂,船欲动而萍开。尔其纤腰束素,迁延顾步;夏始春余,叶嫩花初,恐沾裳而浅笑,畏倾船而敛裾。

可见当时嬉游的光景了。这真是有趣的事,可惜我们现在早已无福消受了。

于是又记起《西洲曲》里的句子:

采莲南塘秋,莲花过人头;低头弄莲子,莲子清如水。今晚若有采莲人,这儿的莲花也算得"过人头"了;只不见一些流水的影子,是不行的。这令我到底惦着江南了。

这样想着,猛一抬头,不觉已是自己的门前;轻轻地推门进去,什么声息也没有,妻已睡熟好久了。

【朗诵指要】

《荷塘月色》的艺术成就是多方面的,首先文章追求的是一种诗情画意之美。作者调动一切艺术手法,着意创造一个诗意盎然、情景交融的境界。作品中满贮诗意的是风采绮丽的荷塘月色。作者层次有序地时而以荷塘为主景,月色为背景,动静结合,运用鲜明的比喻,通感手法,由远及近,从里及外地描绘了月光下荷塘的无边风光。作者时而又以月色为主景,荷塘为背景,别出心裁地虚实为用,浓淡相宜地勾勒了整个荷塘的月夜风采。作者努力挖掘蕴含在大自然中的诗意,让声、光、色、味都透出神韵,共同点染荷塘月色绰约的风情。这样的以景衬情,情景交融的写法,不仅使作品富有诗情画意,也使作品具有情趣美。

精于构思、巧于布局,是《荷塘月色》又一显著特色。作品开头写心情颇不宁静,这是作品抒情线索的缘起,文章以"我"去观赏荷塘为脉络,以人物的行止为线索,全文的写景抒情过程,都是随着作者的脚步和视线的移动逐步深化的。行文中以荷塘、月色为中心,又适当点染周围背景。布局上层次清晰分明,详略得当,疏密相间,自然舒展。

朱自清散文的语言典雅清丽、新颖自然。《荷塘月色》保持了这一特色。朱自清很注重语言的锤炼,且以轻笔淡彩的口语来绘声绘色,表情达意。《荷塘月色》中动词与叠字叠词的运用,不仅准确而传神地渲染和强化了诗情画意,而且节奏明朗,韵律协调。富有音乐美。在朗诵时若能配上音乐更是一番风味。

《一日的春光》　冰心

去年冬末,我给一位远方的朋友写信,曾说:"我要尽量的吞咽今年北平的春天。"

《一日的春光》

今年北平的春天来的特别的晚,而且在还不知春在哪里的时候,抬头忽见黄尘中绿叶成荫,柳絮乱飞,才晓得在厚厚的尘沙黄幕之后,春还未曾露面,已悄悄地远引了。

天下事都是如此——

去年冬天是特别的冷,也显得特别的长。每天夜里,灯下孤坐,听着扑窗怒号的朔风,小楼震动,觉得身上心里,都没有一丝暖气,一冬来,一切的快乐,活泼,力量,生命,似乎都冻得蜷伏在每一个细胞的深处。我无聊地慰安自己说:"等着罢,冬天来了,春天还能很远吗?"

然而这狂风,大雪,冬天的行列,排得意外的长,似乎没有完尽的时候。有一天看见湖上冰软了,我的心顿然欢喜,说:"春天来了!"当天夜里,北风又卷起漫天匝地的黄沙,愤怒的扑着我的窗户,把我心中的春意,又吹得四散。有一天看见柳梢嫩黄了,那天的下午,又不住地下着不成雪的冷雨,黄昏时节,严冬的衣服,又披上了身。有一天看见院里的桃花开了,这天刚刚过午,从东南的天边,顷刻布满了惨暗的黄云,跟着千枝风动,这刚放蕊的春英,又都埋罩在漠漠的黄尘里⋯⋯

九十天看看过尽——我不信了春天!

几位朋友说:"到大觉寺看杏花去罢。"虽然我的心中,始终未曾得到春的消息,却也跟着大家去了。到了管家岭,扑面的风尘里,几百棵杏树枝头,一望已尽是残花败蕊;转到大工,向阳的山谷之中,还有几株盛开的红杏,然而盛开中气力已尽,不是那满树浓红,花蕊相间的情态了。

我想:"春去了就去了罢!"归途中心里倒也坦然,这坦然中是三分悼惜,七分憎嫌,总之,我不信了春天。

四月三十日的下午,有位朋友约我到挂甲屯吴家花园去看海棠,"且喜天气晴明"——现在回想起来,那天是九十春光中唯一的春天——海棠花又是我所深爱的,就欣然地答应了。

东坡恨海棠无香,我却以为若是香得不妙,宁可无香。我的院里栽了几棵丁香和珍珠梅,夏天还有玉簪,秋天还有菊花,栽后都很后悔。因为这些花香,都使我头痛,不能折来养在屋里。所以有香的花中,我只爱兰花,桂花,香豆花和玫瑰,无香的花中,海棠要算我最喜欢的了。

海棠是浅浅的红,红得"乐而不淫",淡淡的白,白得"哀而不伤",又有满树的绿叶掩映着,秾纤适中,像一个天真,健美,欢悦的少女,同是造物者最得意的作品。

斜阳里,我正对着那几树繁花坐下。

春在眼前了!

这四棵海棠在怀馨堂前,北边的那两棵较大,高出堂檐五六尺。花后是响晴蔚蓝的天,淡淡的半圆的月,遥俯树梢。这四棵树上,有千千万万玲珑娇艳的花朵,乱哄哄地在繁枝上挤着开⋯⋯

看见过幼稚园放学没有？从小小的门里，挤着的跳出涌出使人眼花缭乱的一大群的快乐，活泼，力量，和生命；这一大群跳着涌着的分散在极大的周围，在生的季候里做成了永远的春天！

那在海棠枝上卖力的春，使我当时有同样的感觉。

一春来对于春的憎嫌，这时都消失了，喜悦地仰首，眼前是烂漫的春，骄奢的春，光艳的春——似乎春在九十日来无数的徘徊瞻顾，百就千拦，只为的是今日在此树枝头，快意恣情的一放！

看得恰到好处，便辞谢了主人回来。这春天吞咽得口有余香！过了三四天，又有友人来约同去，我却回绝了。今年到处寻春，总是太晚，我知道那出国留学网时若去，已是"落红万点愁如海"，春来萧索如斯，大不必去惹那如海的愁绪。

虽然九十天中，只有一日的春光，而对于春天，似乎已得了报复，不再怨恨憎嫌了。只是满意之余，还觉得有些遗憾，如同小孩子打架后相寻，大家忍不住回嗔作喜，却又不肯即时言归于好，只背着脸，低着头，噘着嘴说："早知道你又来哄我找我，当初又何必把我冰在那里呢？"

【朗诵指要】

《一日的春光》是冰心写的一篇脍炙人口的散文。该文写于1936年，在写作此文之前大约两个月的时间里，冰心或是生病，或是杂事缠身。这样的思绪，不免使作者渴望自然春天的到来，祖国春天的到来。然而苦苦等待春天，春天却迟迟不来，许多次春天刚一露面，就被寒风冷雨驱散；到处寻找春光，却发现春天早已远去。这种情况难免使作者痛苦。然而，春光好似有意，在作者九十日的等待之后，终于等来了春光的烂漫、骄奢、光艳与迷人的景象，使作者饱尝了"一日春光"带来的快乐、活泼、力量和生命。这里作者采用欲扬先抑的表现手法，表达了作者惜春、爱春，强烈盼望春天到来的期望之情。使我们真切地感受到作者对春的执着之情，对事业的执着之心。此外，这篇散文思路清晰，语言流畅，感情真挚，富有哲理意韵，是一篇不可多得的优美散文。朗读的时候应用真情实感，把作者执着之情表达出来。

《天才梦》 张爱玲

我是一个古怪的女孩，从小被目为天才，除了发展我的天才外别无生存的目标。然而，当童年的狂想逐渐褪色的时候，我发现我除了天才的梦之外一无所有——所有的只是天才的乖僻缺点。世人原谅瓦格涅的疏狂，可是他们不会原谅我。

加上一点美国式的宣传，也许我会被誉为神童。我三岁时能背诵唐诗。我还记得摇摇摆摆地立在一个满清遗老的藤椅前朗吟"商女不知亡国恨，隔江犹唱后庭花"，眼看着他的泪珠滚下来。七岁时我写了第一部小说，一个家庭悲剧。遇到笔画复杂的字，我常常跑去问厨子怎样写。第二部小说是关于一个失恋自杀的女郎。我母亲批评说：如果她要自杀，她决不会从上海乘火车到西湖去自溺，可是我因为西湖诗意的背景，终于固执地保存了这一点。

我仅有的课外读物是《西游记》与少量的童话，但我的思想并不为它们所束缚。八岁那年，我尝试过一篇类似乌托邦的小说，题名《快乐村》。快乐村人是一好战的高原民族，因克服苗人有功，蒙中国皇帝特许，免征赋税，并予自治权。所以快乐村是一个与外界隔绝的大家庭，自耕自织，保存着部落时代的活泼文化。我特地将半打练习簿缝在一起，预期一本洋洋大作，然而不久我就对这伟大的题材失去了兴趣。现在我仍旧保存着我所绘的插画多帧，介绍这种理想社会的服务，建筑室内装修，包括图书馆，"演武厅"，巧克力店，屋顶花园。公共餐室是荷花池里一座凉亭。我不记得那里有没有电影院与社会主义——虽然缺少这两样文明产物，他们似乎也过得很好。

　　九岁时，我踌躇着不知道应当选择音乐或美术作我终生的事业。看了一张描写穷困的画家的影片后，我哭了一场，决定做一个钢琴家，在富丽堂皇的音乐厅里演奏。

　　对于色彩，音符，字眼，我极为敏感。当我弹奏钢琴时，我想象那八个音符有不同的个性，穿戴了鲜艳的衣帽携手舞蹈。我学写文章，爱用色彩浓厚、音韵铿锵的字眼，如"珠灰""黄昏""婉妙""splendour""melancholy"，因此常犯了堆砌的毛病。直到现在，我仍然爱看《聊斋志异》与俗气的巴黎时装报告，便是为了这种有吸引力的字眼。

　　在学校里我得到自由发展。我的自信心日益坚强，直到我十六岁时，我母亲从法国回来，将她睽隔多年的女儿研究了一下。"我懊悔从前小心看护你的伤寒症，"她告诉我，"我宁愿看你死，不愿看你活着使你自己处处受痛苦。"

　　我发现我不会削苹果。经过艰苦的努力我才学会补袜子。我怕上理发店，怕见客，怕给裁缝试衣裳。许多人尝试过教我织绒线，可是没有一个成功。在一间房里住了两年，问我电铃在哪儿我还茫然。我天天乘黄包车上医院去打针，接连三个月，仍然不认识那条路。总而言之，在现实的社会里，我等于一个废物。

　　我母亲给我两年的时间学习适应环境。她教我煮饭；用肥皂粉洗衣；练习行路的姿势；看人的眼色；点灯后记得拉上窗帘；照镜子研究面部神态；如果没有幽默天才，千万别说笑话。

　　在待人接物的常识方面，我显露惊人的愚笨。我的两年计划是一个失败的试验。除了使我的思想失去均衡外，我母亲的沉痛警告没有给我任何的影响。

　　生活的艺术，有一部分我不是不能领略。我懂得怎么看"七月巧云"，听苏格兰兵吹 bagpipe，享受微风中的藤椅，吃盐水花生，欣赏雨夜的霓虹灯，从双层公共汽车上伸出手摘树巅的绿叶。在没有人与人交接的场合，我充满了生命的欢悦。可是我一天不能克服这种咬啮性的小烦恼，生命是一袭华美的袍，爬满了蚤子。

【朗诵指要】

很多人知道这句名句：生命是一袭华美的袍，爬满了蚤子，却不知道是来自这篇《天才梦》。在这篇短篇散文里，张爱玲表现出了自己的天才，也透出了无奈、孤独。"在没有人与人交接的场合，我充满了生命的欢悦。可是我一天不能克服这种咬啮性的小烦恼，生命是一袭华美的袍，爬满了蚤子。"这样联系全文来看这句话，你会更懂她。张爱玲是个传奇女子，无疑是敏锐的，她品味生活的乐趣，咀嚼人生的无奈。她的一生是在稿纸格里跋涉的，有休憩，但没有停顿；有低谷，但没有结束。她的天才梦是她生命的支点，她也是用一生的心血去营造自己的梦。所以她是勇敢的做梦者。同时，她的天才梦激励了很多逐梦的人，让更多的人一边做梦，一边实践真实的自己，成为一个幸福的寻梦者。朗读这篇散文应更多的结合作者自身的背景，虚实结合。

《雪》 鲁迅

暖国的雨,向来没有变过冰冷的坚硬的灿烂的雪花。博识的人们觉得他单调,他自己也以为不幸否耶?江南的雪,可是滋润美艳之至了;那是还在隐约着的青春的消息,是极壮健的处子的皮肤。雪野中有血红的宝珠山茶,白中隐青的单瓣梅花,深黄的磬口的蜡梅花;雪下面还有冷绿的杂草。蝴蝶确乎没有;蜜蜂是否来采山茶花和梅花的蜜,我可记不真切了。但我的眼前仿佛看见冬花开在雪野中,有许多蜜蜂们忙碌地飞着,也听得他们嗡嗡地闹着。

孩子们呵着冻得通红,像紫芽姜一般的小手,七八个一齐来塑雪罗汉。因为不成功,谁的父亲也来帮忙了。罗汉就塑得比孩子们高得多,虽然不过是上小下大的一堆,终于分不清是壶卢还是罗汉;然而很洁白,很明艳,以自身的滋润相黏结,整个地闪闪地生光。孩子们用龙眼核给他做眼珠,又从谁的母亲的脂粉奁中偷得胭脂来涂在嘴唇上。这回确是一个大阿罗汉了。他也就目光灼灼地嘴唇通红地坐在雪地里。

第二天还有几个孩子来访问他;对了他拍手,点头,嬉笑。但他终于独自坐着了。晴天又来消释他的皮肤,寒夜又使他结一层冰,化作不透明的水晶模样;连续的晴天又使他成为不知道算什么,而嘴上的胭脂也褪尽了。

但是,朔方的雪花在纷飞之后,却永远如粉,如沙,他们决不粘连,撒在屋上,地上,枯草上,就是这样。屋上的雪是早已就有消化了的,因为屋里居人的火的温热。别的,在晴天之下,旋风忽来,便蓬勃地奋飞,在日光中灿灿地生光,如包藏火焰的大雾,旋转而且升腾,弥漫太空;使太空旋转而且升腾地闪烁。

在无边的旷野上,在凛冽的天宇下,闪闪地旋转升腾着的是雨的精魂……

是的,那是孤独的雪,是死掉的雨,是雨的精魂。

【朗诵指要】

鲁迅先生写雪,别开生面,起笔有意发问,并且由此通贯全篇:一是把"雨"和"雪"作对比,借以引出下文的"江南的雪";二是将具有冰冷、坚硬、灿烂雪花的"朔方的雪"联系起来,为结尾用"雨"收束全文布下伏线。

作者对江南的雪满怀深情,用浓墨重彩绘出一幅萌动着青春活力的江南雪景图,意境新美,内涵丰富。作者把这幅江南雪景图描绘得有声有色,声色和谐;有动有静,动静相衬。但还不够,还须用工笔重彩画上美好纯真的童年生活的一幕,孩子们多么的天真烂漫,何等的聪颖伶俐!这才是江南雪野上绽开的真正的春花啊!作者着力从三度空间进行立体描绘,以突出飞腾的朔雪那种撼天动地、锐不可当的气势。作者置身于这朔雪飞腾的宏伟壮观中,禁不住感情汹涌,思绪驰骋。

《纸钢琴》

女儿酷爱音乐。

每天清晨当对面阳台上响起琴声时,她便痴痴地趴在阳台上静静聆听。她多想自己能有一架钢琴……不,不,哪怕能摸一摸,坐上去弹一次也好啊!

一天,父亲来到阳台,看到女儿趴在阳台上,十指在阳台上跳跃着,父亲便有了一桩心事……女儿从没见过父亲买一件像样的衣服,穿在他身上的总是洗得发白的工作服。女儿知道应该铆足劲儿学习。她想,将来一定要考上音乐学院,那样,就可以天天弹钢琴了。

父亲似乎比以前忙了许多,每天很早出去,很晚回来,裹着身泥灰倒头便睡。

日复一日,女儿不知父亲为何如此拼命,却知道父亲的白发她已经再也数不清了……年复一年,五年过去了。女儿考上了最好的高中。

父亲去银行取出了存款。一路上陶醉在喜悦中,却不知道背后跟着一双邪恶的眼睛。他来到商店,来到一架钢琴前。这是一架锃亮的立式钢琴,标价:一万八。他想:"够了。"于是叫来售货员。当他满心欢喜地将紧拽在手里的工具包打开时,一条被刀划开的口子凝结了他的笑容。

父亲茶饭不思,一下子憔悴了。担忧笼罩着女儿的眼眸。几天后,父亲拿出一样东西:一块木板,上面贴着厚纸,画着键盘。父亲说:"爸爸没用,本来想给你买架真钢琴的……"女儿第一次看到了父亲的泪水。"爸爸!"女儿不知道发生了什么,但她什么都明白。

她坐过去,十指轻快地跳跃在琴键上,周身沐浴着暖暖的旋律,她泪流满面,如痴如醉。

【朗诵指要】

(1) 亲情始终温暖,它与生俱来,父爱永远真诚,它感天动地。父亲对女儿的爱,无处不在,女儿对父亲的理解,令人动容。

(2) 朗诵时,要把握好这份浓浓的人间真情:质朴、含蓄、深沉。

《粽子里的乡愁》 琦君

异乡客地,越是没有年节的气氛,越是怀念旧时代的年节情景。

端阳是个大节,也是母亲大忙特忙、大显身手的好时光。想起她灵活的双手,裹着四角玲珑的粽子,就好像马上闻到那股子粽香了。

母亲的粽子,种类很多,莲子红枣粽只包少许几个,是专为供佛的素粽。荤的豆沙粽、猪肉粽、火腿粽可以供祖先,供过以后称之为"子孙粽"。吃了将会保佑后代儿孙绵延。包得最多的是红豆粽、白米粽和灰汤粽。一家人享受以外,还要布施乞丐。母亲总是为乞丐大量的准备一些,美其名曰"富贵粽"。

我最最喜欢吃的是灰汤粽。那是用旱稻草烧成灰,铺在白布上,拿开水一冲。滴下的热汤呈深褐色,内含大量的碱。把包好的白米粽浸泡灰汤中一段时间(大约一夜晚吧),提出来煮熟,就是浅咖啡色带碱味的灰汤粽。那股子特别的清香,是其他粽子所不及的。我一口气可以吃两个,因为灰汤粽不但不碍胃,反而有帮助消化之功。过节时若吃得过饱,母亲就用灰汤粽焙成灰,叫我用开水送服,胃就舒服了。完全是自然食物的自然治疗法。母亲常说我是从灰汤粽里长大的。几十年来,一想起灰汤粽的香味,就神往同年与故乡的快乐时光。但在今天到哪里去找旱稻草烧出灰来冲灰汤呢?

端午节那天,乞丐一早就来讨粽子。真个是门庭若市。我帮着长工阿荣提着富贵粽,一个个地分。忙得不亦乐乎。乞丐常常高声地喊:"太太,高升点(意谓多给点)。明里去了暗里来,积福积德,保佑你大富大贵啊!"母亲总是从厨房里出来,连声说:"大家有福,大家有福。"

乞丐去后,我问母亲:"他们讨饭吃,有什么福呢?"母亲正色道:"不要这样讲。谁能保证一生一世享福?谁又能保证下一世有福还是没福?福要靠自己修的。时时刻刻要存好心,要惜福最要紧。他们做乞丐的,并不是一个个都是好吃懒做的,有的是一时做错了事,败了家业。有的是上一代没积福,害了他们。你看那些孩子,跟着爹娘日晒夜露地讨饭,他们做错了什么,有什么罪过呢?"

母亲的话,在我心头重重地敲了一下。因而每回看到乞丐们背上背的婴儿,小脑袋晃来晃去,在太阳里晒着,雨里淋着,心里就有说不出的难过。当我把粽子递给小乞丐时,他们伸出黑漆漆的双手接过去,嘴里说着:"谢谢你啊!"眼睛睁得大大的,看我一身的新衣服。他们有许多都和我差不多年纪,差不多高矮。我就会想,他们为什么当乞丐,我为什么住这样大房子,有好东西吃,有书读?想想妈妈说的,谁能保证一生一世享福,心里就害怕起来。

有一回,一个小女孩悄声对我说:"再给我一个粽子吧。我阿婆有病走不动,我带回去给她吃。"我连忙给她一个大大的灰汤粽。她又说:"灰汤粽是咬食的(帮助消化),我们没什么肉吃呀。"我听了很难过,就去厨房里拿一个肉粽给她,她没有等我,已经走得很远了。我追上去把粽子给她。我说:"你有阿婆,我没有阿婆了。"她看了我半晌说:"我也没有阿婆,是我后娘叫我这么说的。"我吃惊地问:"你后娘?"她说:"是啊! 她常常打我,用手指甲掐我,你看我手上脚上都有紫印。"

听了她的话,我眼泪马上流出来了,我再也不嫌她脏,拉着她的手说:"你不要讨饭了,我求妈妈收留你,你帮我们做事,我们一同玩,我教你认字。"她静静地看着我,摇摇头说:"我没这个福分。"

她甩开我的手,很快地跑了。

我回来呆呆地想了好久,告诉母亲,母亲也呆呆地想了好久,叹口气说:"我也不知道要怎样做才周全,世上苦命的人太多了。"

日月飞逝,那个讨粽子的小女孩,她一脸悲苦的神情,她一双吃惊的眼睛,和她坚决地快跑而逝的背影,时常浮现我心头,她小小年纪,是真的认命,还是更喜欢过乞讨的流浪生活。如果她仍在人间的话,也已是年逾七旬的老妪了。人世茫茫,她究竟活得怎样,活在哪里呢?

每年的端午节来临时,我很少吃粽子,更无从吃到清香的灰汤粽。母亲细嫩的手艺,和琐琐屑屑的事,都只能在不尽的怀念中追寻了。

【朗诵指要】

(1) 琦君 1916 年 7 月 24 日生于温州的瓯海瞿溪乡,原名潘希珍,又名潘希真,小名春英,浙江省温州市永嘉县人。现当代女作家,14 岁就读于教会中学。1949 年赴台湾,在司法部门工作了 26 年,并任台湾中国文化学院、"中央大学"中文系教授,后定居美国。琦君以撰写散文开始她的创作生涯。她的名字总是与台湾散文连在一起。她也是著名电视剧《橘子红了》的原作者。

(2) 看琦君的文章就好像翻阅一本旧相簿,一张张泛黄的相片都承载着如许沉厚的记忆与怀念,时间是这个世纪的前半段,地点是作者魂牵梦萦的江南。林海音写活了老北京的"城南旧事",而琦君笔下的杭州,也处处洋溢着"三秋桂子,十里荷花"。

《大山中的老师》

老师在火场中狂奔着往返,她把十几个孩子一个一个地抱离了火场。那时的我,除了恐惧就是哭泣,当屋里就剩下我和另外一位小女孩的时候,我的哭声甚至比凶猛的火势还要嚣张。也许,就是这嚣张的哭声,让我占据了,最后一个生的机会。

我到现在都还记得,老师一把把我抱起来的时候对我说:"孩子,别哭,老师不会丢下你的。"

当老师最后一次冲进着火的茅草屋,大火呼啸着吞没了我们的学校,吞没了老师的背影,吞没了火海中最后一声哭泣。

茅草屋轰然倒塌了! 我和所有活下来的孩子都惊呆了。

那个时候的我们,还不能理解生和死的距离,但是,我们都清楚地记得,那个和我在火海中手拉着手,那个我们班上最小的女同学,那个和老师同时葬身火海的小女孩,是老师唯一的女儿!

二十年过去了,每逢到了清明时节,我和当年的许多同学,都会在老师和他女儿坟前,放下一束束的山花,我会对老师说:"对于过去,我永远都没有机会说抱歉或者感激了,但是,老师,我向您发誓:无论多么苦、多么难,我都不会离开这片大山,这座学校,和这群孩子。"

【朗诵指要】

这是一个催人泪下的悲情故事。惊动天地,感人至深。大山中这位伟大的老师,用自己无私的爱、用自己和女儿宝贵的生命换来了 11 个学生的平安,她的生命的价值得到了延伸。朗诵时,要把握好第一人称的语言特点,感情充沛,给人以强烈的震撼与感染。

《秋天的怀念》 史铁生

双腿瘫痪后,我的脾气变得暴怒无常。望着望着天上北归的雁阵,我会突然把面前的玻璃砸碎;听着听着李谷一甜美的歌声,我会猛地把手边的东西摔向四周的墙壁。母亲就悄悄地躲出去,在我看不见的地方偷偷地听着我的动静。

当一切恢复沉寂,她又悄悄地进来,眼边红红的,看着我。"听说北海的花儿都开了,我推着你去走走。"她总是这么说。母亲喜欢花,可自从我的腿瘫痪后,她侍弄的那些花都死了。"不,我不去!"我狠命地捶打这两条可恨的腿,喊着:"我活着有什么劲!"母亲扑过来抓住我的手,忍住哭声说:"咱娘儿俩在一块儿,好好儿活,好好儿活……"

可我却一直都不知道,她的病已经到了那步田地。后来妹妹告诉我,她常常肝疼得整宿整宿翻来覆去地睡不了觉。

那天我又独自坐在屋里,看着窗外的树叶"唰唰啦啦"地飘落。母亲进来了,挡在窗前:"北海的菊花开了,我推着你去看看吧。"她憔悴的脸上现出央求般的神色。"什么时候?""你要是愿意,就明天?"她说。我的回答已经让她喜出望外了。"好吧,就明天。"我说。她高兴得一会坐下,一会站起:"那就赶紧准备准备。""哎呀,烦不烦？几步路,有什么好准备的!"她也笑了,坐在我身边,絮絮叨叨地说着:"看完菊花,咱们就去'仿膳',你小时候最爱吃那儿的豌豆黄儿。还记得那回我带你去北海吗？你偏说那杨树花是毛毛虫,跑着,一脚踩扁一个……"她忽然不说了。对于"跑"和"踩"一类的字眼儿。她比我还敏感。她又悄悄地出去了。

她出去了。就再也没回来。

邻居们把她抬上车时,她还在大口大口地吐着鲜血。我没想到她已经病成那样。看着三轮车远去,也绝没有想到那竟是永远的诀别。

邻居的小伙子背我去看她的时候,她正艰难地呼吸着,像她那一生艰难的生活。别人告诉我,她昏迷前的最后一句话是:"我那个有病的儿子和我那个还未成年的女儿……"

又是秋天,妹妹推我去北海看了菊花。黄色的花淡雅、白色的花高洁、紫红色的花热烈而深沉,泼泼洒洒,秋风中正开得烂漫。我懂得母亲没有说完的话。妹妹也懂。我俩在一块儿,要好好儿活……

【朗诵指要】

(1) 这篇文章主要是写自从作者的腿瘫痪以后,他的脾气变得暴怒无常,母亲却默默地忍受,不但没有责骂他,反而以一颗慈善的、宽容的心来关爱他、照顾他。后来,母亲重病缠身,还要推着他去看花,想要带他看看小时候无忧无虑的地方,同时还照顾着作者的自尊心。可惜花还没看成,母亲就永远地离开他了。母爱就是这样,不须要轰轰烈烈,不须要华丽动听的语言,她总是在甘心情愿地付出。

(2) 朗诵时可以多体会作者的这份后悔、遗憾。

(3) 最后一段,有一种终于懂得母亲的恍然。遵循着母亲的遗愿——好好地活。

《哑巴父亲的爱》

父亲是个哑巴,这一直是我心中一块隐隐的痛。

我的家在湘西一个偏远的小村庄,父亲靠在村里卖米豆腐养活全家。

在学校,别的小朋友都不理我,他们总是排斥我说:"你父亲是个哑巴,我们不和你玩。"

于是我和父亲约定,再也不准他来学校看我。

15岁那年,我以优异的成绩考上了县重点高中。

我终于可以脱离这个让我伤心的地方了。

那年寒假回到家,母亲看见我就大哭起来,我再三追问家里出了什么事,他们也没告诉我。第二天,李大妈告诉我说,在我上学后不久,母亲就病了,到医院一检查肝癌晚期,父亲一听当时就蒙了,立即哇啦哇啦地跪在地上请求医生救母亲一命那天,他在医院发疯似的见了医生就磕头,头都磕出血了,医院依然没有收留母亲,父亲只好把母亲拉了回来。

母亲得病的消息传开后,再也没有人买父亲的豆腐了,他们都说母亲的病会传染。

父亲只好含泪收了豆腐摊,但他又怕母亲知道后病情加重。

于是,每天天不亮,父亲照旧拉车出去,把车搁在李大妈家,就去捡破烂,这一捡就是整整的一年。

我听不下去了,想马上见到父亲。

一位街坊告诉我,父亲上县城去了,我立即搭车赶往县城。

刚下车,就听见议论说有人晕倒在商场里,跑去一看,是父亲。

此时他已经醒了过来,看见我,他的脸上浮起一丝微笑,颤抖地从衣袋里掏出一叠钱,示意我去商场里买年货。

在那叠钱里,我清楚地看到了一张卖血的单子。

回家的路上,父亲反复地打着手势不准我把他卖血的事告诉母亲。

看着父亲那充满慈爱的目光,我情不自禁地跪在地上,哭着说:"爸……对不起。"

【朗诵指要】

(1) 朗诵时,要在心目中树立起父亲高大伟大的形象,字里行间浸润着浓浓的亲情。亲情不会因贫困而泯灭,反而会因贫困而升华。现代城市中的年轻人可能无法体会到这种贫困带来的窘迫,但是通过自己的父亲去体会这种感同身受的父爱。

(2) 文章的前半部分是陈述部分,不要一开始就慷慨激昂。

(3) "在那叠钱里,我清楚地看到了一张卖血的单子"这句话要着重突出"卖血的单子",既惊讶又痛心。最后一句的哭诉,可以用颤音做特殊的语气处理。用哭诉的感觉来表达作者的这种愧疚同心自责之感。

《凋零之美》 林清玄

坐在仁爱路一家楼上咖啡屋,看着路上的菩提树叶子,一片一片地辞别枝极,飘落下来,有时一阵风来,菩提叶竟是满天翻飞旋舞,在凋零中,有一种自在之美。

有几株落得早的菩提树已经增生新叶,菩提树的嫩叶介于鹅黄与粉红之间,在阳光下,美丽如水月琉璃。在晶明的落地窗前,看见菩提树的凋零与新叶,使我想起憨山大师的一首诗:

世界光如水月,

身心皎若琉璃。

但见冰消涧底,

不知春上花枝。

这凋零与新生,原是同一个世界,涧底的冰雪融化了,与春景里枝头的花开,原是同样的美。或者,溪涧中的雪是滋润过花的雨水与露珠;也或者,那灿烂的花颜是吸了冰雪的乳汁而辉煌的吧!

一切因缘的雪融冰消或抽芽开花都是自然的,我们尽一切的努力也无法阻止一朵花的凋谢,因此,开花时看花开,凋谢时就欣赏花的飘零吧!我们尽一切努力,也不能使落下来的任何一片叶子回到枝头,因此要存着敬重与深情的心,对待大地这种无言的呈现呀!

【朗诵指要】

(1) 林清玄的散文文笔流畅清新,表现了醇厚、浪漫的情感,在平易中有着感人的力量。

(2) 朗诵时,体会作者这种一切随缘,顺其自然的超脱之感。

《陪着你慢慢走》

他的左手扶着她的肩,右手紧紧拽着她的一只胳膊。她的双手总是握成半拳的姿势,两只僵硬的胳膊扭曲着悬在空中。她的双脚也变了形,走一步,身体便会激烈地晃一晃,远远望去,好似一个不倒翁。

他换扶着她,一步一步地挪动。她每迈开一步,他仿佛都使上全身的力气。或许是长期低头弯腰的缘故,他瘦长的身体显得有些佝偻。常有人远远对着他们的背影叹息:原先是多么漂亮的一个女人啊,一场大病把人折磨成这样——不到30岁呢,可惜呀!也有人嘀咕:那男的肯定撑不久,总有一天会撒手,毕竟,他还年轻……

然而,从春到秋,自夏至冬,无论风霜雪雨,每天清晨,他们都会出现在这条沿江大道上。偶尔有熟人同他打招呼,他便会扬起脸,爽朗地笑着大声说:"好多了,好多了,今天又多走了两步呢!"

那天早上,他像往常一样扶着她走在沿江大道上,看不出任何征兆,台风夹着暴雨席卷而来。呼啦呼啦的风声,哗哗的雨声和吭的物口当体坠地声响成一片。"轰"的一声巨响,身后的河坝决了一道口子,浑黄的河水咆哮着冲到马路上。

风雨中,他和她像两棵飘摇的小草,找不到着陆的方向。路上的水一点一点往上涨,很快便没过了他们的小腿,大腿,腰和胸口。他们像两片叶子,在水中漂浮。

他不再徒劳地叫喊,而是拽着她的手,慢慢地在水中挪动。一个小时后,他们被武警发现。他一手抱着一棵香樟树的枝丫,一手死死拽着她,被救起时,他已经昏迷,人们无法将她的手从他的手心掰开。直到他苏醒过来,看到她傻笑的脸,他的手指一抖,两只紧扣的手才松开。

抗洪现场的记者恰好看见这一幕,便问他:只要一松手你就可以脱险,可你没这么做,是怎么想的?他嗫嚅着:那时,哪还有心思去想呀?我只晓得,要像平常那样拽牢她的手,陪着她慢慢地走。

说这些时,她嘿嘿地笑着,嘴角流出的涎水,如一串珠子溅落在他的手腕上,他慌忙拿毛巾给她擦嘴角。她吃力地抬起右手,用握不拢的手指扯起毛巾,笨拙地拭着他手腕上的口水,又傻笑着,踮起变形的脚,把毛巾往他脸上蹭。他立即半蹲下来,温柔地把头伸到她的手边,任由她用沾着口水的毛巾,乱乱地擦着自己的脸。在后来播出的电视画面上,人们看到他一脸平静,看不到一丝劫后余生的惊惧。

他和她依然在每个清晨出现。他们艰难挪动的每一步,都让我坚信,世间真有这样一种爱:可以分担你一生的愁,不用海誓山盟,却能在暴雨狂风中,陪着你慢慢地走……

【朗诵指要】

该散文真挚感人,最美的感情就在于相伴到老,无论是美好还是危险时,始终不放手。

文中有一句点题的话："他嗫嚅着：那时，哪还有心思去想呀？我只晓得，要像平常那样拽牢她的手，陪着她慢慢地走。"需反复琢磨。

《美丽的约定》　张小娴

人与人之间，到底是否有一种无形的约定？朋友之间、亲人之间、情侣之间、夫妻之间、上司与下属之间，是否都应该有一种不需要言明的约定？

朋友之间的真诚是不需约定的。既然是朋友，就要彼此信任，互相关心。这是不需多说的了。出卖朋友，就是破坏约定。

亲人之间，即使大家的关系不是很亲密。但是，只要其中一个人有需要，家人还是会首先站出来保护他和支持他。我们是一家人，我们不是已经约好的吗？

情侣之间，根本不需要承诺。我们相爱，就是一项约定。男人要保护女人，不是男人比女人强，而是爱情的约定。你不需要说你会照顾我、爱我、关心我，这是我们的默契。我们没有婚书，却有约定。到分手的那一天。我们的约定也就到此为止。

夫妻之间，夫妻是由情侣开始，一切约定也就跟从前一样，但我们多了一项约定，就是尽最大的努力去维持一段婚姻，绝不轻言放弃。你不用天天说："老婆，我爱你。"我们不是约好的吗？

上司与下属之间，也有约定。上司给下属发展机会和合理的回报，下属努力为公司工作。除了薪水和合约，这应该是有情有义的约定。

我宁愿相信，人与人之间，是有许多美丽的约定的。

【朗诵指要】

（1）张小娴是继亦舒之后，香港最受欢迎的言情小说家。1997年开始长居香港畅销书首位，被称为都市爱情小说的掌门人。

（2）张小娴的散文细腻真挚，听众极易产生共鸣。我们在朗读时，可以用一种娓娓道来的感觉去读。对象感及其重要。

《这年冬天的家书——给爸爸》　张悦然

爸爸。我说。

其实我没有什么想说的，只是很久没有喊这个称呼了。我想叫你。

我梦见荷花开了，就是我们家门口的。你带着我过马路。手和手是一起的。爸爸我们是去看荷花么？

荷花，荷花是像我的鼻血一样的红色，玷污了我的梦。爸爸我为什么总是流鼻血，你说给我的抬右手臂的办法不再奏效。我只有昂起头。荷花也开在天上。比云彩还纯洁的假象。我看着它们，爸爸我们家搬去天上了吗。

爸爸，我不是奶奶，我不能这样说可是我仍旧要这样说你，你是个能干的小孩。你看我们的家多好。它多好啊爸爸，还有你和妈妈。还有我们拥有的一切，都是你给的。

爸爸你有没有数过呢你究竟给过我多少件东西。从小到大有多少件呢。爸爸我想数的，我企图这样做过在我异常愤怒和你争吵的时候。我在心里数。我说都还给你还给你。我数它们。它们密密麻麻，它们糊在我的整个青春上面，像一个总是不能结尾的美妙童话。童话。哦,爸爸我喜欢你给我买的童话,虽然我要你念给我可是你没有时间。爸爸你欠我一些时间这个你知道吧。仍旧在吗,它们?是在写字台下面的抽屉吧。

爸爸我不能还给你了。你给的爱和礼物我都不能还了,我享用了太多年了。你看我已经有依赖的病患了。我抱着你给的东西就会笑嘻嘻。笑嘻嘻的我也能忘记你欠我的一小段时间。

爸爸其实你欠我的是很短的时间。因为很多时间我们是一起的。比如我坐在你汽车的后面。我坐在后面看见你看着前方。我喜欢你开车爸爸,虽然我觉得那太有目的性。是不是能干的人都像你一样有目的性呢?你总是带我去我要去的地方。学校、家、运动房。就是这样。爸爸其实我想和你去远方!我想和你走走停停去远方。我想你买你喜欢的热狗分给后面的我一半。我就要一半,谢谢。你现在在抽烟,因为我睡着了你就不能抽烟了,可你不知道我喜欢烟。我也想你分我一口,我就要一口,呵呵。

爸爸,你欠我一小段时间。这段时间里我们可以悄悄去一个远方再回来。这期间我们还抽了烟吃了热狗打盹睡觉接了电话。然后我们回家。爸爸我喜欢我们的家。我们回去的时候是快乐的。你看它建在荷花池旁边,夏天天黑了荷花仍旧明亮。我看见荷花探头去泉水里洗脸。然后继续明亮。爸爸如果没有时间陪我去远方,我们坐下来看看荷花好吗。它们离我们很近,非常友好。我们就安静坐下来看荷花吧。

啦啦啦,荷花照亮我的家。爸爸,我忘记问了你喜欢我唱歌么。

爸爸,我现在和你相距一片陆地两块汪洋。可是我常常梦见荷花和我们的家。我们的家啊爸爸。我梦见你牵了我的手过马路。

爸爸我们是去看荷花吗?

我要把我欠你的小段时光还回来。你牵着我的手说。

【朗诵指要】

(1) 这是当代女作家张悦然的一篇散文,正如文章名字一样《这年冬天的家书——给爸爸》,只是一封家书,但是这封家书却蕴含着对父亲深刻的爱。

(2) 我们在表达时,应该采用平和舒缓的语调,娓娓道来。

一如当初　齐越节稿件

女:我爱,倘若前生我是忘川里那一朵白莲,那么你是什么?

是波澜不兴的那方水面,还是忘川里终年往返的那只渡船?

(一)

男:承平岁月如一朝花事暖暖而无限。

繁花织锦,姿颜各异。

盛世王朝里,天子脚下。

女:她叫如初,只是平常宫女。

侍立御书房外,一径沉默疏离。

却是他可以一眼辨认的女子,清冷如莲。

低垂睫羽下眼神澄澈如水,但是没有笑容。

天成的高贵风华,不是他探出手便可以触及。

男:他始终记得两年前初见她的那个午后,白莲池边,她的月白常服和她刹那的笑颜。

她和他的对视,她离去前的那次回眸。

阳光晕眩,而他此后终日的恍惚。

如初,是他愿倾尽一生去守护的那支天边睡莲。

知道不是他可以攀折。

不敢直视,不敢言说。不敢靠近。

只希望可以看着她可以想念她可以在每一个辗转瞬间呼吸咀嚼她的名字,任她深宫内院钩心斗角欲望牵扯里出尘独立,娉婷自芳华。

女:我爱,如果没有那个夜晚,没有血光里那只羽箭破空而来,如果没有你的疼痛,我的眼泪,那么一切可会如初,真的没有任何不同?

(二)

男:御书房。

华灯初上。奏折满案。

一切可能的呼吸都被刻意的压抑。

女:天子微蹙的眉宇始终未曾舒展。

凝固的静室里,突然一只羽箭伴着呼啸破空而来。

暗夜如绢帛生生被撕裂。

瞬间嘈杂满院。群涌的侍卫,尖叫逃窜的宫女,狂乱的眼神,疼痛的呻吟,刀光剑影里四溅的血滴。

她怔怔地站立,脑海里尘封往事决堤。

梦魇重复。

残破的躯体,冰凉的气息,爆裂的眼珠,垂下的手指。枯萎的容颜,未干的泪迹。

四周毫无方向的人群如潮水将她推阻压挤,而她踉跄里苍白如纸。

仓皇脚步声声如铁蹄踏在她的心间,疼痛里她只是咬住嘴唇。

男:"如初!"

女:突然她听到他的声音。嘶吼里满是惊惧的骇然。

而一瞬间她看见堪堪迎上她的那截剑尖。

鲜血溅上她的脸。

他推开她,他在她的怀里。

男:他说,如初,今天是我最快乐的日子。

女:她的眼泪落在他疼痛扭曲的笑容里。

她一个字一个字对他说:我的爹娘死在这样的动乱里,我不要你和他们一样。

我不许你死,你听见没有,我不许你死?

男:动乱平息,他含笑昏迷,她满身血迹。

然后她听到天子的口里念出她的名字。

男：我爱，倘若一切都可以如初，倘若我依然是你初遇的洁净如莲的女子，倘若我可以向你坦露我所有的眼泪和欢喜，你是否终于可以读懂我如莲的心事？

（三）

男：他终于伤愈。但是如初，已经不是他可以晋见。

多少女子的梦寐以求，天子的破格宠幸。

深深宫院如花嫔眷，一场动乱原来造就的也只是天子睐向如初的那一眼。

女：这个权倾天下的男子，只是颔首间，便已轻轻将她折下。

她的清丽出尘，她的沉静淡漠，她的眉睫下掩藏的不快乐。

恩宠赏赐绸缎首饰，但是她无动于衷。

男：终于震怒。三千柔顺女子婉转承欢，谁容的她不识好歹？

女：如此突兀的一个轮回，一切又如初。

天子脚下，她依然只是平常宫女。

依然沉默清冷，衣裾临风。

男：可是他看见她的眼睛，里面已经一片灰烬。

"如初，你在我心里依然是洁净如莲的女子。"

女："一切又怎可以如初？云泥之差，天壤之别。原来我可以重复的始终是被抛弃的命运。"

男："如初，我可以去求皇上将你赐给我，我可以照顾你，我永远不会离开你。"

她看着他，缓缓地笑开。

女："从初遇到今天，我等你这句话等了两年。终于等到，只是已经太迟。我的身上已经有天子的烙印，终生不得许嫁他人。注定孤老在这宫闱之内。"

男：一眨眼，她的眼泪落下来。

两年来不能言说的遗憾，终于开口时，沧海已成桑田。

只是太迟。

女：我爱，如果前世你是忘川里那朵白莲，那么我是只为你晃动的那方水面，是只为你忙碌的那只渡船，是雨后辗转你容颜的那些水滴，是你轮回心事里唯一的秘密。

（四）

男：数十年岁月如水从指间缓缓流去。

他和她都已是迟暮。

如花容颜已褪去，但是她在他心里始终是要以一生来守护的女子。

女：清晨的时候，她推开门，会发现他含笑等在门外，每天送她一枝白莲。

而她轻轻接过，羞怯一如少女时。

男：没有言语，无须言语。

这是他和她幸福的方式。

比邻而居，可以时刻相守。

男：他终于可以实现他的诺言，照顾她，永远不离开她。

虽然她注定要以宫女的身份孤老于这内院。

虽然她终生不能是他温柔平静的妻。

女：虽然为了永远和她在一起，他已经不再是大内的那个连侍卫。

不时会有小太监小宫女匆忙穿行而过，看见他施礼请安的时候，他们叫他连公公。

男：只是因为爱她。

只是希望可以陪伴她。

如初，纵使岁月如风季节递嬗，纵使历经重重波折磨难，纵使时光将一切都埋葬，我的心始终一如当初。

合：一如我初见你的那个午后，那满池盛开的白莲，你刹那回眸时刻澄澈的笑颜。

一如那突然感觉眩晕的阳光和我突然的疼痛和欢喜。

【朗诵指要】

（1）这篇稿件在当年的齐越节上感动过无数人。以当下年轻人非常喜欢的宫廷为背景，讲述了相爱而不得的爱情故事。

（2）文章在表达过程中，感情充沛，矛盾冲突强烈，在文章的最后，表达一种恍如隔世之感。

第四节 小说的朗诵

小说是通过完整的故事情节和具体的环境描写，塑造典型、鲜明而又丰富多样的人物形象，多方面地反映社会生活的一种文学样式。要想把小说播讲得"引人入胜"，就要求我们不仅要具备良好的基本功，诸如语音规范、吐字清晰、气息控制自如且富有弹性等，而且要有准确而深刻的理解能力，丰富而细腻的感受能力，以及生动形象的表现能力等。

小说比起记叙文更具体形象，朗读的技巧无论从广度还是深度都要更进一层。朗诵的小说如果是长篇、中篇或是短篇的节选，不能仅仅停留在要朗诵的节选片段上，一定要通读全篇，搞清楚该节选片段出自小说的哪一个章节、哪一个片段、哪一个情节，把该节选放进整个小说的故事线中，去体会理解故事中的人物特点、背景故事、场景设置，只有这样才能朗读好某一个节选片段，才不会把作者想要表达的故事主线切断。

小说朗诵的要领如下。

一、抓住核心

朗诵小说，不完全是为讲故事，说个人物，也不完全是出于好奇，供人消遣。任何小说都是围绕着一个核心主题展开情节、刻画人物，给人以形象的感人，甚至是哲学的启发。这个启发，就是中心思想。抓不住核心，就会仅仅停留在故事的某一个细节里，尽管感人，但并不是作者想表达的中心思想。

鲁迅《孔乙己》的朗诵，作者借科举考试落第的读书人孔乙己的悲惨故事，反映出科举制度对读书人的毒害,同时揭露了这种制度下冷酷无情的社会风貌。老舍《骆驼祥子》的朗诵,《骆驼祥子》描写了20世纪20年代,旧北京的一个人力车夫的辛酸故事。本小说大量应用北京口语、方言,还有一些老北京的风土人情的描写,是现代白话文小说的经典作品。它深刻揭露了旧中国的黑暗,控诉了统治阶级对劳动者的剥削、压迫,表达了作者对劳动人民的深切同情,向人们展示军阀混战、黑暗统治下的北京底层贫苦市民生活于痛苦深渊中的图景。

二、塑造人物特点

小说中的人物不同于记叙文中的人物,它要求鲜明、集中的性格特征,是人物最本质最核心的方面和人物思想个性的主要特色。人物的性格特征不是抽象虚构的,而是具体描写、细腻刻画出来的。作者在塑造某个人物时,是通过多个侧面、多个细节描写的,因此朗读者需要运用多种手法、从各个角度去分析了解小说中的人物特征。《三国演义》中周瑜、吕布、赵云都是三国时的名将,作为角色,都是穿白靠的武生,虽然外表相仿,但周瑜骄、吕布贱、赵云却是不骄不馁,敢作敢当的好汉,三者的不同就是他们各自的性格基调。

《红楼梦》里每个人物的性格都异常鲜明,作者写出了人物性格的复杂性,又着重描绘出他们各自独具的性格特点。我们看到了人物突出的个性特点是多次地反复地显现在许多不同的事件和行动中,离开了这些事件和行动,人物性格也就无从体现了。王熙凤是个脍炙人口的不朽艺术典型,性格色彩丰富,个性鲜明突出,给读者留下不可磨灭的深刻印象。她的性格基调可以比作一条美丽的蛇,内里是心毒手狠、贪婪无比、心计极深,外表则八面玲珑惯于逢迎、口齿伶俐、谈笑风生、泼辣诙谐"模样又极标致,言谈又爽利,心机又极深细,竟是个男人万不及一的"。

人物性格同时也体现在人物的语言中。朗读者要反复钻研分析小说的每个情节,琢磨人物的每一句话,透过字里行间探索人物性格,理解人物的思想感情,在心目中形成角色的雏形。

三、把握分寸

"节制",既不要"流于过火"也不要"太平淡";既不"表演得过分"又不能"太懈怠",这都属于分寸感的问题。少则偷工减料,多则庞杂臃肿;欠则意犹未尽,过则失真走味。受众往往是十分敏锐的,特别是紧要关头,人物思想感情变化复杂、微妙的关键时刻,分寸稍稍不对,不足或是太过了,立刻会让观众跳出剧情,感到很不满足,犹如别人给你挠痒没有挠到痒处那样难受。《西游记》中作者对各处阻难师徒四人西天取经的妖怪有各种出神入化的描写,但在朗读时既不能表演得太过,也不能火候不够,一定要掌握分寸,才能将作者的原意表达出来。

那么,播讲分寸的依据是什么? 怎样算是分寸合适,恰到好处呢? 莎士比亚对此已有正确回答:"接受你自己的常识的指导",合乎"自然的常道。"用今天的话来讲,就是要符合生活的常情,符合人物性格、人物所处的规定情境以及特定的人物关系。这也就要求朗诵者在诵读一篇小说或是节选前一定要通读全篇文章,确定其人物特点,用真情实感表达。

四、变化语言

小说,要试图把作者的创作想法表达出来,就要通过朗读者充分表露、揭示人物的思想意愿、感情起伏、情绪变化,语言上要有鲜明的动作性,语言要性格化,体现出人物的性格特征。

语言和动作一样,都是人的内在思想感情活动的产物,而语言是人的思想的最具体的表达者,最能倾诉复杂、细腻的感情变化,即所谓"言为心声"。思想当然产生在说话之先,准确地运用为表现和传达丰富的思想所需要的极其细致的语调变化来使观众听见你的思想。

语言的魅力强大,可以去劝慰、说服、阻止、打动、威吓、诱惑、扇动、刺激、激怒、挑逗、教训、命令、开导、请求、哀求、辩护、辩解……语言作为塑造人物形象、刻画人物性格的重要手段,必须做到性格化。

语言的性格化有两个方面,一是小说的内容,也就是人物所说的话,要符合人物性格,体现出人物的个性特征。二是人物语言性格化的体现,这就要靠播讲者来完成了。播讲语言也不能"千人一声",要做到"语言肖似""宛如其人""说一人像一人,不使雷同,或使浮泛"。不同的人,不同的性格都有其说话的独特方式,老年人与中年人不同,中年人与青年人不同,性情粗暴的人与性情温和的人不同,工人与农民不同,文化程度高的与文化程度低的不同,轻浮的人与深沉的人不同,幽默的人与忧郁的人不同,坦率开朗的人与阴险狡诈的人不同……形形色色,不一而足。这些千差万别的不同,具体地体现在声音、音色、说话时的习惯、语气、语调等方面,所以播讲中语言性格化的手段有"声音的化妆"、探寻具有鲜明性格特征的说话习惯、掌握符合人物性格的语气、语调等。这要通过细致的观察生活,深入理解人物的思想性格,并与演员的整个表演有机地结合起来才能很好完成。

下面我们就以小说《阿Q正传》的片段为例,来具体分析如何进行播讲。

《阿Q正传》

阿Q不独是姓名籍贯有些渺茫,连他先前的"行状"也渺茫。因为未庄的人们之于阿Q,只要他帮忙,只拿他玩笑,从来没有留心他的"行状"的。而阿Q自己也不说,独和别人口角的时候,间或瞪着眼睛道:

"我们先前——比你阔的多啦!你算是什么东西!"

阿Q没有家,住在未庄的土谷祠里;也没有固定的职业,只给人家做短工,割麦便割麦,舂米便舂米,撑船便撑船。工作略长久时,他也或住在临时主人的家里,但一完就走了。所以,人们忙碌的时候,也还记起阿Q来,然而记起的是做工,并不是"行状";一闲空,连阿Q都早忘却,更不必说"行状"了。只是有一回,有一个老头子颂扬说:"阿Q真能做!"这时阿Q赤着膊、懒洋洋地、瘦伶仃地正在他面前,别人也摸不着这话是真心还是讥笑,然而阿Q很喜欢。

阿Q又很自尊,所有未庄的居民,全不在他眼神里,甚而至于对于两位"文童"也有以为不值一笑的神情。夫文童者,将来恐怕要变秀才者也;赵太爷钱太爷大受居民的尊敬,除有钱之外,就因为都是文童的爹爹,而阿Q在精神上独不表格外的崇奉,他想:我的儿子会阔得多啦!加以进了几回城,阿Q自然更自负,然而他又很鄙薄城里人,譬如用三尺三寸宽的木板做成的凳子,未庄人叫"长凳",他也叫"长凳",城里人却叫"条凳",他想:这是错的,可笑!油煎大头鱼,未庄都加上半寸长的葱叶,城里却加上切细的葱丝,他想:这也是错的,可笑!然而未庄人真是不见世面的可笑的乡下人呵,他们没有见过城里的煎鱼!阿Q"先前阔",见识高,而且"真能做",本来几乎是一个"完人"了,但可惜他体质上还有一些缺点。最恼人的是在他头皮上,颇有几处不知于何时的癞疮疤。这虽然也在他身上,而看阿Q的意思,倒也似乎以为不足贵的,因为他讳说"癞"以及一切近于"赖"的音,后来推而广之,"光"也讳,"亮"也讳,再后来,连"灯""烛"都讳了。一犯讳,不问有心与无心,阿Q便全疤通红的发起怒来,估量了对手,口讷的他便骂,气力小的他便打;然而不知怎么一回事,总还是阿Q吃亏的时候多。于是他渐渐的变换了方针,大抵改为怒目而视了。

谁知道阿Q采用怒目主义之后,未庄的闲人们便愈喜欢玩笑他。一见面,他们便假作吃惊地说:

"哙,亮起来了。"

阿Q照例的发了怒,他怒目而视了。

"原来有保险灯在这里!"他们并不怕。

阿Q没有法,只得另外想出报复的话来:

"你还不配……"这时候,又仿佛在他头上的是一种高尚的光荣的癞头疮,并非平常的癞头疮了;但上文说过,阿Q是有见识的,他立刻知道和"犯忌"有点抵触,便不再往底下说。

闲人还不完,只撩他,于是终而至于打。阿Q在形式上打败了,被人揪住黄辫子,在壁上碰了四五个响头,闲人这才心满意足地得胜地走了,阿Q站了一刻,心里想,"我总算被儿子打了,现在的世界真不像样……"于是也心满意足地得胜地走了。

阿Q想在心里的,后来每每说出口来,所以凡是和阿Q玩笑的人们,几乎全知道他有这一种精神上的胜利法,此后每逢揪住他黄辫子的时候,人就先一着对他说:

"阿Q,这不是儿子打老子,是人打畜生。自己说:人打畜生!"

阿Q两只手都捏住了自己的辫根,歪着头,说道:

"打虫豸,好不好?我是虫豸——还不放么?"

但虽然是虫豸,闲人也并不放,仍旧在就近什么地方给他碰了五六个响头,这才心满意足地得胜地走了,他以为阿Q这回可遭了瘟。然而不到十秒钟,阿Q也心满意足地得胜地走了,他觉得他是第一个能够自轻自贱的人,除了"自轻自贱"不算外,余下的就是"第一个"。状元不也是"第一个"么?"你算是什么东西"呢!?

阿Q以如是等等妙法克服怨敌之后,便愉快地跑到酒店里喝几碗酒,又和别人调笑一通,口角一通,又得了胜,愉快地回到土谷祠,放倒头睡着了。假使有钱,他便去押牌宝,一堆人蹲在地面上,阿Q即汗流满面的夹在这中间,声音他最响:

"青龙四百!"

"咳～～开～～啦!"庄家揭开盒子盖,也是汗流满面的唱。"天门啦～～角回啦～～!人和穿堂空在那里啦～～!阿Q的铜钱拿过来～～!"

"穿堂一百——一百五十!"

阿 Q 的钱便在这样的歌吟之下,渐渐地输入别个汗流满面的人物的腰间。他终于只好挤出堆外,站在后面看,替别人着急,一直到散场,然后恋恋地回到土谷祠,第二天,肿着眼睛去工作。

但真所谓"塞翁失马安知非福"罢,阿 Q 不幸而赢了一回,他倒几乎失败了。

这是未庄赛神的晚上。这晚上照例有一台戏,戏台左近,也照例有许多的赌摊。做戏的锣鼓,在阿 Q 耳朵里仿佛在十里之外;他只听得庄家的歌唱了。他赢而又赢,铜钱变成角洋,角洋变成大洋,大洋又成了叠。他兴高采烈得非常:

"天门两块!"

他不知道谁和谁为什么打起架来了。骂声打声脚步声,昏头昏脑的一大阵,他才爬起来,赌摊不见了,人们也不见了,身上有几处很似乎有些痛,似乎也挨了几拳几脚似的,几个人诧异地对他看。他如有所失地走进土谷祠,定一定神,知道他的一堆洋钱不见了。赶赛会的赌摊多不是本村人,还到那里去寻根柢呢?

很白很亮的一堆洋钱!而且是他的——现在不见了!说是算被儿子拿去了罢,总还是忽忽不乐;说自己是虫豸罢,也还是忽忽不乐:他这回才有些感到失败的苦痛了。

但他立刻转败为胜了。他擎起右手,用力地在自己脸上连打了两个嘴巴,热剌剌的有些痛;打完之后,便心平气和起来,似乎打的是自己,被打的是别一个自己,不久也就仿佛是自己打了别个一般——虽然还有些热剌剌——心满意足地得胜地躺下了。

他睡着了。

【朗诵指要】

朗读小说节选首先要通读,读懂、读透,不仅要明白小说的故事情节、人物关系、矛盾冲突,更要从整体上把握情节与冲突的发展脉络、人物性格变化层次以及作者的创作主旨等。对于长篇小说也需尽量读透其中的关系,即使是朗读小说片段,也要尽可能通读全篇或至少弄清全篇的情节、人物、环境以及这段在全文中的位置、地位。朗诵好一篇(部)小说,必须要把握好基调,基调是播送这一篇稿件时所把握的总的感情色彩和分量。它既包含文学作品本身的感情色彩,也包含我们创作时的情感态度。它是全篇的感情基础。

《阿 Q 正传》是鲁迅先生于 1921—1922 年撰写的中篇小说。《阿 Q 正传》是鲁迅唯一的一部中篇小说,共九章,是采用章回体的形式写成的,其中主要人物有赵太爷、阿 Q、吴妈、假洋鬼子、王胡、小 D 等。《阿 Q 正传》向人们展现了辛亥革命前后一个畸形的中国社会和一群畸形的中国人的真面貌,它的发表,有着特定的政治、经济和文化背景。

《阿 Q 正传》作品以辛亥革命前后的江南农村未庄为背景,塑造了阿 Q 这样一个受旧社会沉重压迫而精神被扭曲变形的人物形象,阿 Q 精神已成了精神胜利法的代名词。鸦片战争之后,中国内忧外患,政治腐败,民众愚昧,中华民族面临灭亡的危险。而以孙中山为首的少数有志之士,披荆斩棘,浴血奋战,试图挽救危亡的中国。辛亥革命推翻了两千多年的封建帝制,使民主共和的观念深入人心,但它没有完成反帝反封建的民主革命的伟大任务。资产阶级把有强烈革命要求的农民拒之门外。因此,广大农民在革命之后,仍处于帝国主义和封建主义的残酷剥削和压迫之下,承受着政治上的压迫,经济上的剥削和精神上的奴役。

我们在读懂全篇、找准基调的情况下,接下来就要真切地去感受在"本片段"这个具体的环境中人物与人物、人物与环境的关系。表现情态展现过程艺术创作的魅力来自形象地表现情态和生动地展现变化过程。小说播讲就要运用一切想象手段做到真实感受,逼真再现。

用声自如富于变化。小说朗诵中,情态的表现与过程的展现,需要我们有自如的用声能力。声音的虚实、明暗、强弱、快慢变化与气息的控纵是重要的表达技巧。这些外在的表达与内心的感受相互和谐,才能真正感染听众。

第五节　寓言和童话的朗诵

一、寓言的朗诵

在世界文学宝库中,寓言是一颗晶莹璀璨的明珠。在人类发展史上,寓言以简洁而富有哲理的故事,储藏着人类的智慧,传承着思想的火花,随着人类从蒙昧时代一步步地走向现代化。

寓言是文学作品的一种体裁,常带有讽刺或劝诫的性质,用假托的故事或拟人手法说明某个道理或教训。"寓"有"寄托"的意思,这就决定了我们的朗诵任务——揭示寓意。

寓言故事的特点就在于构思巧妙,层次感强。层次感的体现是通过实践上的停顿和语气上的转换。备稿时划分好层次,接着考虑怎样朗读才能把层次之间的关系和转换表现出来。一般的逻辑关系有递进、转折以及悬念等。

朗诵寓言,一定要以抓形象本质、核心的东西为主,尽量做到形神兼备。对其外部特征只能有所兼顾,不可本末倒置。

(一)层次分明

寓言故事的特点就在于构思巧妙,层次感强。层次感的体现是通过实践上的停顿和语气上的转换来实现的。所以备稿时划分好层次,接着考虑怎样朗读才能把层次之间的关系和转换表现出来。一般的逻辑关系有递进、转折以及悬念等。在不偏离整体基调的同时,需要利用不同的语气和停顿时间的长短来体现寓言故事的层次。

(二)感情细腻

无论是童话还是寓言,其实都来源于生活,和生活的真实状态是相通的,是用动物和神怪来表现人间的事,同时这还是人们的一种美好理想,是对真善美的不懈追求。朗读时一定要体会其中的思想、感受,去体会寓言故事中的角色和情节,像观察生活、思考生活一样对待虚构才是意义深远的寓言。

(三)形象传神

很多寓言故事中角色语言的分量很重,朗读时要特别注意处理好,不要给角色"贴标签",不能因为其形象之前出现过某种表现形式,就去模仿。一些形象的确在人们头脑中有着相对固定的模式记忆,但在不同的故事中,不同的角色有着不同的性格特点、不同的语言行为。表达角色的语言关键在于形象传神,体现角色的个性,个性和声音形式之间是有关系的。有一点须注意,就是正面和反面角色的声音形式一般是比较明显的。

(四)声音形式多样化

这里说的变化不是声音大小、起伏的变化,主要是语气的色彩和分量的变化。寓言故事里一般有角色、有情节,故事一般都有高潮、有矛盾。内容丰富多彩、生动有趣。这就要求朗读者在朗读时,声音形式要相匹配,把寓言故事的角色化、冲突化表现出来。声音形式的变化,体现在听众的印象中是高低、大小、强弱、虚实、冷暖、远近、轻重的变化。当然,在一篇寓言故事中,不一定要涉及那么多的变化,但在总的基调背景下,应该尽量贴近故事本身所呈现的丰富多样。

除了上述的几点外,朗诵寓言还应注意这几个方面。

1. 把握寓意

寓言的特点之一是借事喻理,每一篇寓言的寓意都是不同的。有的反映人们对生活的看法,有的对某种社会现象加以批评,有的对某一阶层或某一类人物有所讽刺,或提供某种生活的教训,或进行某种劝诫。总之应弄清寓言的寓意是什么,然后抓住关键所在,用最适当的语气语调来表现。

对于中国古代寓言的朗诵,应尽可能弄清楚寓言的出处,掌握相关背景知识,增加自己的知识积累量,准确概括寓意。寓言是用假托的故事或自然物的拟人手法,来说明某个道理或教训的文学作品,其用意是为了教育或警示世人。而寓言则是寄托或隐藏在其中的意思。在阅读一篇寓言故事时,不能仅停留在故事的表层,应该用心去体会故事想要告诉我们的道理,去洞察故事深刻的思想内涵,准确把握寓意,从而有所感悟,有所收获。这样在朗诵的时候也可以以一个知情者的身份去告诫他人。《龟兔赛跑》用乌龟和兔子两种动物拟人的手法来告诫人们,谦虚使人进步骄傲使人落后,不要轻易小看比你弱小的对手。

2. 分析特点

一篇优秀的寓言故事作品,都有生动的形象,并且有明显的比喻性质。故事中的主人公,不管是人,还是人格化了的动物、植物或自然界其他东西,都有鲜明的性格特点。而且这些特点,与社会上某类人、某些事或某种现象的特点,在一定程度上是相同或相近的。寓言的创作者就是根据这些共同点,通过所塑造的寓言形象,来比喻或影射社会上某类人、某些事或某种现象。因此,我们在朗诵时,要根据寓意形象的特点,相应的给形象划分比喻类型,再针对比喻形象的特点来设计朗诵技巧,以生动的再现形象的特点。

划分寓言形象的比喻类型时,要在熟悉作品的基础上,分析作品写了什么寓言形象,形象有什么特点,代表了什么意义,反映的是社会上某类人、某些事或某种现象,比较他们之间有什么相同、相近之处。

每篇寓言所借喻的事物不尽相同,在朗读时应注意把握住特点。如《乌鸦和狐狸》这则寓言告诉我们不要被捧场搞得昏昏然。在朗读时,应着重读好狐狸的话,用柔和的,细声细气的声音和曲折的语调突出其"媚"和狡猾,这样衬托了乌鸦的愚蠢。

3. 灵活形象

寓言故事大都通过具体的行为来表现所要说明的问题,因此,对形象的塑造展开想象就非常重要。在想象中,不仅要对作品中出现的一些动物、植物或其他物体有所印象,更重要的是还要感受具体形象的行为、动作、心理、情感、神态、声音等;同时,还要在脑海中对作品的时间、地点、环境、人物关系有一个根本的了解。

寓言中出现的一些形象体态只有在朗读者的脑海里活跃起来,才有可能通过有声语言行之于外。寓言的语言表达技巧也要根据作品里的人物设定而变化,对于寓言中出现的形象,作者又总是有所褒贬的,在朗读时,对作品中的形象应好好揣摩,然后决定用什么语气语调朗读。善良、狡猾、友好、柔弱、凶残、顽强、刚猛、正直、委屈……都要表达出来。

以寓言故事《鹅》为例。

《鹅》

《鹅》

鹅对满院儿的家禽说,"从今后,咱们要互相学习,特别是我,有啥缺点大家尽管提,不要客气。"

"请你闲着没事儿别大喊大叫,吵得大家伙儿不得休息。""唔,我生来就是大嗓门儿,大家捂着耳朵也能解决问题。""我也来提醒你一声,吃起东西来可不能只顾自己。""哎,胃口大不能算缺点,何况大家没养成礼让的风气。""还有你的飞翔术并不高明,可总吹嘘天鹅要来请教你。""提意见也得有个分寸,不要纠缠那些鸡毛蒜皮。""有一回,你拉着小鸡的耳朵,说再提意见就把它拖下水。""我不过跟它开了个玩笑,这算什么批评,简直是打击!"

有些人拿着批评的武器,只是为了掩饰自己,千万不要碰到他的痛处,轻轻地搔痒倒还可以。

【朗诵指要】

朗读寓言要着重表现人物性格和思想内容,做到含而不露,引而不发。

《鹅》是一首寓言诗,其主人公鹅是一个虚伪、专横的角色。它煞有介事地征求意见,表示要和满院儿的家禽互相学习。而当善良、正直的家禽们真的提出意见时,它却一一驳回,甚至倒打一把,其虚伪的、专横的秉性暴露无遗。

朗读时,注意用声音塑造人物形象。

鹅的语气,语调要有渐变的特点,从假意征求意见,到暴怒进行反批评;把家禽分别设定为鸡、鸭、鹅等,语气、语调诚恳、真挚。例如鹅的语言中,"唔""哎"两个语气词,都是一种不以为然的口气;"生来""不能"应重读,其中"什么批评""简直是打击!"用气愤已极的高调,暴露出鹅的本性。

另外,注意寓言诗压 i 韵,韵脚"习""提""气""息""题""已""气""你""皮""击""以"适当读拖音。最后四句点题部分,可用叙述语调,语速稍慢,应读得中肯而又不乏幽默,突出警示意味。

二、童话的朗诵

童话是一种通过丰富的想象、幻想和夸张来创造形象、反映生活、对儿童进行教育的文学体裁。它的语言浅显、生动而优美,它的情节富有趣味,对孩子们有磁石般的吸引力。拟人、夸张、象征、反复等是童话经常运用的表现方法。

(一)保持"童心"

童话的接受者多数是小孩,童话是为了用形象生动的故事告诉孩子一个人生哲理。因此,朗读者应该从孩子的心理角度出发,相信童话里讲的一切都跟生活中所发生的一样,是真实可信的,与童话中的"人物"同欢乐、共患难。

(二)虚实结合,适度夸张

朗读童话的语气很重要,应尽可能接近口语,自然、流畅。夸张的口吻,可以从节奏、速度、音量等方面进行技巧处理,以求取得较好的效果。《安徒生童话》《格林童话》是优秀的童话著作,作者用充满童心童趣的创作手法告诉人们生活的道理。

《皇帝的新装》

《皇帝的新装》

许多年以前,有一位皇帝,为了要穿得漂亮,他不惜把他所有的钱都花掉。他既不关心他的军队,也不喜欢去看戏,也不喜欢乘着马车去游公园——除非是为了炫耀一下他的新衣服,他每一天每一点钟都要换一套衣服。人们提到他的时候总是说:"皇上在更衣室里。"

有一天,他居住的那个大城市里,来了两个骗子。他们自称是织工,说他们能够织出人类所能见到的最美丽的布。这种布不仅色彩和图案都分外美丽,而且缝出来的衣服有一种奇异的特性:任何不称职的或者愚蠢得不可救药人,都看不见这衣服。

"那正是理想的衣服!"皇帝心里想,"我穿了这样的衣服,就可以看出我的王国里哪些人和自己的职位不相称;我就可以辨别出哪些人是聪明人,哪些人是傻子。是的,我要叫他们马上为我织出这样的布来!"于是他付了许多现款给这两个骗子,好使他们马上开始工作。

他们摆出两架织机,装作是在工作的样子,可是他们的织布机上连一点东西的影子也没有。他们急迫地请求发给他们一些最细的生丝和最好的金子。他们把这些东西都装进自己的腰包,只在那两架空织布机上忙忙碌碌,一直搞到深夜。

"我倒很想知道,他们衣料究竟织得怎样了。"皇帝想。不过,当他想起凡是愚蠢的或不称职的人就看不见这布料的时候,他心里的确感到有些不大自然。他相信他自己是无须害怕的。虽然如此,他仍然觉得,先派一个人去看看工作的进展情形比较妥当。全城的人都听说这织品有一种多么奇异的力量,所以大家也都很渴望借这个机会来测验一下:他们的邻人究竟有多么笨,或者有多么傻。

"我要派我诚实的老大臣到织工那儿去。"皇帝想,"他最能看出这布料是什么样子,因为他这个人很有理智,同时就称职这点来说,谁也不及他称职。"

　　这位善良的老大臣来到那两个骗子的屋子里,看见他们正在空织布机上忙碌地工作着。

　　"愿上帝可怜我吧!"老大臣想。他把眼睛睁得特别大,"我什么东西也没有看见!"但是他不敢把这句话说出来。

　　那两个骗子请他走近一点,同时指着那两架空织布机问他花纹是不是很美丽,色彩是不是很漂亮。可怜的老大臣的眼睛越睁越大,可是他仍然看不见什么东西,因为的确没有什么东西可看。

　　"我的老天爷!"他想,"难道我是一个愚蠢的人吗? 我从来没有怀疑过我自己。这一点决不能让任何人知道。难道我是不称职的吗? 不成! 我决不能让人知道我看不见布料。"

　　"嗳,您一点意见也没有吗?"一个正在织布的骗子说。

　　"哎呀,美极了! 真是美妙极了!"老大臣一边说,一边从他的眼镜里仔细地看,"多么美的花纹! 多么美的色彩! 是的,我将要呈报皇上,我对于这布料非常满意。"

　　"嗯,我们听了非常高兴。"两个骗子齐声说。于是他们就把这些稀有的色彩和花纹描述了一番,还加上些名词。老大臣注意地听着,以便回到皇帝那儿去的时候,可以照样背出来。事实上他也这样做了。

　　这两个骗子又要了更多的钱,更多的生丝和金子,说是为了织布的需要。他们把这些东西全装进腰包里。

　　过了不久,皇帝又派了另外一位诚实的官员去看工作进行的情况。这位官员的运气并不比头一位大臣好:他看了又看,但是那两架空织布机上什么也没有,他什么东西也看不出来。

　　"你看这段布美不美?"两个骗子问。他们指着,描述着一些美丽的花纹——事实上它们并不存在。

　　"我并不愚蠢呀!"这位官员想,"这大概是我不配有现在这样好的官职吧? 这也真够滑稽,但是我决不能让人看出来!"因此,他就把他完全没有看见的布称赞了一番,同时对他们保证说,他对这些美丽的颜色和巧妙的花纹感到很满意。"是的,那真是太美了!"他对皇帝说。

　　城里所有的人都在谈论着这美丽的布料。

　　当布料还在织机上的时候,皇帝就很想亲自去它看一次。他选了一群特别圈定的随员——其中包括已经去看过的那两位诚实的大臣。然后,他就到那两个狡猾的骗子所在的地方去。这两个家伙正在以全副精力织布,但是一根线的影子也看不见。

　　"您看这布华丽不华丽?"那两位诚实的官员说,"陛下请看:多么美的花纹! 多么美的色彩!"他们指着那架空织布机,因为他们相信别人一定可以看得见布料。

　　"这是怎么一回事呢?"皇帝心里想,"我什么也没有看见! 这可骇人听闻了。难道我是一个愚蠢的人吗? 难道我不够资格当一个皇帝吗? 这可是我遇见的一件最可怕的事情。""哎呀,真是美极了!"皇帝说,"我十二分地满意!"

　　于是他就点头表示出他的满意。他仔细地看着织布机,因为他不愿意说出他什么也没有看见。跟着他来的全体随员也仔细地看了又看,可是他们也没有比别人看到更多的东西。不过，像皇帝一样，他们也说："哎呀，真是美极了！"他们向皇帝建议，用这种新奇的、美丽的布料做成衣服，穿着这衣服去参加快要举行的游行大典。"这布是华丽的！精致的！无双的！"每人都随声附和着。每人都有说不出的快乐。皇帝赐给骗子每人一个爵士的头衔和一枚可以挂在扣眼上的勋章，同时还封他们为"御聘织师"。

第二天早上，游行大典就要举行了。在头一天晚上，两个骗子整夜都没有睡，点起16支以上的蜡烛。人们可以看到他们是在赶夜工，要把皇帝的新衣完成。他们装作是在把布料从织布机上取下来。他们用两把大剪刀在空中裁了一阵子，同时又用没有穿线的针缝了一通。最后，他们齐声说："请看！新衣服缝好了！"

皇帝带着他的一群最高贵的骑士们亲自来了。两个骗子每人举起一只手，好像拿着一件什么东西似的。他们说："请看吧，这是裤子，这是袍子！这是外衣！""这衣服轻柔得像蜘蛛网一样，穿的人会觉得好像身上没有什么东西似的，这也正是这些衣服的优点。"

"一点也不错。"所有的骑士都说。可是他们什么也没有看见，因为什么东西也没有。

"现在请皇上脱下衣服，"两个骗子说，"好让我们在这个大镜子面前为您换上新衣。"

皇帝把他所有的衣服都脱下来了。两个骗子装作一件一件地把他们刚才缝好的新衣服交给他。他们在他的腰围那儿弄了一阵子，好像是为他系上一件什么东西似的——这就是后裙。皇帝在镜子面前转了转身子，扭了扭腰肢。

"上帝，这衣服多么合身啊！裁得多么好看啊！"大家都说，"多么美的花纹！多么美的色彩！这真是一套贵重的衣服！"

"大家都在外面等待，准备好了华盖，以便举在陛下头上去参加游行大典！"典礼官说。

"对，我已经穿好了，"皇帝说，"这衣服合我的身吗？"于是他又在镜子面前把身子转动了一下，因为他要使大家觉得他在认真地观看他的美丽的新装。

那些托后裙的内臣都把手在地上东摸西摸，好像他们正在拾取衣裙似的。他们开步走，手中托着空气——他们不敢让人瞧出他们实在什么东西也没有看见。

这样，皇帝就在那个富丽的华盖下游行起来了。站在街上和窗子里的人都说："乖乖！皇上的新装真是漂亮！他上衣下面的后裙是多么美丽！这件衣服真合他的身材！"谁也不愿意让人知道自己什么也看不见，因为这样就会显示自己不称职，或是太愚蠢。皇帝所有的衣服从来没有获得过这样的称赞。

"可是他什么衣服也没有穿呀！"一个小孩子最后叫了出来。

"上帝哟，你听这个天真的声音！"爸爸说。于是大家把这孩子讲的话私自低声地传播开来。

"他并没有穿什么衣服！有一个小孩子说他并没有穿什么衣服呀！"

"他实在是没有穿什么衣服呀！"最后所有的老百姓都说。皇帝有点儿发抖，因为他似乎觉得老百姓所讲的话是真的。不过他自己心里却这样想："我必须把这游行大典举行完毕。"因此他摆出一副更骄傲的神气,他的内臣们跟在他后面走,手中托着一条并不存在的后裙。

【朗诵指要】

这篇故事写于1837年,和同年写的另一起童话《海的女儿》合成一本小集子出版。这时安徒生只有32岁,也就是他开始创作童话后的第三年(他30岁时才开始写童话)。但从这篇童话中可以看出,安徒生对社会的观察是多么深刻。他在这里揭露了以皇帝为首的统治阶级是何等虚荣、铺张浪费,而且最重要的是,何等愚蠢。骗子们看出了他们的特点,就提出"凡是不称职的人或者愚蠢的人,都看不见这衣服"。他们当然看不见,因为根本就没有什么衣服。但是他们心虚,都怕人们发现他们既不称职又愚蠢,就异口同声地称赞那不存在的衣服是如何美丽,穿在身上是如何漂亮,还要举行一个游行大典,赤身露体,招摇过市,让百姓都来欣赏和颂赞。不幸这个可笑的骗局,一到老百姓面前就被揭穿了。"皇帝"下不了台,仍然要装腔作势,"必须把这游行大典举行完毕",而且"因此他还要摆出一副更骄傲的神气"。这种弄虚作假但极愚蠢的统治者,大概在任何时代都会存在。因此这篇童话在任何时候也都具有现实意义。

作品中皇帝、大臣、骗子、小孩都是有现实意义的,他们代表了社会中的一些人、一些事,反映了某种社会现象。由于封建制度的腐朽,历史上那种只顾穷奢极欲、不理朝政的昏君是屡见不鲜的,童话家安徒生根据这样的现实加以想象和夸张,塑造了这样一个典型形象。本文从人物性格的刻画到整个情节的安排,从开头到结尾,全面而成功地运用了夸张和想象。比如开头一段,写皇帝酷爱穿着打扮,竟然到了每一天、每一点钟都要换一套衣服的地步;几乎每时每刻都消磨在更衣室里,为了穿得漂亮不惜花掉所有的钱;他甚至从不关心他的军队,只关心自己的新衣服。用这样夸张的笔调开头,不仅一开始就让读者对这个不称职的皇帝的骄奢淫逸和爱慕虚荣有所认识,而且顺理成章,成功地推出了整个骗局。

实际上,这极度的夸张是借助于作者丰富的想象力完成的。比如写两个骗子所设下的骗局,想象就非常奇特。骗子就怕戳穿他们的骗局,而这两个骗子对皇帝的心思和臣民的心理都琢磨透了,他俩的骗局非常露骨,而且非常毒辣。他们不是搞伪劣产品,而是根本就没有织布,根本就没有衣服。他们有一种"钳口术",谁要说一句真话,说看不见衣服,就借用专制的皇权,说你"不称职或者愚蠢得不可救药"。于是,大臣随员为了保护自己只得说假话,皇帝为了自己的"尊严"也要说假话,高贵的骑士们、街上和窗口里的老百姓、成百上千的人都在异口同声、自欺欺人地称赞皇帝的"新装"。这是一个多么强烈的讽刺!

在朗读这篇童话故事的时候,最重要的是把每个角色的特点读出来。当读到皇帝的时候,要将其腐败无能的一面读出来,语气应该是嚣张跋扈却又无知肤浅的;骗子也就是裁缝的角色塑造应该是狡猾阴险的;说真话的小孩应该是天真烂漫、无所畏惧的;读到大臣的时候应该是矛盾纠结心虚的……不同的角色因为被赋予了不同的性格特色,因此要在充分理解各个角色的感情色彩后,用正确的朗读技巧诠释此作品。

三、童话与寓言的区别

（一）相同点

童话和寓言有很多相似之处：它们的故事都是假托的、创造的、幻想的，都可以采用各种生物或非生物来充当故事的角色，多采用夸张、拟人、象征等表现手法，也都富有教育意义。每一个作品的出现，都是有现实教育意义的，反映了某种社会现象，值得深思。

（二）不同点

1. 篇幅大小

童话情节比寓言更丰富、更多变化、更生动有趣，结构也更复杂，所以它的篇幅较长，长篇可达数万字，短小者一般也一二千字；而寓言的篇幅一般较为短小，结构单纯，语言朴素，幻想的程度也较轻。

2. 写作对象

童话的结构比较曲折，能细致地刻画人物形象，幻想也比寓言更为丰富、奇特。童话是儿童文学的重要体裁，它描写的内容，表现的生活，都照顾到儿童的知识范围和心理特点，所运用的语言也易为儿童接受。

3. 表现重点

寓言着力表现内含的讽喻和教训，重在思想，有的寓言在开头或结尾就直截了当地说出了告诫的意思。而童话则重在刻画形象，教训意味不那么强，教育意义往往寓于整个故事之中，不直接点出来。科学童话则重在知识的传播。

4. 情节结构

寓言的故事比较简单，一般没有完整的故事情节，也不要求塑造性格鲜明的拟人化形象。童话在故事情节的安排和人物形象的塑造上则有较高的要求。

5. 幻想法则

童话的幻想必须以现实生活为基础，与现实的结合也必须和谐、自然，使事物按照自然的规律发展。而寓言则不那么严格，如《狐狸和葡萄》中的狐狸，垂涎于葡萄，改变了原来食肉的习性。这个寓言赋予了狐狸以"人"性，却违犯了狐狸的"物"性，这在童话中是不可以的。

经典作品赏析

《孔融让梨》

东汉鲁国，有个名叫孔融的孩子，十分聪明，也非常懂事。孔融还有五个哥哥，一个小弟弟，兄弟七人相处得十分融洽。

有一天，孔融的妈妈买来许多梨，一盘梨子放在桌子上，哥哥们让孔融和最小的弟弟先拿。

孔融看了看盘子中的梨，发现梨子有大有小。他不挑好的，不拣大的，只拿了一只最小的梨子，津津有味地吃了起来。爸爸看见孔融的行为，心里很高兴，心想：别看这孩子刚刚四岁,却懂得应该把好的东西留给别人的道理呢。于是他故意问孔融:"盘子里这么多的梨,又让你先拿,你为什么不拿大的,只拿一个最小的呢?"

孔融回答说:"我年纪小,应该拿个最小的,大的应该留给哥哥吃。"

爸爸接着问道:"你弟弟不是比你还要小吗?照你这么说,他应该拿最小的一个才对呀?"

孔融说:"我比弟弟大,我是哥哥,我应该把大的留给小弟弟吃。"

爸爸听他这么说,哈哈大笑道:"好孩子,好孩子,你真是一个好孩子,以后一定会很有出息。"

【朗诵指要】

这个故事告诉人们,凡事应该懂得谦让的礼仪,这些都是年幼时就应该知道的道德常识。古人对道德常识非常重视,道德常识是启蒙教育的基本内容,融于日常生活、学习的方方面面。因此在读到孔融的时候,应该是彬彬有礼正直善良的感情色彩,语速要适中,语气中肯,声音坚定。而读到爸爸的时候先是疑问的语气,渐而转变为肯定赞许的语气。

《扁鹊的医术》

魏文王问名医扁鹊说:"你们家兄弟三人,都精于医术,到底哪一位最好呢?"

扁鹊答:"长兄最好,中兄次之,我最差。"

文王再问:"那么为什么你最出名呢?"

扁鹊答:"长兄治病,是治病于病情发作之前。由于一般人不知道他事先能铲除病因,所以他的名气无法传出去;中兄治病,是治病于病情初起时。一般人以为他只能治轻微的小病,所以他的名气只及本乡里。而我是治病于病情严重之时。一般人都看到我在经脉上穿针管放血、在皮肤上敷药等大手术,所以以为我的医术高明,名气因此响遍全国。"

【朗诵指要】

通过扁鹊与魏文王的对话,揭示了一个道理:事后控制不如事中控制,事中控制不如事前控制。在阅读一篇寓言故事时,不能仅仅停留在故事的表层,应该用心去体会故事想要告诉我们的道理,去洞察故事深刻的思想内涵,准确把握寓意,从而有所感悟,有所收获。因此在朗读这篇寓言故事的时候,处理好扁鹊的话是重点。首先要塑造好扁鹊的形象,作为一代名医,他既是谦虚的又是高深的,在于魏文王的对话中,有体现出为人臣子的忠诚与尊重。

《十二个懒汉》

从前有十二个小厮,他们白天什么事都不干,晚上也不肯努力,只是往草地上一躺,各自吹嘘起自己的懒劲来。

第一个说:"你们的懒惰和我怎能相比,我有我的懒法。我首先要注意保护身体。我吃得不少,喝得更多。我每天吃顿饭就稍稍停一会儿。等我又饿了,吃起来就更香了。早起可不是我的事,可一到中午,我早就找到了午休的地方了。东家叫我,我只装着没听见,他再叫,我还要等一等再站起来,然后慢吞吞地走过去。这种日子还凑合。"

第二个说："我要照看一头马，可我老把马嚼子塞在它口里，不高兴就根本不放食。如果东家问，我就说喂过了。我自己则躺在燕麦里睡大觉，一睡就是四个小时。醒来后，就伸腿在马身上蹬几脚，算是给马刷洗了。多一事不如省一事，这活干起来我还嫌累呢！"

第三个说："为什么要拿活儿来苦自己？一点也没什么好处。我干脆躺在阳光下睡大觉，天开始下雨点了，我也懒得起身。以上帝的名义你尽情地下吧！最后下得噼噼啪啪响，大雨竟拔掉我的头发把它们漂走了，我的头上还弄了个大口子，我在上面贴上块膏药，也就好了。这种伤口我已有好几处了。"

第四个说："要我干活，我先游荡一小时，养足精力。然后慢条斯理地问，是否还有帮手。如果别人帮着干，就让他把主要活儿干完，我只在旁边看。但这活儿还是太多了。"

第五个说："那有什么！请想想，要我从马厩里出粪，再装上马车。慢慢地来，如果耙上叉着啥，我就向上半举着，先休息一刻钟，然后才把粪叉上车。就算我一天装一车那已够多了，我才不想干死干活呢！"

第六个说："真不要脸！我才不怕干活呢。我睡了三周可没脱过衣。系什么鞋？脚下的鞋要掉就掉吧，有什么要紧？上楼梯时我是一抬腿跟一步，慢慢地数着余下的级数，好教自己知道该在哪里坐下。"

第七个说："那有什么了不起的？我的东家盯着我干活，只是他老不在家。我的速度不会有虫子快，要想让我往前走就得有四个壮汉来推我。我到一张床上睡觉，等我一倒下，他们再也叫不醒我。他想让我回去，只得抬着我走。"

第八个说："我看，只有我是个活泼的汉子。如果我面前有块石头，我决不会费神抬腿跨过去，我索性躺在地上。如果我的衣服湿了或沾上了烂泥，我总是躺在地上，直到太阳把它晒干。中间我顶多翻个身儿，让太阳能照得到。"

第九个说："那办法挺不错！今天我面前有块面包，但我懒得动手去拿，差点儿没饿死。身旁也有个罐，但它样子那样大而且重，我压根儿不想举起它，宁愿忍受饥渴的煎熬，就连翻翻身我也觉太累，成天像根棍子似的躺着。"

第十个说："懒惰可害苦了我，我断了条腿，另一条小腿还肿着。我一个人躺在了大路上，我把腿儿尽量伸直。一辆马车过来了，从我的双腿上压过，我本可以把腿缩回来，但我没有听到马车来；一些蚊子正在我耳朵里嗡嗡叫，从我的鼻孔钻进去，又从我嘴里爬出来，谁会费神去赶走它们呢！"

第十一个说："昨天我已辞职不干了。我可没有兴趣为东家去搬那些厚厚的书，整天干都干不完。但说句老实话，是他辞退了我，不再用我了，主要是因为我把他的衣服放在灰尘里，全被虫子蛀坏了。事情就是这样。"

第十二个说："今天我驾着车儿去趟乡下，我为自己在车上做了张床，美美地睡了一觉。等我醒来，缰绳已从我手中滑掉，马儿差点儿脱了辕，马套全丢了，项圈、马勒、马嚼子通通不见踪影。而且车子又掉进了泥坑里。我可不管这一套，又继续躺下，最后东家来了，把马车推了出来。要是他不来，眼下我还躺在车上，舒舒服服地睡大觉呢！"

【朗诵指要】

《十二个懒汉》有12个角色,因此在朗诵时应该注意区分不同角色在塑造形象时的语调、音色、音量等,朗诵这篇童话要注意不同身份的懒汉的语气的不同。但这12个懒汉又有共同特点,所以要运用语速、音色的不同来体现不同懒汉的不同状态。

《卖火柴的小女孩》

《卖火柴的小女孩》

这是一年的最后一天——大年夜,鹅毛般的大雪纷纷扬扬地从天空中飘落下来,天气冷得可怕。

一个卖火柴的小女孩在街上走着,她的衣服又旧又破,打着许多补丁,脚上穿着一双妈妈的大拖鞋,但是这又有什么用呢?她还是又冷又饿,风吹得她瑟瑟发抖。她的口袋里装着许多盒火柴,一路上不住口地叫着:"卖火柴呀,卖火柴呀!"人们都在买节日的食品和礼物,又有谁会理她呢?

快到中午了,她没有卖掉一根火柴,没有哪个好心人给过她一个钱。

她走着走着,在一幢楼房的窗前停下了,室内的情景吸引住了她。哟,屋里的圣诞树多美呀,那两个孩子手里的糖果纸真漂亮。

看着人家幸福的表情,小女孩想到了生病的妈妈和死去的奶奶,伤心地哭了。哭有什么用呢?小女孩擦干眼泪,继续向前走去。

"卖火柴呀,卖火柴呀!叔叔,阿姨,买一些火柴吧!"

可是,人们买完节日礼物,都急匆匆地赶回家去,谁也没有听到她的叫卖声。雪花落在她金黄色的长头发上,看上去是那么美丽,可谁也没有注意到她。

小女孩走着走着,一辆马车飞奔过来,她吓得赶快逃开,大拖鞋跑掉了。马车过去后,她赶紧找鞋。那是妈妈的拖鞋呀,妈妈还躺在床上呢。可是,一只找不到了,另一只又被一个男孩当足球踢走了。小女孩只好光着脚走路,寒冷的雪将她的小脚冻得又红又肿。

天渐渐黑了,街上的行人越来越少,最后只剩下小女孩一个人了。街边的房子里都亮起了灯光,窗子里还传出了笑声。食品铺里飘出了烤鹅的香味,小女孩饿得肚子咕咕直叫。小女孩好想回家,可是没卖掉一根火柴,她拿什么钱去给妈妈买药呢?

雪越下越大,街上像铺了一层厚厚的白地毯。

小女孩一整天没吃没喝,实在走不动了,她在一个墙角里坐下来。她用小手搓着又红又肿的小脚,一会儿,小手也冻僵了。真冷啊,要是点燃一根小小的火柴,也可以暖暖身子呀。她敢吗?她终于抽出了一根火柴,在墙上一擦,哧!小小的火苗冒了出来。小女孩把手放在火苗上面,小小的火光多么美丽,多么温暖呀!她仿佛觉得自己坐在火炉旁,那里面火烧得多旺啊。小女孩刚想伸出脚暖和一下,火苗熄灭了,火炉不见了,只剩下烧过的火柴梗。

她又擦了一根,哧!火苗有窜了出来,发出亮亮的光。墙被照亮了,变得透明了,她仿佛看见了房间里的东西。桌上铺着雪白的台布,上面放满了各种各样好吃的东西。一只肚子里填满苹果和梅子的烧鹅突然从盘子里跳出来,背上插着刀叉,摇摇晃晃地向她走来。几只大面包也从桌上跳下来，一个个像士兵一样排着队向她走来。然而就在这时，火柴又熄灭了，她面前只剩下一面又黑又冷的墙。小女孩舍不得擦火柴了，可她冻得浑身直抖。无奈之下，她又擦了一根，哧！一朵光明的火焰花开了出来。哗！多么美丽的圣诞树呀，这是她见过的最大、最美的圣诞树。圣诞树上挂着许多彩色的圣诞卡，那上面画有各种各样的美丽图画。树上还点着几千支蜡烛，一闪一闪地好像星星在向她眨眼问好。小姑娘把手伸过去，唉，火柴又熄灭了，周围又是一片漆黑。

小姑娘又擦了一根火柴，她看到一片烛光升了起来，变成了一颗颗明亮的星星。有一颗星星落下来了，在天上划出一条长长的火丝。所有的星星也跟着落下来了，就像彩虹一样从天上一直挂到地上。"有一个什么人快要死了。"小女孩说。因为她那唯一疼她的奶奶活着的时候曾经告诉过她：一颗星星落下来，就有一个灵魂要到上帝那儿去了。

小女孩又擦亮一根火柴，火光把四周照得通亮，奶奶在火光中出现了。奶奶朝着她微笑着，那么温柔、那么慈祥。"奶奶——"小女孩激动得热泪盈眶，扑进了奶奶的怀抱。"奶奶，请把我带走吧，我知道，火柴一熄灭，您就会不见的，像那暖和的火炉、喷香的烤鹅、美丽的圣诞树一样就会不见的！"小女孩把手里的火柴一根接一根地擦亮，因为她非常想把奶奶留下来。这些火柴发出强烈的光芒，照得比白天还要亮。奶奶从来也没有像现在这样美丽和高大。奶奶把小女孩抱起来，搂在怀里。她们两人在光明和快乐中飞起来了。她们越飞越高，飞到没有寒冷，没有饥饿的天堂里去，和上帝在一起。

火柴熄灭了，四周一片漆黑，小姑娘幸福地闭上了眼睛。

新年早晨，雪停了，风小了，太阳升起来了，照得大地金灿灿的。大人们来到街上，大家祝贺着新年快乐。小孩们着新衣，愉快地打着雪仗。

这时，人们看到了一个小女孩冻死在墙角，她脸上放着光彩，嘴边露着微笑。在她周围撒满一地的火柴梗，小手中还捏着一根火柴。

【朗诵指要】

作者通过对小女孩悲惨遭遇的描述，流露了对贫苦人民的深切同情和对不合理社会制度的批判和控诉。作者的情感也应是我们朗诵这篇课文应有的情感。朗诵这篇课文的基调应该是低沉而富于启发性的。低沉是为了烘托悲惨的气氛，启发性是为了引起人们深思造成小女孩悲惨命运的社会原因。朗诵的基本语调应为低沉缓慢。当然，在具体朗诵时还要在大致统一的基本语调语气中，根据故事情节的展开和发展变化和再想象获得的真切感受的实际，适当变换语调和语气。

《猴吃西瓜》

猴儿王找到个大西瓜。可是怎么吃呢？这个猴儿王啊是从来也没吃过西瓜。忽然他想出一条妙计，于是就把所有的猴儿都召集来了，对大家说："今天我找到一个大西瓜，这个西瓜的吃法嘛，我是全知道的，不过我要考验一下你们的智慧，看你们谁能说出西瓜的吃法，要是说对了，我可以多赏他一份儿；要是说错了，我可要惩罚他！"

小毛猴一听,搔了搔腮说:"我知道,吃西瓜是吃瓤儿!"猴王刚想同意,"不对,我不同意小毛猴的意见!"一个短尾巴猴儿说:"我清清楚楚地记得! 我和我爸爸到我姑妈家去的时候,吃过甜瓜,吃甜瓜是吃皮,我想西瓜是瓜,甜瓜也是瓜,当然该吃皮啦!"大家一听,有道理,可到底谁对呢,于是都不由把眼光集中到一只老猴身上,老猴一看,觉得出头露面的机会来了,就打扫一下嗓子说道:"吃西瓜嘛,当然……是吃皮啦,我从小就吃西瓜,而且一直是吃皮,我想我之所以老而不死,也正是由于吃了西瓜皮的缘故!"

有些猴儿早等急了,一听老猴儿也这么说,就跟着嚷起来:"对,吃西瓜吃皮!""吃西瓜吃皮!"猴儿王一看,认为已经找到了正确的答案,就向前跨了一步,开言道:"对! 大家说的都对,吃西瓜是吃皮! 哼,就小毛猴崽子说吃西瓜是吃瓤儿,那就叫他一个人吃,咱们大家都吃西瓜皮!"于是西瓜一刀两断,小毛猴吃瓤儿,大家伙儿是共分西瓜皮。

有个猴儿吃了两口,就捅了捅旁边的说:"哎,我说这可不是滋味啊!"

"咳——老弟,我常吃西瓜,西瓜嘛,就这味……"

【朗诵指要】

朗诵这篇童话要注意不同身份的猴的语气的不同。猴王的语气要有威严,有一定的力度;小毛猴年龄小,说话没有经过仔细考虑,声音应尖细一些,语速要快一些;短尾巴猴年龄比小毛猴稍长,它的话经过了思考,语速适中;老猴的语速很慢,但说出的话很有分量,有一种得意与卖弄的感情在内。后两个猴的对话以悄悄话的形式进行,最后一个猴装出一种什么都知道的语气。要注意尽量口语化。

童话的朗诵一定要充满着童趣。做到身临其境将声音放开去演绎。但是在这个过程中大家要特别注意,千万不要为了演绎角色而故意将声音捏着表达,导致语音不清楚,角色的扮演也非常假,反而失去了童话的真和趣。

要做到好的播读,首先要将童话中的角色还原回现实生活,将童话中的人物拟人化即可。比如笨笨的小猪,那么在模仿的时候可以把它想象成一个看上去有点胖胖的小男孩的样子再进行演绎。

其次,声音的弹性练习章节当中我们讲过具体的训练方法,声音的弹性在童话和寓言的朗诵中非常重要,声音的强弱、高低、虚实等的对比会更明显得以体现。

最后,文章内容决定声音的表现形式,在每一篇童话朗诵之前,要充分理解故事的意思,角色的具体要素,比如年龄、性格、情绪、外形特征等,这样声音的表现力才会更强。

而寓言短小精悍、寓意深长、朗诵的时候容易觉得感情不够丰富,声音表现很单一。大家在表达时,要深刻记住寓言表达的目的是要让寓意更加明确和深刻。朗诵寓言,一定要抓住核心的东西,尽量做到神形兼备。在此过程中,可以分为四个步骤进行。

一是把握寓意。朗诵寓言,要紧紧结合寓言故事的寓意。想要准确把握住它,必须把握住所朗诵寓言的形象及其寓意,紧扣寓意来安排朗读技巧,通过对该故事的演绎,从中传达更深刻的道理。

二是分析特点。好的寓言作品,一般都有生动的形象,每个角色之间的形象设计都非常到位合理且鲜明。寓言的角色设定和童话的角色设定有所不同,寓言在角色设定时,常常会影射现实社会中的某些人、某些事或者某些物。在分析好寓言形象的比喻形象之后，可以围绕比喻类形象的特点设计朗诵技巧，从而更好地塑造寓言中的角色，也更明确地表现了故事中人物的特点。

三是夸张对比。寓言夸张手法的运用，常常是和对比手法的使用连在一起的。这点上可以和前面提到的声音的弹性练习结合在一起。基调的深沉与轻快，音色的淳厚与浮薄，音量的高响和低沉，速度的急速与缓慢等都可以表现语言形象特点。

经典例文朗诵

《小狗熊乘火车》　方轶群

有一天，火车停在山沟里。

小狗熊问火车："火车呀火车！你为什么不跑呀？"

火车说："轮子不滚，我不能跑呀。"

小狗熊问轮子："轮子呀轮子！你为什么不滚呀？"

轮子说："蒸汽不推我，我滚不起来呀。"

小狗熊问蒸汽："蒸汽呀蒸汽！你为什么不推轮子呀？"

蒸汽说："水不变很多蒸汽，推不动呀。"

小狗熊问水："水呀水！你为什么不变蒸汽呀？"

水说："火不煮我，我不能变蒸汽呀。"

小狗熊问火："火呀火！你为什么不煮水呀？"

火说："煤不燃烧，我不能煮水呀。"

小狗熊问煤："煤呀煤！你为什么不燃烧呀？"

煤说："人不把我点着，我燃烧不起来呀。"

小狗熊正要去问人，人来了，人来开火车了。

煤燃烧了。

火煮水了。

水变成蒸汽了。

蒸汽推轮子了。

轮子滚了。

火车呼哧呼哧跑了。

过了很多时候，小狗熊长大了，变成大狗熊。

有一天，火车又在山沟里停下了。

大狗熊问火车："是不是蒸汽推动了轮子，你才能跑的？"

火车说："我不是蒸汽机火车，我是内燃机火车，柴油燃烧变成了气，气推动轮子，我就跑了。"

又过了好多时候，大狗熊又长大了，变成老狗熊。

有一天，火车又在山沟里停下了。

老狗熊问火车："是不是柴油变成了气，你才能跑的？"

火车笑起来说："不是！你没看见电线吗？我是电气火车。电跑进我身体里，推动轮子,我就跑了。"

老狗熊爬上火车,火车把它带走了。

【朗诵指要】

(1)这是一篇很有趣味的幼儿知识童话,生动地描述了有关火车动力的知识,并通过几代火车的演变及今后的发展前景,说明了科学技术在不断进步。这篇作品塑造了小狗熊这一好奇心强,百问不厌、一辈子虚心好学的童话形象,而这一形象和文稿的朗诵对象——小朋友也非常接近。

(2)这篇作品采取儿歌连锁调与顶针的修辞手法,所以在朗诵时,需要表达出不同形象在回答小狗熊的问话时的状态,在音色和层次上须有所区分。

(3)文中表现时间变化推进的几个句子,比如:"过了很多时候,小狗熊长大了,变成大狗熊。"和"又过了好多时候,大狗熊又长大了,变成老狗熊。"我们在朗诵时候需要特别注意。

《老鼠开会》

有一群老鼠住在墙洞里。在这一群老鼠中间,有三只最大的老鼠:一只叫灰耳朵,一只叫白胡子,一只叫黄尾巴。

他们常常从洞里溜出来偷东西吃。

可是在这间屋子里住着一只大花猫。这是一只很凶猛的大花猫。老鼠们出来偷东西,一不小心,就要被大花猫捉住。已经有好几只老鼠被大花猫捉住吃掉了。

老鼠很怕这只大花猫。

有一天晚上,这三只大老鼠叫大家来,开了一个会。

黄尾巴第一个站起来说:

"唉!弟兄们!咱们现在过的日子多么可怕呀!昨天夜里,我走到厨房去,正想偷一点剩饭吃,那只可恶的大花猫,突然从桌子底下窜出来!要不是我逃得快,早就没命了。唉!可把我吓坏了。"

接着,白胡子站起来说:

"是呀,是呀,我有好几次差点让它捉住了。真是一只可恶的大花猫,咱们一定要想个办法把它赶走才好。"

灰耳朵听了,立刻跳起来大声地说:"兄弟们,白胡子大哥说得对,咱们一定得想个办法把大花猫赶走。我想:咱们大伙儿一起出去咬它,咬不死它,也得把它吓跑。"

可是黄尾巴摇摇头说:"不行,不行!大花猫的胆子可大啦,咱们出去,还不是白白地送死!"

灰耳朵一听,吓呆了:

"那……那怎么办呢?要是不想个办法把它赶走,咱们住在这间屋子里,日子怎么过得下去呀?"

这时候,白胡子摸着胡子想了想,说:"有了!有了!我想出个好办法来了。咱们找个铃铛儿,把它拴在大花猫的脖子上,那么,大花猫一走路,就会丁令当郎地响起来。咱们听见响声,赶快就逃,它就捉不住咱们了。"

大伙儿听了,都拍着脚爪说:"好办法,好办法,真是好办法!就这么办,给大花猫拴上铃铛儿,往后就再也用不着怕它了。"

黄尾巴忽然大声叫起来:"弟兄们! 请大家安静一点。这个办法挺好,可是,谁去把铃铛儿拴在大花猫的脖子上呢?"

大伙儿一听,都不说话了,你看看我,我看看你。

黄尾巴问白胡子:

"白胡子大哥,你去好吗?"

白胡子连忙摇摇头说:"哎哟! 我可不能去! 我是个瘸子,跑不快。还是叫个手脚灵活的去吧。"

黄尾巴又问灰耳朵:"灰耳朵弟弟,你很机灵,你去吧!"

灰耳朵也连忙摇摇头说:"哎哟! 我也不能去! 我也不能去! 上次我差点儿没让大花猫捉住;尾巴尖上的伤还没有好,现在还疼呢。"

黄尾巴听了,生气地说:"哼! 这个也不去,那个也不去,谁把铃铛儿拴到大花猫的脖子上去呀?"

这时候,谁也不作声,一个跟着一个悄悄地都溜走了。

黄尾巴看看大伙都走了,也连忙翘着尾巴钻到洞里去。

【朗诵指要】

(1) 黄尾巴、灰耳朵和白胡子三只老鼠的个性不一,在朗诵时,要有所区分。

(2) 此外,角色语言和叙述语言之间的转换需要注意。

《大大和小小》

有两个小朋友,他俩都不喜欢读书,一上课就头疼。

一个小朋友名叫小小。这个小小说:"要是我一直是一岁,不长大起来,那有多好! 像托儿所小娃娃那样,每天吃了玩,玩了吃,不用读书,也不用做事。"

另一个小朋友名叫大大。这个大大说:"当小娃娃没有意思! 我呀,最好一下子变成大人,不用到学校去读书,就变成像我爸爸那样的医生。"他俩跑到哈哈镜跟前。小小,往凸镜跟前一照,马上缩得很小很小,像个刚进托儿所的娃娃;大大,往凹镜跟前一照,忽然长得很大很大,像他爸爸那么高。他俩高兴得乱蹦乱跳,哈哈大笑。大大穿上白大褂,当了医生,病人一个一个来了。可这个大大医生没有进过医学院,连小学一年级也没念完呢。他什么本领也没有,怎么看病呀? 他一看到病人,就急得满头大汗,吓得心里扑腾扑腾地跳。小小呢,变成了一岁的小娃娃。他可没想到,他这个跳高冠军,这会儿连走路都要阿姨扶了。

他才走了几步,就摔了一跤,只好用手和脚一步一步地爬。他本来已学过点语文、算术,现在连话也不会说了,高兴时只会笑,不高兴时只会哭。有一回,阿姨喂糖粥给他吃,他不爱吃甜的,要吃咸的,可他不会说,把阿姨手里的碗往一边推,阿姨以为他不吃,把碗端走了,小小急哭了,小小捧着肚子只是哭,阿姨以为他病了,赶忙抱起去医院。正巧碰上大大医生。大大见小小捧着肚子,心想这一定是肚子痛,又一听,肚子咕咕叫,他说:"肚里有虫子,我来打一针。"

小小听说要打针,吓得大哭,心里说:"大大,你真坏,我没病,我不要打针。"大大哪里会打针,拿着针筒,心坪怀乱跳,他把牙一咬,眼一闭,朝小小屁股上一戳,小小一躲,大大一下戳到自己的手上,痛得大哭。旁边的病人看见医生和病人一起哇哇大哭,全都哈哈大笑。他们两个不好意思跑了,跑到凸凹镜前一照,大大变成了原来的大大,小小变成了原来的小小。快上学去,要不,没有本事,什么事也干不成,多苦呀!大大和小小笑着向学校跑去了。

【朗诵指要】

(1) 这篇童话根据沈寂的《大大小小》改编,童话刻画了大大和小小两个形象,这两个小朋友都不喜欢读书,所以在表达这俩人物时,可以将这一调皮形象展现出来。

(2) 大大和小小呼应的一些句子在表达的时候要有层次。如:"大大穿上白大褂,当了医生,病人一个一个来了。可这个大大医生没有进过医学院,连小学一年级也没念完呢。他什么本领也没有,怎么看病呀?他一看到病人,就急得满头大汗,吓得心里扑通扑通地跳。小小呢,变成了一岁的小娃娃。他可没想到,他这个跳高冠军,这会儿连走路都要阿姨扶了。"

《爱吹牛的小花狗》

从前,有一只小花狗,它很爱吹牛。

有一天,小花狗在山上玩得正起劲。忽然,有一只老狼朝他奔了过来,老狼嘴里还叼了一只又大又嫩的兔子呢! 小花狗吓得"汪汪"大叫起来。那只老狼听到狗叫,以为猎人带着猎狗来了,老狼慌忙扔下兔子,夹着尾巴逃走了。小花狗看见老狼跑了,就连忙叼起老狼扔下的兔子向山下跑,一路上,小花狗心里想:"我的运气不坏嘛! 捡了一只兔子。"小花狗回到家里,它的朋友花鸭、白马、黑猫见到它叼了一只兔子回来,感到很奇怪。小花狗神气活现地说:"瞧我本领多大,捉到一只兔子。"

过了几天,小花狗又上山去玩。忽然,树林里刮来一阵风,树叶子哗啦哗啦直响,小花狗站立不稳,摔倒在地。接着,蹦出一只大老虎。"哎呀! 我的妈呀!"小花狗吓得魂都飞了。小花狗拼命地逃,大老虎飞快地追。小花狗逃到山崖边,往下一看"哎呀,我的天呀!"小花狗吓得腿都发软了。它眼睛一闭缩成一团。等着大老虎来吃自己! 大老虎朝小花狗猛扑过去。结果,大老虎用力过猛,扑过了头,从山崖上掉了下去。小花狗连忙把眼睛睁开,往下看了看,然后,往悬崖底下跑去,好不容易跑了下去,看了看死去的大老虎:大老虎四脚朝天,一命呜呼,死了。小花狗眨巴眨巴眼睛,心里想:"我真是太幸运了,踏破铁鞋无觅处,得来全不费功夫。我要把我的朋友们叫来,让他们看看我的本领有多么地大!"

小花狗回到了家里,对朋友们说:"我打死了一只大老虎,过不了几天,我再打一只大狮子给你们瞧瞧!"小花狗的朋友们你看看我,我看看你,都摇了摇头,他们怎么也不相信小花狗有这么大的本事。

又过了几天,小花狗在山上玩到天黑,正要回家,突然,一声巨吼,一只大狮子蹦了出来。小花狗吓得冷汗直冒,它转身就逃,大狮子在后面穷追不舍,忽然,小花狗掉进泥坑里去了,吓得它直喊:"救命啊! 救命啊! 快来救我呀!"大狮子对它说:"听说,你的本事很大,捉到了一只兔子,还打死了我的兄弟大老虎。你还打算打死我狮子?"小花狗哭着说:"呜呜——以前我都是吹牛的,狮子大王,你饶了我吧!"大狮子一抖,抖下一张狮子皮来。原来,大狮子是白马装扮出来的! 小花狗的其他朋友花鸭和黑猫也走出来,一起把小花狗救了上来。小花狗羞得低下了头。

【朗诵指要】

(1) 这篇寓言讽刺了爱说大话的人。

(2) 在朗诵时,注意区分文中的小花狗有三种状态,分别是害怕的时候、内心独白的时候和说大话的时候。

《会变颜色的小花猫》

小花猫,真漂亮:圆圆的眼睛,长长的尾巴,胡子一翘一翘的,耳朵一动一动的,一身带黄花的白茸毛。

妈妈特别喜欢小花猫,可小花猫一点也不乖,他不听妈妈的话,爱在地上打滚,爱在草上翻跟头,老把漂亮的身子弄得脏脏的,妈妈整天用舌头给他舔呀,舔呀,总是舔不干净。

有一天,小花猫到院子里去玩。他看见墙边有一个高高的圆铁桶。小花猫看一看,闻一闻,不知道这是什么东西。他使劲一跳,跳到桶顶边上,往下一瞧,哟,是一桶绿颜色的油漆!

小花猫想:绿颜色多好看哪,比我的花衣服还好看,我要穿绿颜色的衣服!

绿油漆能不能染衣服,小花猫可不管。他紧闭眼睛,扑!

跳进去了。"呜——呜——"声音叫不出来,气也喘不过来啦。他拼命乱抓,忽然抓住了桶边,这才慢慢爬了出来。

小花猫跳下油漆桶,哎呀,鼻子塞住啦,他赶紧擤擤鼻孔。

哎呀,耳朵也堵住啦,他赶紧挖挖耳朵。

小花猫就这样变成了小绿猫,只有眼睛还是亮亮的。

小绿猫看见自己身上绿绿的,有点害怕,怕妈妈说他,就到黄泥土地上去打滚,想把绿油漆弄下来。没想到油漆可黏了,他这一打滚,全身粘上了土,小绿猫变成了小黄猫。

小黄猫一边走一边想:回家去,妈妈会不会生气呢? 走着,走着,他看见有一段很长的旧烟筒,躺在台阶下边,烟筒里面黑乎乎的。小花猫站住了,看一看:"这多像火车钻的山洞啊,我也要钻山洞玩。"

他钻进烟筒,使劲往里走,嘴里还喊:"喵! 喵! 呼隆隆!

呼隆隆! 喵——"

费了好大工夫,小黄猫钻出烟筒,他真高兴,叫道:"我钻出山洞啦! 我钻出山洞啦!"

可是一看,身上沾满黑煤烟,小黄猫变成了小黑猫。

小黑猫回到家里,跑进厨房,跳上灶台,看见一个大面缸。

白白的面粉,像棉花,又像雪花,真好玩儿!

小黑猫想:我再玩一会儿吧? 反正我的衣服也脏了,妈妈也要说我,我就再玩一会儿吧!

小黑猫按按爪子,一下子跳进面缸里。他打个滚,面粉飞起来,呛得他喘不过气,他只好闭着眼睛爬出来,跳到地上,摔了个屁股蹲儿。

咦,身上沾满白面粉,小黑猫变成小白猫啦!

这时候,妈妈看见了,问:"你是谁家的小猫,到这里干啥呀?"

小白猫叫道:"妈妈,是我!妈妈,是我!喵——"

妈妈生气了,说:"这孩子,真不听话!这么脏,怎么舔得干净呀?我拿水给你冲一冲吧!"

妈妈把小白猫领到自来水龙头底下,哗哗哗——给小白猫冲洗身子。

"喵呜——"妈妈吓一跳。

原来白面粉冲掉了,露出黑煤烟,小白猫变成了小黑猫。

妈妈给他又一冲。

"喵呜——"妈妈又吓一跳。

原来黑煤烟冲掉了,露出黄土,小黑猫变成了小黄猫。

妈妈给他再一冲。

"喵呜——"妈妈又吓一跳。

原来黄土冲掉了,露出绿油漆,小黄猫又变成了小绿猫。

妈妈接着给他冲呀,冲呀,这回怎么也冲不掉了,毛都让绿油漆粘在一起,可难洗啦。妈妈只好拿刷子使劲刷,拿爪子使劲抓。

"哎哟哟!喵呜——哎哟哟,喵呜——"

小猫痛得大叫。

好容易把油漆弄下来了,可小猫身上的毛也一块一块掉了下来。

就这样,小绿猫又变成了小秃猫。

【朗诵指要】

(1) 小花猫对未知的世界充满着好奇,每一次换上不同的颜色,都是满怀开心和喜悦,朗诵过程中须要把这种喜悦表现出来。

(2) 猫妈妈对小花猫的这种行为表示非常生气,所以妈妈的情绪也要巧妙表现。在朗诵时,拟人化表达。

《洋葱头》

"哇哇哇……"

是谁在哭呀?是土豆在哭。

"哇哇哇……我给老鼠咬了,咬了我一大口。疼啊,疼啊,疼死我了。"

土豆这一哭,厨房里的洋葱头,胡萝卜,还有碗呀,碟子呀,勺子呀,水壶呀……一起叫了起来:"老鼠真坏,老鼠真坏!咱们来想个办法打死它。"

胡萝卜和洋葱头说:"老鼠来了,我们就围住它,不让它跑掉。"

勺子说:"好!你们围住它,我就跳到地上来打它。"

水壶说:"我跳到地上来,用热水浇它。"

碗和碟子说："我们怎么办呢？一跳到地上，先把自己打碎了。"

水壶说："这样吧，你们叮叮当当喊着叫着，吓唬吓唬它。"

过了一会儿，老鼠又来了，它说："我还没吃饱呢，我把土豆全吃了吧！"它话还没说完，胡萝卜和洋葱头就冲上去，想把它围住。老鼠呢，一点也不害怕："你们敢来碰我？来了，我就咬你们。"可不是，别说胡萝卜、洋葱头打不过它，连勺子也拿它没办法。勺子瞄准了老鼠，猛地扑了过去，可是老鼠往边上一溜，溜走了。勺子没打着老鼠，自己倒跌了一大跤。

水壶看了挺生气，"哈"的一下，跳到地上来，碗呀，碟子呀，也叮叮当当地喊起来。"你这坏老鼠！你别跑，看我不用开水烫死你。"水壶一边喊，一边去追老鼠。

这回，老鼠倒有点害怕了。可是水壶是个大胖子，跑起路来一摇一摆的；老鼠可灵活了，东一窜，西一窜，水壶怎么也追不上它。

碗和碟子看了真急坏了，他们喊着："洋葱头，快堵住老鼠！胡萝卜，快挡住老鼠！勺子，快追上去打老鼠！"

洋葱头和胡萝卜看到老鼠往东边跑，就在东边拦住，看见老鼠往西边逃，就在西边拦住，勺子追上去，当的一下，差一点儿没打断老鼠的尾巴。这时候，水壶赶到了，正想往老鼠身上浇开水，老鼠一转身，溜到碗柜下面去了。

闹了这么一通，洋葱头、胡萝卜、勺子都累坏了，水壶更是累得跑不动了，坐在一边呼哧呼哧直喘气。

这一来，老鼠神气起来了，它从碗柜下面伸出尖脑袋，胡子一翘一翘，说："哈哈，你们真不中用，那么一大帮子，对付不了我一个。现在，哼，我要吃东西了，先把那个土豆吃下去，再吃胡萝卜……"

土豆一听，吓得哭起来了："别吃我，别吃我！"

胡萝卜也有点害怕了："我该往哪儿躲呀？"

洋葱头可不害怕，它走到碗柜跟前，冲着老鼠说："你这坏老鼠，你出来，你出来！"

老鼠瞧了它一眼，说："你算什么呀？我就先吃你。我还从来没尝过洋葱头的味道呢！"

尽管老鼠说大话，它还是怕水壶用开水来浇它，不敢从碗柜下面钻出来。

洋葱头说："你快出来呀！"

老鼠说："你跑到碗柜下面来，我就吃你。"

洋葱头说："好哇，我就到碗柜下面来，看你敢吃我！"

洋葱头这么一说，土豆、胡萝卜、勺子、水壶、碗和碟子着急了。一齐喊起来："洋葱头，老鼠哄你呢！你跑到碗柜下面去，它会咬你的。"

"不怕，我不怕！"洋葱头骨碌一滚，滚到碗柜下面去了。可不是，老鼠来咬它了。咬了一口又一口。

"哎哟，痛死我了！"这是谁在叫呀？是洋葱头给咬痛了在叫吗？不是，是老鼠在叫。洋葱头身上的水很辣很辣，弄到老鼠的眼睛里去了。

老鼠睁不开眼睛，瞎碰瞎撞。一下从碗柜下面钻出来了，正好跑到水壶跟前，水壶把身子一歪,哗啦啦啦,开水冲了老鼠一身,老鼠还叫吗? 不叫了。它给烫死了。

洋葱头虽然给咬伤了,可是它心里还是挺高兴。

【朗诵指要】

(1) 文中角色较多,注意须运用不同的语气和声音进行塑造。

(2) 主角勇敢的洋葱和狡猾的老鼠的塑造须要拿捏。洋葱是正面形象,表达的时候以实声为主,老鼠则是反面形象,同时狡猾且阴险,所以它的声音在塑造的时候不妨拖长一下,声线尖细一点。

《懒熊买西瓜》

熊妈妈有两个儿子——熊哥哥和熊弟弟。熊哥哥很懒,熊弟弟呢? 也很懒。熊妈妈管熊哥哥叫大懒,管熊弟弟叫小懒。

夏天到了。天气又闷又热,知了在树上不停地叫着,熊妈妈的小木屋里,闷得透不过气来。

小懒说:“要是吃个西瓜,那该多美!”大懒说:“对,对! 西瓜又甜又解渴——可是谁去买呢?”小懒说:“你比我大,应该你去!”大懒说:“你比我跑得快,应该你去!”小懒说。“该你去!”大懒说。“该你去!”熊妈妈就说:“别吵啦! 别吵啦! 要想吃西瓜,就一起去买,谁偷懒,不许吃!”

大懒、小懒都怕自己吃不着西瓜,只好一起走出家门去买了。他们走过绿色的草地,走过开满野花的河滩,来到山羊公公的瓜园。

这个瓜园真大呀! 地上爬满绿油油的瓜藤,藤上结着又圆又大的西瓜。大懒说:“山羊公公,给我们挑个最大的!”小懒说:“山羊公公,给我们挑个最甜的!”山羊公公捋捋胡子,笑着说:“行啊,行啊!”

山羊公公弯下腰,拍拍一个西瓜,啪啪啪,听声音,这个西瓜还没熟。山羊公公又拍拍另一个瓜,啪啪啪,听声音,这个西瓜熟过头啦。山羊公公左看看,右看看,瓜棚边有个最大的西瓜。他赶紧过去拍了拍,嘭嘭嘭,听声音,准是个顶甜顶好的大西瓜!

付了钱,大懒抱起西瓜就走。才走了几步就哼哟嘿哟地喊起来,他把大西瓜往地上一放,说:“这个西瓜挺沉的,不能光让我来拿。弟弟,该你抱一会儿啦!”小懒不好意思再耍赖,皱着眉头抱起大西瓜往前走。才走了几步,觉得胳膊发酸背发麻,也把大西瓜往地上一放,说:“这个西瓜挺重的,干什么让我一个人拿? 哥哥,你来抱!”大懒说:“还是你抱吧!”小懒说:“不,还是你抱吧!”兄弟俩推来推去,谁也不肯再抱大西瓜。

小懒不小心碰了碰瓜,西瓜咕噜咕噜滚了几下。小懒拍拍脑袋,大声喊:“哥哥,哥哥,有办法啦! 咱们让西瓜自个儿跑回家去!”

“大西瓜没长腿,能自个儿跑回家去吗?”

“大西瓜没长腿,可是会滚呀!”

大懒一听,高兴了。兄弟俩就不争吵了,笑着滚起大西瓜。小懒推一把,西瓜滚两下;大懒踢一脚,西瓜滚三下。

西瓜滚过小河滩,西瓜滚过青草地,滚呀滚,滚呀滚,一直滚到懒熊的家门口。小懒喊："妈妈,妈妈! 西瓜买回来啦!"大懒喊："妈妈,快看吧! 我们买了个最好最甜的大西瓜!"

熊妈妈走出门来,抱起大西瓜,放在水盆里洗洗干净,搬到桌上准备切开它。大懒看着西瓜伸伸舌头说:"这瓜保准很甜很甜!"小懒看着西瓜舔舔嘴唇说:"瓜瓤一定又红又沙!"大懒说:"妈妈,快切吧! 我要一块最大的!"小懒说:"妈妈,快切吧! 最大的一块给我。不要给他!"兄弟俩又争又吵,眼睛瞪得又圆又大,都在等着妈妈切开这个大西瓜。

熊妈妈一刀切下去,你猜怎么啦? 哎呀! 真没想到,稀哩哩! 哗啦啦! 红红的瓜瓤全都变成了水,流到桌上,又流到地上。懒哥哥,懒弟弟,你看看我,我看看你,干瞪着眼睛没办法,谁叫你们让西瓜滚回家? 这么好的西瓜没有吃上,你说,这件事儿该怪谁呀?

【朗诵指要】

大懒和二懒都是懒熊。大懒既懒又笨,朗诵时,它的语速可以稍微慢一些,小懒有点小聪明但是归根结底还是懒,二者注意要有区分。

《聪聪找耳朵》(根据朱家栋《不听话的耳朵》改编)

小聪聪真不听话,不听爸爸的话,不听妈妈的话,也不听奶奶的话。

爸爸叫聪聪别在地上打滚。

聪聪说:"不听,不听!"

妈妈叫聪聪洗洗手再吃苹果。

聪聪说:"不听,不听!"

奶奶叫聪聪早点睡觉,明天早点起来。

聪聪说:"不听,不听!"

爸爸,妈妈,还有奶奶,都挺生气,一起说:"聪聪呀,你这也不听,那也不听,你长着耳朵干什么?"

聪聪说:"不听,不听,就是不听! 长着耳朵没有用,我不要耳朵。"

也真奇怪,聪聪这么一说,他的两只耳朵,呼的一下不见了。

没有耳朵,多难看啊! 聪聪在柜子里翻呀翻呀,找出一顶棉帽,戴在头上,把帽耳朵翻下来,这样,人家就看不出他没有耳朵了。

一、二、三,出发! 聪聪出去找耳朵了。

他走过一棵桃树,猴子爸爸和小猴子正在树上摘桃子吃。

猴子爸爸看见聪聪,哈哈大笑起来:

"聪聪,你怎么了? 大热天还戴棉帽呀!"

聪聪的脸涨得通红,一句话也说不出来。

猴子爸爸对小猴子说:"小猴,小猴,快拣几个又大又红的桃子,请聪聪吃。"

"不听,不听!"小猴子跟聪聪一样,不听爸爸的话,它拿了桃核,往聪聪脸上扔,吓得聪聪抱着脑袋就跑。

他跑过一棵大松树,狗熊妈妈和小狗熊正坐在树洞口吃蜂蜜。

　　狗熊妈妈看见了聪聪,也哈哈大笑:

　　"聪聪,你怎么了? 天气这么热,快把棉帽扔了吧。"

　　聪聪的脸涨得更红了,一句话也说不出。

　　狗熊妈妈对小狗熊说:"小熊,小熊,把你的蜂蜜请聪聪吃一点儿。"

　　"不听,不听!"小狗熊也跟聪聪一样,不听妈妈的话,它拿了根竹竿,敲了敲树上一个大蜂窝,一大群蜜蜂飞出来叮聪聪了,吓得聪聪连滚带爬地跑。跑呀,跑呀,一不小心,扑通! 掉进一口大湖,正好落在小河马的嘴里。

　　小河马心里真高兴:哈哈,什么东西呀? 自己落到我的嘴里来,我要把它一口吞下去。

　　河马奶奶看见了,急忙说:"小河马,小河马,快别吞下他,他是聪聪呀!"

　　小河马要是也跟聪聪一样,不听奶奶的话,聪聪就没命了。还好,小河马很听话,奶奶这么一说,它就把聪聪吐出来了,还背着聪聪,把他送到岸上去。

　　聪聪没有找着耳朵,只好回家去了。

　　爸爸,妈妈,还有奶奶,一起问他:"聪聪,你的耳朵呢?"

　　聪聪耷拉着脑袋说:"我不听爸爸的话,不听妈妈的话,也不听奶奶的话,耳朵没有用,就飞走了,我怎么找也没找着。"

　　爸爸说:"你用得着耳朵,耳朵就会长出来的。"

　　"我要耳朵,我要耳朵! 我要听话,我要听话!"聪聪这么一说,真的又长出耳朵来了,不过耳朵很小很小,像两片黄豆瓣。

　　后来,他听爸爸、妈妈、奶奶的话了,耳朵又长得跟以前一样大了。

【朗诵指要】

　　(1) 文中的聪聪是个任性的孩子,所以在表达聪聪这个角色的时候应该把这股任性劲儿表现出来。同时文中的小猴子、小狗熊也很任性地不听爸爸或者妈妈的话。须要区分这三个角色之间的任性有所不同。

　　(2) 文中有几个角色是哈哈大笑着说,在表达这几句的时候注意把适合该角色的情感加进去。不能"哈哈大笑"地说结果却变成了"严肃"地说。

　　《一根老虎毛》　叶永烈

　　有一只小蚂蚁,他觉得自己的力气大极了,勇敢极了。可不,他能独个儿把一只死苍蝇拖到洞里,还敢独个儿对付又白又胖的小蛀虫呢!

　　有一天,小蚂蚁捡到一根黄澄澄的毛。"这是谁的毛呢?"小蚂蚁想,这么粗,这么长,这么柔软,这么漂亮。对,这一定是老虎的毛。是嘛,老虎是森林里的大王呀! 只有大王,身上才会长出这样又粗又长、又柔软、又漂亮的毛来。

　　小蚂蚁高兴极了。他把那根毛扛在肩上,雄赳赳、气昂昂地走进森林里去,放开嗓子,大喊:"我今天捡到一根老虎毛,大家快来瞧瞧,一根老虎毛。"

　　"谁在瞎嚷嚷?"小松鼠从树上跳了下来。"谁在瞎吵吵?"小野兔从洞里钻出来。

　　小蚂蚁把那根黄毛举得高高的,大声说:"你们看,这就是我从老虎身上拔下来的老虎毛呀!"

嘻嘻！小松鼠忍不住笑了："这大概是我的毛,是我刚刚脱下来的。"

小蚂蚁生气了,说："你胡说!"

小松鼠说："春天来了,我要脱去身上的黄毛,长出一身青灰色的毛来。小蚂蚁,你瞧我怎样脱毛!"说着,小松鼠跷起后脚,用脚爪轻轻地在身上搔了几下,哟,地上落下了一堆黄毛。

小蚂蚁觉得很奇怪,就问小松鼠："你长着一身黄毛,挺漂亮,怎么舍得脱下来呀?"

小松鼠说："我先来问问你。你为什么长得浑身棕色的?"

小蚂蚁说："我整天在地上爬来爬去,所以长得跟泥土一个颜色。"

"对呀!"小松鼠笑着说："就是这个道理! 我们松鼠整天在树林里钻来钻去,秋天,冬天,树林是黄颜色的;春天,夏天,树林是绿颜色的,我们也得跟着换换衣裳,有时穿黄颜色的,有时穿青灰色的,这样就不容易让山猫发现,叼去吃掉。"

这时候,小野兔跳到小蚂蚁身边去,仔细瞧了瞧他拿着的那根黄毛,叫了起来："哎呀,这根黄毛是我的,是我从自己身上拔下来的。"

小蚂蚁更觉得奇怪了："什么,什么? 哪有拔自己身上的毛? 不对,不对,这是老虎的毛,不是你的毛。"

小野兔低下头来,拍拍自己那圆鼓鼓的肚子,说："我快要当妈妈了。"

小蚂蚁愣头愣脑的,不知道这是什么意思。

小野兔告诉他："我快要生孩子了。我把自己胸脯上的毛拔下来,做一个又暖和和又柔软的窝,小宝宝一生下来,好让它们在这窝里睡得舒舒服服。"

小蚂蚁从来没有听说过这样的事,瞪着眼睛在发呆。小松鼠在一边点点头说："做妈妈的真不简单哪,为了孩子,舍得把自己身上的毛拔下来。"

小野兔接着说："小蚂蚁,你拿着的这根黄毛,是我拔的时候,让风吹跑的。你不信,拿它跟我胸脯上的毛比一比。"

小蚂蚁瞧了瞧自己拿着的那根黄毛,又瞧了瞧小野兔的胸脯,真的,一模一样。它觉得怪不好意思的,说："瞧我,瞎猜瞎想,闹了笑话。"

小松鼠和小野兔一齐说："小蚂蚁,以后碰到什么事儿,先问个明白,就不会闹笑话了。"

小蚂蚁把那根黄毛递给小野兔,说："这是你为孩子拔下来的,还给你,让你做窝吧!"

【朗诵指要】

(1) 在朗诵该童话时,当我们要表达"放开嗓子",并不是真的要把嗓子喊出来,而是通过虚声的方式将这种"放开嗓子"的感觉表现出来。

(2) 有时候童话或者寓言中常常会将好坏区分得很清楚,但该故事在讲述时可以不用急着去表达谁好或者谁坏,在故事的结局虽然小松鼠和小野兔对小蚂蚁的做法有些非议,但是最终的结局仍是温暖而美好的。

　　《三只熊》　列夫·托尔斯泰　任溶溶译

有一个小姑娘到树林里去,迷失了方向,找不到路回家,她在林子里转来转去,最后来到了一座小房子前面。小房子的门开着,她往门里瞧瞧,看见屋里没人,就走进去了。这座小房子住着三只熊。一只是熊爸爸,很大很大,毛蓬蓬的;一只是熊妈妈,比他小一点;还有一只是小熊。三只熊不在家,上林子里玩去了。

小房子里有两个房间,一间吃饭,一间睡觉。小姑娘走进吃饭的房间,看见桌子上有三碗粥。一个碗很大很大,是熊爸爸的;一个碗小一点,是熊妈妈的;一个碗很小,蓝颜色,是小熊的。每个碗旁边有一把勺子,一把很大,一把小一点,一把很小。小姑娘拿起最大的勺子,吃最大的碗里的粥,又拿起小一点的勺子,吃小一点的碗里的粥,最后拿起最小的勺子吃蓝色小碗里的粥。她觉得小熊那碗粥甜甜的,最好吃。

小姑娘想坐下来,看见桌子旁边有三把椅子:一把很大,是熊爸爸的;一把小一点,是熊妈妈的;一把很小,还有个小坐垫,是小熊的。她要爬上大椅子,掉下来了;她爬上小一点的那把椅子,坐着觉得不舒服;她坐到小椅子上,笑了——太舒服啦。

她于是捧起蓝色小碗,吃起粥来。吃啊吃啊,吃了个精光,然后在小椅子上摇来摇去。小椅子给摇啊摇的摇破了,小姑娘"啪嗒"一下掉到了地上。她爬起来,扶起小椅子,就到隔壁房间去。

这房间里有三张床:一张很大,是熊爸爸的,一张小一点,是熊妈妈的,一张很小,是小熊的。小姑娘躺到大床上——太空了,躺到小一点的床上,太高了;躺到小床上——正合适,她就在小床上睡着了。

这时候,三只熊回家来了,他们肚子饿了想吃饭。熊爸爸拿起他那个碗一看,用可怕的声音哇哇叫:"谁用过我的碗?"熊妈妈拿起她那个小一点的碗一看,不那么响地哇哇叫:"谁用过我的碗?"小熊看看他那个空小碗,尖声尖气叫道:"谁用过我的碗? 把粥全给吃光了?"

熊爸爸看看他那把椅子,用可怕的声音哇哇叫:"谁坐过我的椅子,把它动过了?"熊妈妈看看她那把椅子,不那么响地哇哇叫:"谁坐过我的椅子,把它动过了?"小熊看看他那把破了的小椅子,尖声尖气地叽叽叫:"谁坐过我的椅子,把它坐坏了?"三只熊来到隔壁房间。

熊爸爸用可怕的声音哇哇叫:"谁睡过我的床,把被子弄皱了?"熊妈妈不那么响的哇哇叫:"谁睡过我的床,把被子弄皱了?"小熊在小床边放张小凳子,爬上他那张小床,尖声尖气地叽叽叫:"谁睡过我的床?"他看见了小姑娘,马上像给捅了一刀似的叫起来:"就是她! 把她捉住,把她捉住! 就是她! 哎呀呀! 把她捉住!"小熊想咬小姑娘。

小姑娘一睁开眼睛,看见了三只熊,连忙向窗子扑过去。窗子开着,小姑娘跳出窗子,逃走了。

三只熊到底没追上她……

【朗诵指要】

(1)该故事的特点是故事好像有结局又好像并不是大家想象中的结局。所以我们表达结局的部分可以留白,给听众留下遐想的空间。

(2)文章的主线是小姑娘,但是整个故事好像讲的是熊爸爸、熊妈妈和小熊以及它们生活的小木屋。所以大家在讲述时可以跟着小姑娘的视角去了解三只熊的世界。

《老狼拔牙》　包蕾

　　从前有一只老狼,这是一只很坏很坏的老狼,它的样子长得非常难看,一身灰皮,一双绿莹莹的眼睛,一张大嘴,嘴里长着两排又尖又大的牙齿。

　　它干了许许多多的坏事,大家对它又恨又怕,远远看见它的影子就赶忙都躲开了。

　　这样一来,老狼就找不到东西吃,经常饿的肚子咕噜咕噜地叫。

　　一天它蹲在地上,心里打着坏主意:大家都防着我,再想偷可不容易,这可怎么是好!它想了一会。哦,有了,我把所有干的坏事都推在是我的牙齿干的不就行了,再骗人家替我拔牙,我就把它啊呜一口给吃掉,嘿⋯⋯

　　它觉得这个办法很好,于是就用爪子悟着脸,趴在地上,假装哭起来。

　　这个时候,有只长颈鹿路过。这只长颈鹿可老实啦,它看见老狼哭得很伤心,于是就问它:"老狼呀,老狼,你为什么样哭啊?"

　　老狼听了,哭得更加伤心了。它一边哭,一边说:"长颈鹿兄弟⋯⋯呜呜呜⋯⋯大家都说我不好,经常干坏事,其实,我的心是好的,就是我的牙齿不好,它喜欢咬东西,一天不咬东西就难过。我真的恨死它了,可是它长在我嘴里我有什么办法呢?呜呜呜⋯⋯长颈鹿兄弟,你做做好事,把你的头伸到我的嘴里来,用你的牙齿把我的牙齿拔掉,这样,它就再也不能咬东西干坏事了。"

　　老实的长颈鹿看老狼很可怜,就说:"好吧,我来试试看,你把嘴张大些!"

　　老狼可高兴了,把嘴巴张得很大,等着长颈鹿把头伸进来,这时,老狼把它一口咬住,长颈鹿痛得叫起来:"啊呀?你怎么咬我啊?快放开!疼死了。"

　　老狼死咬不放。正在这时,背后传来:"快放开!不然,我就打死你!"

　　老狼听了,吓得松了口,回头一看,原来是个小孩。小孩问了原因后就对老狼说:"我来帮你拔牙,不过你要把眼睛闭上,不然我看见了害怕。"老狼为了吃小孩就答应了,小孩捡起一块大砖等老狼张大嘴巴就放进老狼的嘴里,老狼以为是小孩,赶紧咬住,只听见"嘣"的一声,它的牙齿崩碎了,痛得它在地上打滚,小孩举起棍子朝狼打去,一下就把狼给打死了。

　　小孩说:"长颈鹿,你以后要小心,不要再上当了。"

【朗诵指要】

　　理解故事中主要角色的性格特征,感受老狼的阴险狡诈和小鹿的纯洁善良以及小孩的聪明勇敢。

《小猴买桃子》　张祥凤

　　猴妈妈叫小猴去买桃子。

　　小猴提着篮子,刚要出门,猴妈妈叫住他,对他说:"孩子,一路上见人得招呼,人家帮了忙要谢谢。小孩子要有礼貌,不能像野狼那样野蛮⋯⋯"

　　不等猴妈妈说完,小猴抢着说:"我懂,我懂!"

　　小猴出门去,走着走着,不认得路了,他看见山羊恭恭敬敬鞠了一躬,说:"老爷爷,请问买桃子往哪走啊?"

　　山羊说:"啊呀,怎么叫我老爷爷? 我还小呢,不到一岁呢!"

　　"什么? 你的胡子这么长,还小哇?"

　　"小猴,我们山羊很小就长胡子啦!"

　　小猴觉得很奇怪。山羊说:"听说,从前我们山羊也是老了才有胡子的。有一回,狼吃了一头老羊,给硬骨头卡住了喉咙,死了。打这回起,狼再也不敢叼老羊了。这一来可好了,我们都在下巴上粘了一大把胡子,变成老羊的样子。狼窜来一看,哎,全是老羊,就摇摇头,走了。从此,我们山羊就从小长胡子了。这不过是编出来的一个故事,说着好玩,哪会有这样的事呢。你不是要买桃子吗,往东走吧。"

　　小猴往东走了一会儿,看见树上一只白头翁,便上前向它行个礼,说:"老奶奶,请问买桃子往哪走呀?"

　　白头翁笑着说:"小猴,你怎么叫我老奶奶?"

　　小猴说:"你年纪大,我就叫一声老奶奶呗!"

　　"嗨,我才一周岁呢!"

　　小猴弄不明白:"我不信! 你才一岁,头发怎么白了呢?"

　　白头翁说:"我来给你讲个故事,我们有个老祖宗很爱学习。看见燕子舞蹈,就学舞,可是才学了几天,就厌烦了;听见黄莺唱歌,又学唱歌,学了没几天,又不学了;看见啄木鸟会给树治病,他想:做个医生也不错,就跟着啄木鸟学治病,学了一阵子,觉得太累,又不愿意学了。他见一样,学一样;学一样,丢一样,直到头发白了,还是什么也不会。后来,我们一生出来,就长一头白发。这是为了让我们记住,别学那个老祖宗的样。其实我们头顶长白色的毛,跟你们猴子身上长棕色的毛一样,没有什么奇怪。哦! 你要买桃子,向左手转弯就到了。"

　　小猴买了一篮桃子,回到家里,把一路上遇到的事情全告诉了猴妈妈。猴妈妈皱皱眉头说:"瞧你这孩子,什么也不懂,尽闹笑话,以后得好好儿学习才行啊!"

　　小猴点了点头。他抓起一个大桃子,往嘴里一塞,吃得可有味儿哩!

【朗诵指要】

　　(1)小猴提着篮子要上街去买桃子,妈妈告诉小猴遇到人要记得打招呼,小猴照做了,看到山羊和白头翁都礼貌地问好,可是因为小猴不了解山羊和白头翁的特点,于是闹了好多笑话呢! 山羊的胡子并不是老了才会长,白头翁头顶上的白毛也不是年纪大了才变白的,这都是天生的。

　　(2)山羊讲故事的时候有种骄傲的感觉,为自己是山羊感得骄傲。白头翁讲故事的时候稍有种羞愧的感觉,为自己的老祖宗三天打鱼两天晒网而感到不好意思。

　　(3)小猴子虽然受到了妈妈的责备,说它什么都不懂,但是实际上在买桃子的过程中不是又懂了两件事吗? 所以觉得桃子格外甜。

　　《妈妈说得对》

　　大草原上有只小骆驼,它的名字叫驼驼。

　　驼驼的妈妈病了,病得很厉害,它流着眼泪对驼驼说:"孩子,妈妈不行了,不能再带着你找草吃找水喝了。妈妈死了以后，你一直往北走，找你哥哥去。妈妈告诉你几句话，你可要牢牢地记住啊——"

驼驼听了，伤心透了，一边哭，一边说："妈妈，你说，我记住。"

妈妈说："夜里，你要睡在山坡的南面，可别睡在山冈顶上，也别睡在有人住过的地方。你找到了哥哥，要紧紧跟着它，走在大伙的中间……"妈妈说到这里，闭上眼睛就死了。

驼驼再也看不见妈妈的眼睛了，再也不能吻妈妈的嘴唇了，再也不能靠在妈妈的驼峰上睡觉了，它哭了好半天，才离开妈妈的尸体，去找哥哥了。

第一个夜晚，驼驼走到一个山冈跟前，心想：为什么不能睡山冈顶上呢？我来试试。它走到山冈顶上睡下了。那知道山冈顶上风很大，冻得它一夜没睡着。

第二个夜晚，驼驼走到一个地方，一看就知道有人在这儿待过，心想：为什么不能在这儿睡呢？我来试试。它就在这儿睡下了。哪知道一些小动物闻到这儿有人住过的味道，都跑来找人丢下的东西吃，闹得它一夜合不上眼。

第三个夜晚，驼驼照着妈妈说的话做，睡在一个山坡的南面，这儿吹不到风，很暖和，又很安静，它安安稳稳地睡了一夜。

第四天，驼驼找到了它的哥哥，哥哥正跟着大伙一起到北方去呢。哥哥非常爱护驼驼，对它说："驼驼呀，你一路上紧紧地跟着我，走在大伙中间。"

这不就是妈妈说过的话吗？可是驼驼在想：为什么不能走在前头呢？又为什么不能走在后头呢？我来试试。

一会儿，驼驼跑到大伙前头去了，一只厉害的大骆驼咬了它的后腿。驼驼赶快跑到大伙的后头去，赶骆驼的姑娘看见它瞎跑，就打了它一鞭，吓得它跑回哥哥身边，在大伙的中间走，这可好，没有别的骆驼来咬它，赶骆驼的姑娘也不来打它，草吃得饱，水喝得足。

驼驼一路走，一路想，妈妈说得对。

【朗诵指要】

（1）这是一篇感人的童话。骆驼妈妈在临死之前最为关心自己的孩子。妈妈说这些话的时候是带着不舍和不放心地说完的。

（2）驼驼小并不懂事，虽然是妈妈说过的话，它也想证明妈妈说那些话到底是什么意思？为什么要这样？所以妈妈说的这些他都一一验证，最后发现妈妈说的都是对的。因为这些都是妈妈的经验之谈。这正应了中国的一句古话"不听老人言吃亏在眼前"。

《小山羊和小老虎》 鲁兵

羊，羊，羊，一只小山羊；虎，虎，虎，一只小老虎。

小山羊毛儿雪白雪白，叫起来：咩咩，咩咩；小老虎尾巴挺粗挺粗，叫起来：啊呜。啊呜。

有一天，小山羊起得很早，唱着歌儿。到树林里去吃草；这一天，小老虎起得也早，吹着口哨，到树林里去打虎跳。

一个叫：咩咩，一个叫：啊呜，小山羊碰见小老虎。一个唱歌儿，一个吹口哨，他们捉了迷藏又赛跑。

太阳下山了,小老虎回了家:“妈妈,妈妈,今天我跟小山羊玩耍。”

老虎妈妈,摇一摇尾巴:“什么,什么,你跟小山羊玩耍?瞧你,瞧你,真是一个小傻瓜!你呀,你呀,应当一口咬死她,羊肉,羊肉,咂咂咂咂,味道可鲜啦!”

听着,听着,小老虎馋得张大嘴巴,听着,听着,小老虎口水滴滴答答:“妈妈,妈妈,干吗不早告诉我?明天,明天,我啊呜一口吃掉她。”

老虎妈妈,点一点脑瓜:“对啦,对啦,这才像个虎娃娃。过来,过来,妈妈教你几句话……”

星星出来了,小山羊回了家:“妈妈,妈妈,今天我跟小老虎玩耍。”

山羊妈妈,眼睛眨一眨:“什么,什么,你跟小老虎玩耍?孩子,孩子,今天多危险啊!老虎,老虎,在树林里称王称霸,差点,差点,你的小脑袋进了他的大嘴巴。”

听着,听着,小山羊心里好害怕,听着,听着,小山羊急得叫妈妈:“妈妈,妈妈,干吗不早告诉我?明天,明天,他说还找我玩耍。”

山羊妈妈,紧紧抱住她:“不怕,不怕,妈妈来想个好办法——有了,有了,他来了,就这样对付他。”

第二天,天刚亮,小老虎,下山冈,走进树林等呀等,没有等着小山羊;爬上山坡瞧呀瞧,没有瞧见小山羊;跳过水沟找呀找,“咦,前面有堵小花墙。”走上前去闻一闻,“嗯,小山羊就住在这地方。”

笃笃笃,笃笃笃……

“咩咩,咩咩,是谁敲门来?”

“啊呜,啊呜,我是小老虎。”

“咩咩,咩咩,你干什么来?”

“啊呜,啊呜,找你去跳舞。”

“你说说,昨晚你妈妈,教你几句什么话?”

“我妈说,咱俩手拉手,天生一对好朋友。”

“咩咩,咩咩,你说谎。我才不上你的当。”

“啊呜,啊呜,快开门,咱们可是一家人。”

“咩咩,咩咩,不开,不开,我不开!”

“啊呜,啊呜,你不开门,我就闯进来!”

嘭嘭嘭,小老虎一个劲儿把门撞;蓬蓬蓬,小老虎把门撞得直摇晃。

咩嘿嘿,咩嘿嘿……东边来了五只大山羊,咩嘿嘿,咩嘿嘿……西边来了五只大山羊。羊角弯弯像镰刀,吓得小老虎发了慌。

“咩嘿嘿,咩嘿嘿,你这个小强盗!”“咩嘿嘿,咩嘿嘿。看你往哪里逃?”

一只山羊用脚踩,两只山羊用嘴咬,三只山羊用头撞,四只山羊用角挑,一挑,一挑,把小老虎挑得半天高。真好,真好,小老虎摔了一大跤。

小老虎嘴里,掉了三颗牙齿;小老虎脚上,伤了四只爪子;小老虎耳边,少了两片毛毛,小老虎头顶,起了一个包。

小老虎在草地上打滚,疼得啊呜啊呜叫,小山羊在门缝里瞧着,乐得咩咩咩咩笑。

【朗诵指要】

（1）该文章是童话诗，有着诗歌的韵律美。如"羊，羊，羊，一只小山羊；虎，虎，虎，一只小老虎。小山羊毛儿雪白雪白，叫起来：咩咩，咩咩；小老虎尾巴挺粗挺粗，叫起来：啊呜，啊呜。"表达时注意把这种俏皮跳跃的感觉表达出来。

（2）作者用"什么，什么"，"瞧你，瞧你"这种两字一顿的句子造成紧张急迫的感觉，刻画出妈妈惊诧、责备的神态。我们在表达时候需要将这个情绪加入其中。

（3）后面的"走进树林等呀等，没有等着小山羊；爬上山坡瞧呀瞧，没有瞧见小山羊；跳过水沟找呀找……"七字一句娓娓道来，与前面的紧迫急促形成明显落差，同时让人预感到这是一种危险即将到来临前的平静。

（4）这篇文章在听觉上给人一种活泼跳跃的感觉，显示出了多种声音交替的循环美。

《燕子和麻雀》（土耳其寓言） 朱兆顺译

有一只燕子，她总是把窝搭在房顶下面。她的邻居是麻雀，窝就在屋檐下面。可是，这哪是搭窝的地方呀！不过是排水管和房檐之间的一个小小的空隙罢了。

燕子每年都孵育小燕子，教她们飞翔，唱歌。麻雀却不一样。她每年也生不少蛋，可是一次都没有把小鸟孵育长大：不是淘气的孩子们掏走了她窝里的蛋，就是小鸟被猫吃掉了。

麻雀看到燕子幸福的家庭，非常羡慕。

"你真幸福！"麻雀说，"你每年都能孵出小燕子，而我的孩子却总是保不住！"

"都怪你自己不好，"燕子说，"要是你的窝也有我这样的结实，小孩和猫就没有办法了。"

"那就请你教我搭窝吧！"麻雀说，"你一定知道什么秘密，或者有什么诀窍呢！"

"搭窝要动动脑筋才行，"燕子说，"不过，其实也没有什么诀窍。"

"咱们一起飞吧，我一定教会你。"

"燕子和麻雀一起飞到了一个湖边。"

"喂，我的朋友，你用嘴巴衔一点泥，就学我的样子。"燕子边说边做给她看。

"唧唧唧！"麻雀回答说："依我看，搭窝一点也不难，什么诀窍也没有！"

燕子没有说什么，她衔着一块泥飞回家，把它糊到墙上。

"你也这样做吧！"她又劝麻雀。

"我看见了，看见了！"麻雀说，"这是再简单也没有了。我还以为你做的那个窝有什么秘密或诀窍呢。这样糊泥谁不会呀？不！这样的小事我不干！"

燕子一次又一次地飞到湖边，每次都衔回一块泥。泥衔够了以后，她又去衔稻草。材料备齐了，她就开始筑窝了。她二层泥，一层草，又一层泥，又一层草……把窝搭得严严实实。

"窝只有这样搭才行。"她教麻雀说，"先糊上一层泥，再加上一层草，再糊上一层泥，再糊上一层草……这样，一个结结实实、舒舒服服地窝就搭好了。"

"我知道，我知道！这里一点高明之处也没有！"麻雀以轻蔑的口吻叽叽喳喳地说。

燕子回答说：

"你知道是知道，可是光知道还搭不成窝，需要付出劳动才行。你如果不像我那样勤奋地劳动，就永远也孵不出小麻雀来!"

【朗诵指要】

这则寓言给我们的启示是，只知道道理却不去行动永远都不会成功。

《小熊猫的故事》

今天，河马老师走进教室对小朋友们说："我要向大家介绍一位新同学——小熊猫。"

这时，小熊猫害羞地站起来向大家鞠了个躬。"我希望小朋友们在一起能相互帮助，团结友爱……"河马老师接着说。

下课了，小鸡和小鸭围着小熊猫说："咦! 为什么你的眼圈老是黑黑的，是不是总是睡不着觉呀?"

小熊猫听了很伤心，回到家它找来白色的水彩笔，把眼圈周围的黑毛全涂成了白色。

第二天，小熊猫高兴地来到幼儿园，它想听听小朋友们表扬自己的话。这时小鸡和小鸭又围走过来说："咦! 小熊猫你这么胖，都快走不动路了，怎么你还不减肥呢?"

小熊猫听了又很伤心，回到家，它用爸爸的剃须刀把身上的毛剃了个干净，而且它一边剃还一边说："这回看你们还说不说我胖了。"

天亮了，小熊猫又高兴地来到幼儿园，它还是想听听小朋友们表扬自己的话。一会儿小鸡和小鸭大笑着过来说："瞧! 你活像个白色的大萝卜!"

小熊猫的脸一下就红了——

【朗诵指要】

(1) 这个故事讲的是有的人自信心不足，很在意别人怎么看自己，于是不管别人说什么，它都千方百计地依照别人说的去做，结果却落得被人笑话或离目标越来越远。

(2) 朗诵时，注意河马老师是一位和蔼的老师。小鸡和小鸭在文中是那种喜欢对别人指手画脚的人，主角小熊猫反而只有一句话，这句话表达时应该把小熊猫这种太过介意别人眼光同时又非常好强的性格表现出来。

《吉米的鲸鱼》　尹慧文

叔叔旅游回来，送给吉米一个小礼物。吉米打开装礼物的纸盒，发现里面是一个普普通通的玻璃瓶，瓶子里装着半瓶水，一个黑乎乎的小家伙在水里游来游去。

"原来只是一只小蝌蚪啊!"吉米有些失望。

"不，这不是蝌蚪。"叔叔正要告诉吉米这是什么东西时，手机忽然响起来了。他一边接电话，一边匆匆地往外走。

吉米很想弄清楚这到底是什么，可是叔叔已经不见了。

他想："嗯，就当小蝌蚪养着吧。"

吉米把小蝌蚪从玻璃瓶里倒出来，放到家里的金鱼缸里养着。

第二天早上，吉米惊奇地发现，才一个晚上，小蝌蚪就长得像一个剥了壳的黑皮蛋那么大了！小蝌蚪扭着身子，晃着尾巴，游来游去，很快活。

更让吉米吃惊的是，小蝌蚪的头顶竟然还会喷出一股细细的水柱！不对啊，只有鲸鱼才会喷出很高很高的水柱呀！难道它是一条小鲸鱼？吉米想起了叔叔临走时神秘的眼神。

小蝌蚪长得飞快，才两天工夫，它已经像猫那么大了。鱼缸已经装不下小蝌蚪了，吉米只好把它搬到卫生间的浴缸里。

又过了两天，小蝌蚪的身子不仅把浴缸占满了，连喷出的水柱也像广场上的音乐喷泉一样高了。如果不是天花板挡着，大概能喷到天上去呢。

天哪，这肯定是一条大鲸鱼！吉米又高兴又发愁。高兴的是，他竟然有了一条宠物鲸鱼！发愁的是，鲸鱼的个头长得太快了，家里养不下了。

吉米的爸爸请来四个搬运工，把鲸鱼送到附近的湖里。鲸鱼越长越大，胃口也越来越大，吉米每天不停地给它喂食，它还是吃不饱。吉米的伙伴们听说了，都把自己喝的牛奶送过来了，一瓶、十瓶、一百瓶……鲸鱼吃饱喝足了，就喷起水柱来，水柱越喷越大，把吉米和小伙伴的衣服也淋湿了，像过泼水节一样令人快乐。

鲸鱼不停地长着，最后它的身子有一架飞机那么大了，就连那个湖也容不下它了。

这时，叔叔突然出现了。他从口袋里拿出一个遥控器，对吉米说："上次没来得及告诉你，这是高科技的鲸鱼版电子宠物，完全可以以假乱真。瞧，你不是也上当了？如果你真的不想养鲸鱼了，只要按一下红色的开关就行了。"

吉米听了，瞪大了眼睛。叔叔说："你真不想养鲸鱼了吗？那我现在就帮你按停止键——"

吉米忽然大叫起来："等一等！让我再好好看一眼我的鲸鱼。"

【朗诵指要】

（1）这个故事讲述了一只本来像蝌蚪大小的鲸鱼模拟玩具会变得像池塘一样大。吉米作为鲸鱼的饲养者不得不屡屡为鲸鱼更换鱼缸，甚至最后弄到池塘里。

（2）我们在朗诵时，要让听者在过程中随之产生丰富的联想，一只黄豆大的小黑球越来越大，大到胀满整个池塘，要将这种兴奋和奇特的感受表现出来。

《怕黑的熊宝宝》

熊宝宝特别怕黑，只要到了晚上，熊宝宝就躲在家里的被窝。"天黑了，我怕！"熊宝宝不停地说。熊妈妈非常着急，熊宝宝这么胆小，以后可怎么办呀！

有一天，熊妈妈跟宝宝说："我今天要出去一会儿，你乖乖在家。"熊宝宝非常不愿意，说："妈妈，天黑之前能回来吗？"熊妈妈说："应该可以吧。"

熊宝宝等了一天，太阳已经要落山了，他打开门往外看，没看见妈妈的踪影："妈妈怎么还不回来。"熊宝宝着急了，太阳已经缓缓落到山下，天空渐渐暗下来。妈妈会不会出事了，他急得要哭了。"如果妈妈出事，我必须去救妈妈。"熊宝宝擦干泪水，向森林走去。

天全黑了，森林里静悄悄的，熊宝宝走得很慢，他太害怕了，什么也看不见。熊宝宝哆哆嗦嗦地走着，心里想："森林晚上会有妖怪吗？"

正当这个时候,他听到"呜呜,呜呜,呜呜"的叫声。"妖怪来了!"熊宝宝闭上眼睛,不敢看。只听见身边的树上有人在说话:"这不是熊宝宝吗,这么晚了,你要去干什么?"熊宝宝慢慢睁开眼,往树上一看,有一只大鸟在跟他说话。"你是谁!你是妖怪吗?"熊宝宝小心翼翼地问。"我不是妖怪,我是猫头鹰,我白天睡觉,晚上工作。"熊宝宝不怕了,他跟猫头鹰说:"我妈妈还没回来,我要去找妈妈。"猫头鹰称赞地说:"多勇敢的孩子,你会找到妈妈的。""谢谢。"熊宝宝非常高兴,跟猫头鹰告别,又往前走。

熊宝宝突然感觉,周围好像有小东西飞过,这东西越来越多,熊宝宝非常害怕问道:"你们是谁,是妖怪吗?"终于有一个小东西停下来,落在熊宝宝的手掌上,说:"我们是蝙蝠,不是妖怪,我们用最灵敏的耳朵判断方向,所以一般都是晚上活动。"熊宝宝高兴起来,"我是熊宝宝,我去找妈妈。"很多蝙蝠都停下来一起称赞他说:"你太勇敢了。"熊宝宝有一点自豪了。他迈开步子往森林深处走去。

这时有东西一闪一闪的在森林里飞,刚开始只有一两个,慢慢变成了很多,熊宝宝不再害怕,他大声问:"我是熊宝宝,你们是谁!"一闪一闪的东西小声说:"我们是萤火虫,我们是萤火虫。"熊宝宝觉得他们太漂亮了,把森林都照亮了,原来夜晚的森林是那么美丽。萤火虫说:"你是来找妈妈的吧!"熊宝宝说,"你们怎么知道的?"萤火虫说:"是你妈妈让我们给你指引方向!"随着萤火虫指引的方向,熊宝宝看到妈妈从一从树后面走来,她高兴地说:"宝宝,你已经不怕黑、不胆小了,你是一个勇敢、坚强的大熊了。"熊宝宝真是高兴极了,他扑在妈妈怀里,他知道,他已经是一个让妈妈骄傲地真正的熊了。

【朗诵指要】

(1)该文讲述了熊宝宝在寻找妈妈的路上由胆小变勇敢的故事。在这个过程中,猫头鹰、蝙蝠和萤火虫都给予了它鼓励。

(2)熊宝宝对于黑暗的恐惧需要通过语言表达出来,遇见猫头鹰蝙蝠和萤火虫的时候也是害怕的。当与它们对话时,要注意"惧"的表达。

《小香菇的奇遇》 邵雯可

有一朵小香菇孤零零地躺在路边,它是从小白兔装蘑菇的篮子里掉下来的。

别的香菇不是长在森林里的草地上,就是被炖成香喷喷的汤。小香菇想:这才是作为一朵香菇该做的事儿啊。

小香菇越想越没劲。

一群小蚂蚁过来了,其中一只最大地围着它转了好几圈,然后惊喜地说道:"伙伴们,我们有船啦!这小香菇正好可以给我们当船用!"

这一群小蚂蚁们把小香菇抬到了小河边。小香菇一下子觉得自己有用起来。它的心儿激动得"扑通、扑通"直跳。

小蚂蚁们把香菇倒着放在水里,然后一只只跳上了香菇船,它们还在小香菇的杆子上挂上了白帆,风儿一吹,香菇船开得可快了!

小蚂蚁们上岸后,把香菇船留在岸边了。

小香菇又一次被丢弃了。正在它伤心的时候,一只爱美的小狐狸捡起了它,把它戴在头上。

之后,小香菇在小狐狸奔跑时掉了下来。滴答滴答下雨了,一只虫子发现了小香菇,决定用它当雨伞,这下就淋不到雨了。虫子举着香菇小伞说:"哇,在雨中漫步的感觉真是好啊!"

之后,小香菇还成了小蜘蛛们的快乐大转盘。转啊转啊,小蜘蛛们开心极了,就连小香菇也觉得旋转的感觉真是太棒了!

还不止这些呢,小香菇还遇到了许多有趣的事情。这一切真是小香菇做梦也没有想到的奇遇呢!

【朗诵指要】

(1) 这是一朵落跑的小香菇。小香菇在从篮子掉下来后遇到了很多的事情。大家在讲述的时候可以根据时间顺序娓娓道来。

(2) 其实没有什么是"该做的事情",人生总该要有一些突破,只是一味认命只能是平庸的人生。

《老鼠爸爸嫁女儿》

很久很久以前,有一个老鼠爸爸,他想要将他的女儿嫁给世界上最伟大的人。但是,谁是世界上最伟大的人呢?

啊!是太阳!他一定是世界上最伟大的人。

老鼠爸爸就去找太阳说话:"哈喽!太阳先生,我知道你是世界上最伟大的人,你愿意娶我的女儿吗?"

"什么?我才不是世界上最伟大的人呢!最伟大的应该是云,只要他一出现,我就被遮住了。"

老鼠爸爸就去找云。

"哈喽!云先生,我知道你是世界上最伟大的人,你愿意娶我的女儿吗?""什么?我才不是世界上最伟大的人呢!最伟大的应该是风,只要他一出现,我就被吹的远远的。"

老鼠爸爸就去找风。

"哈喽!风先生,我知道你是世界上最伟大的人,你愿意娶我的女儿吗?""什么?我才不是世界上最伟大的人呢!最伟大的应该是墙,只要他一出现,我就被挡住了。"

老鼠爸爸就去找墙。

"哈喽!墙先生,我知道你是世界上最伟大的人,你愿意娶我的女儿吗?""什么?我才不是世界上最伟大的人呢!最伟大的其实是你们!是老鼠!""世界上最伟大的人……是老鼠?"

"没错!世界上最伟大的就是老鼠,你看,只要你们一出现,我就被挖洞了!"老鼠爸爸好开心!

他终于知道世界上最伟大的人了,就是老鼠。

他决定要将自己的女儿嫁给隔壁英俊的鼠小弟。

【朗诵指要】

该童话故事有不同的版本。有的版本的结局是鼠姑娘嫁给了猫先生,最后被猫先生吞下了肚子。戏剧冲突非常强烈。本文选择的结局是嫁给了同样是老鼠的鼠小弟,算是一个完美的结局。

思考与实训

1. 实训内容:选择3~5篇适合自己的朗诵文学形式。

2. 实训步骤:根据以上作品选择的方法,多通读一些文学作品,从中找出适合自己音色、感情表达的文章。

第六节　传统诗词的吟诵示范

第九章已介绍过格律诗的吟诵技巧,因为格律诗每行字数相同,讲究对仗,平仄相间,双句押韵这些共性的问题需要注意。正因为有这些共性,我们才要抓住一些规律进行吟诵,如上述的确定基调、划分音步、押住韵脚、突出平仄、语势呼应、讲究节奏、诵出韵味等方面的问题。

而对于古体诗词,包括乐府、词等,长短不拘,句势不定,可以较自由叙事、抒情,所受的约束没有那么多,却也必须根据诗词的内容和思想感情的变化,在加强整体和细节等方面做一些工作。

至于词的吟诵,可以从以下几方面入手进行处理:了解词牌、熟悉内容、划分句群、确定风格、凸显特色。

古代文章也有一定的读法,总体来说,古代诗文的吟诵的基本规则按照首都师范大学赵敏俐教授的归纳,大致有如下几项:入短韵长、依字行腔、依义行调、文读语音、腔音唱法、对称模进、平长仄短、平低仄高、虚实重长(最后一条特别适用于古文)。下面仅就格律诗一项作些示范吟诵。

一、《己亥杂诗》其一百二十五([清]龚自珍)

清朝道光十九年(1839年),即己亥年,诗人龚自珍辞官南归,后又北上接家眷,往返途中写成这组诗,共三百一十五首,杂述见闻、感想以及往事回忆等,不少作品有较强的现实意义和思想性。该诗是其中的一首名诗,对后世影响极大。诗曰:

> 九州生气恃风雷,万马齐喑究可哀。
> 我劝天公重抖擞,不拘一格降人才。

(过镇江,见赛玉皇及风神、雷神者,祷词万数,道士乞撰青词。)

诗中说,中国若要有生气,就得依靠风雷激荡的社会变动,哀叹当时在腐朽的清王朝统治下,人才被扼杀,社会一片死气沉沉。作者希冀天公抖擞精神,为人间降生一批有用的国家栋梁之材。表达了忧国忧民的思想和追求国家人才辈出从而得以振兴的中国梦。

音步和节奏如前所述。首句采用中度力度,第二句采用轻度力度,第三句采用上扬句势,末句用呼吁般直抒胸臆。兹范读如下。

《己亥杂诗》

二、《清明》([唐]杜牧)

杜牧是晚唐著名诗人的诗歌,风格豪爽清丽,独树一帜,也擅长赋和古文。有一些作品,抒写对当时政治的不满,指责统治者的荒淫,有一定意义。七绝尤为人所传诵。《清明》是其中最为著名的一首:

清明时节雨纷纷,路上行人欲断魂。
借问酒家何处有? 牧童遥指杏花村①。

读该诗首句采用平起,末二字语音加重,第二句高起,句尾稍扬,第三句着力强调头二字,第四句则悠然洒脱、颇具兴味。吟诵范读如下。

《清明》

三、《凉州词》([唐]王之涣)

黄河远上白云间,一片孤城万仞山。
羌笛何须怨杨柳? 春风不度玉门关。

王之涣(688—742 年),字季凌,盛唐边塞诗人。存诗仅六首,但却是公认的唐诗一大家,尤以边塞诗脍炙人口。这首《凉州词》是王之涣边塞诗的代表作。首句写眺望黄河,气势磅礴,与李白"黄河之水天上来"可相映成趣;次句写塞上孤城,在远川高山的反衬下,愈发显得弱小而险峻;三、四句笔锋一转,先抑后扬,前句以羌笛吹悲凉的古曲《折杨柳》表现一种苍凉的心绪,后句谓玉门关外本来就是风吹不到的地方,哪有杨柳可折? 一问一答,构思巧妙,比直写边关的荒凉更加生动而形象,同时蕴含着诗人深深的感喟。全诗没有直接描写边关的将士,只"羌笛"一句中描写边关将士的思乡之情,而边关将士们的艰苦和为国付出的牺牲,就蕴含在边关苍凉冷漠的景象中,使人们由衷地为祖国的儿郎而感动,而敬佩!

其四句诗的平仄和重读可依序标注为以下符号。

---

① 杏花村,杏花深处的村子。山西汾阳等地都有杏花村,当是后人因此诗而命名。

——||▲——,▲——||—。—▲———|—|？——▲|▲——。（—代表平声，|代表仄声，▲代表重读。）

兹将该诗吟诵示范如下：

《凉州词》

四、《山居秋暝》（[唐]王维）

空山新雨后，天气晚来秋。明月松间照，清泉石上流。

竹喧归浣女，莲动下渔舟。随意春芳歇，王孙自可留。

王维(701—761年)，字摩诘，河东蒲州(今山西永济人)，唐朝著名诗人、画家。官至尚书右丞，世称王右丞。中年后虔信佛教，善于以禅理入诗，被誉为"诗佛"。

这首诗写秋雨初晴后傍晚时分山村的风光，寄托了诗人寄情山水田园而怡然自得的情怀。全诗写景清新秀丽，恬静优美，意境透彻玲珑，体现出王维"诗中有画"的特色；托景寄怀，给人一种平和安详的审美感受；语言晓畅明快，音韵谐婉，像一支柔和的抒情曲。吟诵时可以轻柔些，以优美动人的语调处理之。

该诗吟诵时前六句在明朗的基调下注意细腻的描绘。尾联两句的处理与前六句有所不同，要有悠然自得的情绪和轻巧自然的语气。

兹示范吟诵如下：

《山居秋暝》

五、《将进酒》（[唐]李白）

君不见黄河之水天上来，奔流到海不复回！

君不见高堂明镜悲白发，朝如青丝暮成雪！

人生得意须尽欢，莫使金樽空对月。

天生我材必有用，千金散尽还复来。

烹羊宰牛且为乐，会须一饮三百杯。

岑夫子，丹邱生，将进酒，杯莫停。

与君歌一曲，请君为我倾耳听：

钟鼓馔玉不足贵，但愿长醉不复醒；

古来圣贤皆寂寞，惟有饮者留其名。

陈王昔时宴平乐，斗酒十千恣欢谑。

主人何为言少钱，径须沽取对君酌。

五花马，千金裘，呼儿将出换美酒，

与尔同销万古愁。

　　李白（701—762 年），字太白，号青莲居士，祖籍陇西成纪（今甘肃秦安东），生于西域碎叶（今吉尔吉斯斯坦托克马克城）。早年在蜀地读书，后出蜀，"仗剑去国，辞亲远游"，在湖北安陆及山东等地生活。天宝元年（742 年），应诏入长安，担任供奉翰林。天宝三载（744 年），被放还，离开长安，漫游于祖国各地。安史之乱爆发后，入永王李璘幕，李璘兵败，李白被流放夜郎。后遇赦，逝于安徽当涂。有《李太白集》传世。存诗近千首，风格雄奇豪放，想象丰富，语言流转自然，音律和谐多变，被誉为"诗仙"。

　　这首诗是李白长安放还后所作，抒发了诗人怀才不遇却又极度自信的复杂情感。全诗起句雄健壮阔，言自然"大象"；次句喟叹深长，言人生"小境"，二句可谓"飞流直下"，由"理"即"情"，感慨时光流逝，人生苦短。由之引发出下面的"及时行乐"：人生得意时当纵情欢乐，切莫让金杯空对明月，以豪情消解悲哀，是李白一贯的人生态度。"千金散尽还复来"的豪爽自信，"烹羊宰牛且为乐"的狂放，"会须一饮三百杯"的豪爽，是李白每每标举的人生信念和狂放精神。然而，诗人真的是"乐以忘忧"了吗？诗人的"与君歌一曲"，便透露了李白狂放的深层底蕴："钟鼓馔玉不足贵，但愿长醉不复醒；"是因为"古来圣贤皆寂寞"，透露了诗人的"长醉"，实是逃避现实的无奈之举，"惟有饮者留其名"，是诗人的自我宽慰自我解嘲之辞。诗人以悲剧性人生的曹植"宴平乐"为例，正是诗人心底深处人生悲剧意识的透露。所以全诗最后的结句是"与尔同销万古愁"，可见缠绕诗人心底而消解不掉的是"愁"。李白将"万古"志士的"愁"担于一身，还有比这更深广、更沉重的"愁"吗？李白，何尝有一日真的"醉"过？他只是"但愿长醉不复醒"，尽管他用"天生我材必有用"作为支撑自己活下去的心理动力，其实他清醒也意识到：以"醉"又何能真正销去"万古愁"！因此，李白《将进酒》是一首心理复杂的"复调"诗歌，展现的是一个挣扎在痛苦与放达、希望与绝望中无法解脱的志士形象。李白诗歌所以成为古代诗歌史上的一座高峰，首先在其率真、豪放、自信、坦诚的人格魅力，李白无可比拟的独特诗歌风格，可谓其独特人格的一种显现方式，《将进酒》淋漓尽致展现的豪放的悲剧和悲剧的豪放，实是千古失意文人志士"乐"与"悲"纠结心态的缩影。

　　吟诵此诗时要有一种豪放不羁又乐中不无悲切的语势和基调来处理，要根据内容和情绪的变化而收纵自如，直抒胸臆的文字要奔涌而出，表现酒醉时可以不拘小节，对比起伏可以大一些。总的来说，要避免字字用力，也要避免声嘶力竭。兹吟诵如下。

《将进酒》

参考文献

[1] 郭玉斌. 朗诵艺术的技巧与赏析[M]. 北京：文化艺术出版社,2006.

[2] 胡东辉. 口语教程[M]. 北京：中国传媒大学出版社,2011.

[3] 张艳辉,王秋梅. 演讲与口才实训教材[M]. 2版. 北京：人民邮电出版社,2013.

[4] 张宏亮,王君艳. 演讲与口才[M]. 北京：北京交通大学出版社,2011.

[5] 颜永平,杨赛. 演讲与口才教程[M]. 上海：华东师范大学出版社,2012.

[6] 李德胜,欧增益. 应用文写作教程[M]. 天津：天津教育出版社,2013.

[7] 蒋红梅,罗纯. 演讲与口才实训教程[M]. 北京：清华大学出版社,2013.

[8] 曾致. 朗诵艺术指要[M]. 北京：中国传媒大学出版社,2013.

[9] 罗莉. 文艺作品演播教程[M]. 北京：中国传媒大学出版社,2014.

[10] 蒋红梅. 演讲与口才实训教程[M]. 北京：清华大学出版社,2013.

[11] 包镭. 演讲与口才技能实训教程[M]. 北京：北京大学出版社,2013.

[12] 惠亚爱. 沟通技巧[M]. 北京：人民邮电出版社,2008.

[13] 韩斌生. 演讲与朗诵基础[M]. 北京：清华大学出版社,2016.